현대사회의 영유아와 부모를 위한

부모교육 및 지원

김정원 • 전선옥

창지사

머리말

현대사회의 영유아교육현장에서는 부모-교사 관계의 패러다임 자체가 변화하고 있다. 과거 유아교육에서의 부모는 영유아기 자녀의 양육이나 교육에 대한 지식과 능력이 부족하여 바람직한 부모역할에 관한 전문가의 도움이 필요한 존재로 인식되곤 했다. 그러나 최근에는 이러한 관점에서 벗어나 행복한 교육공동체 구축을 위하여 부모와 교사가 서로 협력하고 소통해야 하는 동반자가 되어야 한다는 관점으로 변화되고 있다. 부모와 교사의 관계에 대한 이러한 관점의 변화는 영유아교육현장에서 부모와 교사가 긴밀하게 상호작용하고 협력하며 서로에게 교육적 지원과 이해를 구함으로써 영유아의 전반적인 발달과 교육적 성취를 지원하도록 한다. 따라서 영유아교사가 되기 위하여 공부하고 있는 예비유아교사들이 부모와의 만남을 준비하는 것은 매우 중요하다.

유치원과 어린이집에서는 예비유아교사들이 어린 자녀를 둔 부모를 만날 준비를 충분히 하고 교사로서의 역할을 시작할 필요가 있다고 한다.

> 유아교사들, 아무런 준비 없이 현장을 마주하게 된다면 다양한 상황 속에서 빠르게 대응하지 못할 것이라고 생각합니다. 등 · 하원 시, 상담을 하게 되는 상황, 영유아가 다치게 되었을 경우 등 학부모와 상호작용하게 되는 다양한 상황을 예시를 통해 배우면 좋을 것 같습니다(현장교사 A).

> 현장에서의 다양한 사례를 통해 부모의 마음을 어떻게 공감해 주어야 하는지, 공감한 이후에 교사의 입장을 객관적으로, 전문가적인 입장에서 명확하게 전달하는 방법에 대해 다루면 좋을 것 같습니다(어린이집 원장 A).

그러나 이러한 현장의 요구에도 불구하고 예비유아교사들은 영유아기 자녀를 둔 부모를 만날 준비를 직전교육과정에서 충분히 하고 있지 못하고 있고, 이러한 이유로 막연한 두려움을 가지고 교사로서 첫걸음을 떼고 실제로 많은 어려움을 겪고 있기도 하다.

부모가 되어 보지도 않았는데 부모의 마음을 이해한다는 것이 부모에게 완전히 공감해 주기 힘든 이유이기도 하다. 그럼에도 부모와의 만남은 두렵지만 해야 하는 것이라고 생각한다(예비유아교사 A).

아이들에 대해 많은 것을 신경 써야 하는 요즘, 아이와 하루 종일 있어 보고 내가 키워 본 것이 아니기에 아이에게 세심하게 신경 쓰길 원하는 부모의 입장을 모두 이해할 수 없을 것 같았고, 공통점이라고는 '아이' 하나인 성인들이 어떤 소통을 할 수 있을지 걱정이 앞섰다(예비유아교사 B).

본서는 어린이집과 유치원 현장의 요구에 따라 예비유아교사가 부모를 만나게 되면서 맞닥뜨리는 어려움에 대처하는 데 도움이 되는 내용으로 구성되었다. 영유아교사로서 공부하고 준비하는 예비교사들이 현대사회를 살아가는 부모의 필요와 요구를 파악하고 영유아의 발달과 부모상담 등과 관련된 지식과 경험을 갖추는 데 도움이 되는 내용을 중심으로 현재 우리 사회의 맥락과 상황에서 꼭 필요하다고 판단되는 내용을 넣고자 하였다.

이 책의 1부에서는 영유아교육현장에서 이루어지는 부모교육 및 지원의 기초로 현대사회 영유아 부모의 이해, 부모역할, 그리고 다양한 가족에 대하여 이해하고자 하였다. 또한 이제까지 축적된 연구결과에 따른 영유아 발달의 특징을 간략히 제시하고 이에 부합하는 부모역할이 어떠해야 하는지도 살펴보았다. 2부에서는 부모교육의 이론과 이에 따라 개발된 부모교육 프로그램에 대한 내용을 살펴보았다. 본서에서는 특히 영유아교육기관과 가족 및 지역사회 공동체의 의미를 중요하게 고려하여 3부에서 다루고 있다. 우선 현대사회의 행복한 가족의 조건, 스트레스와 위기, 그리고 행복한 가족과 마을 공동체 등에 관한 내용을 다루고, 협력적인 영유아교육기관과 가족 및 지역사회의 관계를 살펴보고자 한다. 마지막으로 4부에서는 영유아교육기관에서 이루어지는 부모교육 및 지원의 실제를 다룸으로써 예비유아교사들이 교사로서의 역할을 시작하는 데 반드시 필요한 실질적인 준비를 하는 데 도움이 되도록 하였다. 영유아교육기관과 부모교육 및 지원의 기초로 고려해야 할 내용을 알고, 부모 및 가족과의 첫 만남과 대화를 상세한 실례와 함께 제시하였다. 그리고 영유아교육기관의 부모교육 및 참여의 실제에서 현장 적용이 즉각적으로 가능한 문서 등을 수록하여 활용해 볼 수 있도록 하였다. 그리고 현재 영유아교육현장에서 가장 많은 요구가 있는 영유아의 부모를 상담하는 역량을 갖추도록 돕기 위하여 부모상담의 이론과 적용의 실제에 관한 내용을 수록하였다.

저자들은 짧지 않은 기간 동안 영유아교육기관의 교사와 원장으로서, 그리고 예비유아교사들을 교육하는 교육자로서 살아오면서 영유아교사가 갖추어야 할 가장 중요한 역량 중의 하나가 부모와의 만남을 위한 역량이라는 생각을 하게 되었다. 그리고 예비유아교사들이 교사가 되어 부모와 가족, 지역사회와 협력하여 우리 사회의 영유아들을 위한 행복한 교육공동체를 구축하는 역할을 잘 감당할 수 있기를 바라며 현재도 예비유아교사들을 만나고 있다. 본서를 공부하는 예비유아교사들이 영유아의 부모와 가족에 대하여 이해하고 조금은 더 편안한 마음으로 부모와의 만남을 시작할 수 있기를 바란다.

항상 그랬듯이 마무리하는 시점에서 많은 부족함을 느끼며 아쉽기만 하다. 다음에 더 나은 내용으로 보완할 것을 말씀드린다. 저자들은 이 책으로 공부하는 예비유아교사들이 세상 무엇보다 소중한 어린 아이들을 만나며 행복한 교사로서의 첫걸음을 떼기를 바란다. 그리고 교사가 되어 행복한 교사와 부모로서의 삶을 최선을 다해서 살아갈 수 있기를 바란다. 저자들의 오늘이 있도록 오랫동안 기도로 함께해 준 부모님과 남편, 그리고 아이들에게 새삼 큰 고마움을 느낀다. 저자들의 은사님들, 동료 교육자들, 제자들에게 깊이 감사한다. 그리고 이 세상에서 삶의 처음을 시작하고 있는 고운 새순 같은 영유아들이 우리 사회에서 행복하고 평화로운 어린 시절을 보낼 수 있기를 간절한 마음으로 기도한다.

2023년 7월 31일

김정원과 전선옥

차 례

PART 2 부모교육이론과 프로그램

PART 3 영유아교육기관과 가족 및 지역사회 공동체

PART 4 영유아교육기관의 부모교육 및 지원의 실제

PART 1

영유아 부모교육 및 지원의 기초

CHAPTER 01

현대사회 영유아 부모의 이해

1. 사회변화와 부모 역할
2. 현대사회 영유아기 자녀를 둔 부모 세대의 이해
3. 부모교육 및 지원의 개념과 필요성

변화가 일상이 된 현대사회에서 매우 빠르게 변화하는 미래사회에 충분히 적응하는 사람으로 자녀를 양육하여 준비시켜 주기 위해서는 부모가 자신의 역량을 더욱 강화해야 할 필요가 절실해졌다. 그러나 현대의 부모는 자녀 양육에 관한 넘치는 정보들로 인한 정보 선택의 어려움, 자녀를 잘 돌보고 싶은 책임감, 부모로서의 좌절 경험 등으로 인해 부모 역할을 매우 어렵게 수행하고 있다고 볼 수 있다. 더욱이 한 생명을 세상에 태어나도록 하여 잘 성장하도록 양육해야 하는 막중한 책임을 가지고 있음에도 불구하고 대부분의 부모는 부모가 되기 이전에 부모됨의 의미나 부모로서 역할을 수행하는 데에 필요한 교육을 받을 기회가 거의 없는 것이 현실이다. 본 장에서는 사회변화와 발맞추어 변화하는 부모 세대의 특성과 부모역할의 변화, 다양화한 가족에 대한 이해를 도모하고, 부모교육의 개념과 필요성에 대해 살펴보고자 한다.

함께 생각해 봅시다.

1980년대 초반에서 2000년대 중반에 태어난 사람들을 흔히 밀레니얼 세대라고 하며, 현재 30~40대의 나이로 우리 사회 곳곳에서 중요한 역할을 하고 있고 점차 목소리가 높아지고 있다. 유아교육현장에서도 밀레니얼 세대가 학부모로 등장하면서 이전 세대 학부모와의 다양한 차이점이 나타나고 있다. 학부모에 대한 이해 차원에서 밀레니얼 세대의 특징에는 무엇이 있고, 학부모로서 다른 세대와는 어떤 차이가 있는지 친구들과 서로 의견을 나누어 봅시다.

1. 사회변화와 부모 역할

자녀는 부모로 인하여 세상에 태어나고, 그 부모의 보살핌으로 성장 발달해 나가는 존재이다. 부모가 자녀를 낳아 양육해 온 역사는 오랜 인류의 역사와 함께 해 왔고, 부모 역할은 부모와 자녀가 살고 있는 시대와 사회의 분위기에 따라 다양하게 변화하며 현재에 이르고 있다. 사회가 어떠한 모습으로 변화하더라도 인간의 탄생과 발달과정에서 부모 역할은 가장 중요하며, 부모와 자녀의 관계는 대부분 자녀가 경험하는 최초의 인간관계가 되기도 한다. 특히, 전적으로 생존을 부모에게 의지해야 하는 생애 초기 몇 년간 영유아기에 이루어지는 부모와의 상호작용은 일생동안 자녀의 성장과 발달에 지속적이고도 강한 영향력을 미칠 만큼 중요하다.

근대화 이전의 전통사회에서 부모는 가족이나 친지, 또는 마을과 같은 지역사회의 정신적 물리적 도움을 받으며 부모로 성장할 수 있었다. 과거에는 성인이 되면 누구나 결혼하고 임신하여 자녀를 출산하는 일을 당연하게 받아들였고, 자연스럽게 많은 수의 자녀를 낳았지만 질병이나 가난, 전쟁 등으로 많은 자녀를 잃기도 하였다. 근대화의 과정을 거치며 의학 기술의 발달, 위생 관념의 전파, 경제적 발달 등으로 인해 사회가 안정되고 풍요로워지면서 차츰 아기들의 사망률은 낮아졌지만, 인구가 충분히 늘어나고 사회가 변화 발전함과 더불어 자녀양육에 대한 부담이 크게 늘어나면서 오늘날에 이르러서는 굳이 많은 자녀를 낳지 않게 되었다.

특히 21세기에 접어들어서 빠른 사회적 변화로 인해 결혼과 가족 형성, 자녀양육과 같은 삶의 중요한 행위에 있어 사람들의 가치관이 변화하면서 성인이 되어도 비혼을 택하거나, 결혼하고서도 자녀를 갖지 않는 경우가 점차 늘어나게 되었다. 또한 현대사회에서 부모가 된 사람들은 대부분 적은 수의 자녀를 낳아 양육하게 되었지만, 과거와 같이 주변의 도움을 받기 어려운 상황이 되었기 때문에 더욱 부모역할에 대한 어려움을 느끼고 있고, 양육에 대한 정보와 역할 모델을 찾기 위해 스스로 많은 노력을 기울여야만 하게 되었다.

현대사회는 4차 산업혁명, 첨단과학과 기술문명의 발달, 지식기반 사회 등으로 대변되며 정보화 · 세계화의 영향으로 다양한 문화와 가치관이 공존하는 사회이다. 4차 산업혁명을 처음 제시한 다보스포럼(Davos Forum)의 창립자 Klaus Schwab은 "우리는 지금까지 우리가 살아왔고 일하고 있던 삶의 방식을 뿌리부터 바꿀 기술 혁명 직전에 와 있습니다. 4차 산업혁명은 그 속도와 파급 효과 측면에서 이전의 혁명과 비교도 안 될 정도로 빠르고 광범위하게 일어날 것이며, 변화의 범위와 복잡성은 과거 인류가 경험했던 것과 전혀 다른 수준이 될 것입니다."라고 하였다(이성일, 2017, p.15). 4차 산업혁명을 이끄는 핵심기술은 인공지능(AI: Artificial Intelligence), 사물인터넷(IoT: Internet of Things), 빅데이터(Big Data)로 알려져 있고, 이 중에서도 인공지능 기술은 사회의 진화 방향을 크게 바꿀 것으로 예측된다. 이처럼 예측과 적응이 어려울 정도로 빠르게 변화하는 미래사회에서는 새로운 기술을 바탕으로 기계가 대체할 수 없는 새로운 지식과 경험을 끊임없이 학습하고 이를 활용하는 능력이 필요할 것이다.

이에 미래사회의 주역이 될 유아들이 잘 살아가도록 준비시켜 주기 위해서는 창의력과 문제해결력, 자기주도 학습능력, 정보 활용 능력 등과 더불어 감성적 역량의 협업 능력, 의사소통능력, 자아존중감, 유연성 등을 함께 기를 수 있는 미래 핵심 역량 교육이 절실하다(교육부, 2015; Roberta M. Golinkoff, Kathy Hirsh-Pasek, 2018). 어린 영유아의 미래 핵심 역량 함양을 위해서 부모의 역할은 매우 중요하며, 부모는 미래사회가 요구하는 핵심 역량에 대한 이해와 능력을 바탕으로 부모역할에 대해 인식하고 이를 준비할 필요가 있다. 그러나 아무리 시대가 변하여도 자녀를 낳고 양육하는 과정에서 변하지 않는 사랑을 기반으로 자녀와 교감하고 의사소통을 나누고 믿어 주고 기다려 주는 모든 과정은 오직 부모만이 할 수 있는 일임을 기억할 필요도 있다. 21세기에 접어들면서 맞이한 뉴밀레니엄, 4차 산업혁명, 전혀 예기치 못했던 COVID-19로 인한 팬데믹 상황 등을 고려할 때, 미래 세대를 양육하는 오늘날의 부모역할에 대한 중요성이 더욱 강조되어야 할 것이다.

2. 현대사회 영유아기 자녀를 둔 부모 세대의 이해

'세대'는 특정 기간 동안 같은 경험을 공유하며 고유의 사회문화를 형성한 개인들의 집단을 의미한다(Elam, Stratton, & Gibson, 2007). 세대의 구분은 사회문화적 특성을 반영하여 이루어지기 때문에 문화권마다 약간의 차이가 있지만, 일반적으로 출생 연도를 기준으로 유사한 문화적 특성을 공유하는 경향을 보인다. 사회변화의 속도가 빠른 우리나라에서는 세대의 구분이 더욱 세밀하게 나타나며, 다양한 용어로 정의되는 경향을 보인다(황상민, 양진영, 2002). 우리나라에서는 일반적으로 밀레니얼 세대로 분류되는 1980년대 초반부터 2000년 사이에 출생한 세대를 신인류, Y세대, N세대 등으로 지칭하기도 하고, 1990년대 중반 이후 태어난 세대를 Z세대로 구분하기도 한다. 그러나 밀레니얼 세대(1980년대~2000년대 초반)와 Z세대(1990년대 중반~)는 시기적으로 명확히 구분하기 어려우며, 디지털 네이티브 등의 특성을 공유한다는 점에서 밀레니얼 세대 혹은 MZ세대로 이들을 포괄하여 지칭하는 경향을 보인다(박하나, 2022).

최근 아기를 낳아 영유아기 부모역할을 수행하고 있는 대부분의 부모는 1980년에서 1990년대 초반에 태어나 30~40대가 된 밀레니얼 세대가 주류를 이루고 있다. 밀레니얼 세대는 대부분 베이비부머 세대(1955~1963년에 태어난 세대)의 자녀로, 높은 학구열을 가진 부모 세대의 경제적 · 정서적 · 심리적 지원 속에서 성장하여 다른 세대와 비교하여 가장 뛰어난 능력을 갖춘 세대로 평가받고 있다(박찬옥, 1999; Alsop, 2008). 오늘날의 학부모가 된 밀레니얼 세대는 경제적 고도성장으로 인한 소비문화와 대중문화의 전성기에 어린 시절을 보냈고 청소년기에는 1997년의 IMF 시기를 보냈다. 신자유주의 무한경쟁을 경험한 세대로서 자녀에 대한 관점도 이전 세대와는 차이가 있어 자녀가 무한 경쟁 시대에 추락하지 않기 위해서는 보다 이른 시기부터 교육투자와 스펙을 쌓아야 한다고 본다. 또한 부모로서 자신에 대한 불안과 자녀가 잘 자라고 있는지에 대한 불안, 교육기관에 대한 불만과 불신을 가지는 경우도 있다(배은경, 2016).

이처럼 이전 세대와 다른 독특한 특성을 보이는 것으로 알려져 있는 밀레니얼 세대의 특징을 아는 것은 밀레니얼 세대 부모를 대상으로 하는 부모교육을 위해서 반드시 필요한 일이다. 어떠한 세대를 이해하기 위해서는 시대적 흐름과 맥락 안에서 이해해야 하며, 수면 위로 드러난 현상만이 아니라 어떤 시대적 배경에서 살아왔고 그로 인해 태도, 가치관, 생활양식에 어떻게 영향을 받았는지를 함께 고려해 보아야 한다(대학내일20대연구소, 2021). 얼마 전 베스트셀러로 이름을 떨쳤던 『90년생이 온다』와 『1980년대생, 학부모가 되다』 등의 책들이 등장하는 것도 새로운 세대를 이해하기 위한 우리 사회의 노력으로 해석될 수 있다.

디지털 네이티브(Digital Native)라고도 불리는 밀레니얼 세대는 그 어느 때보다 빠른 기술의 발전을 경험하며 성장하였다. 기술의 발달은 이들의 의사소통과 상호작용 방식에 극적인 변화를 가져왔다. 밀레니얼 세대는 청소년기부터 온라인을 기반으로 하는 비대면 상호작용에 익숙하며, 이들에게 온라인 환경은 생활의 일부이자 사회적 네트워크의 중요한 일부이다. 최근 유아교육기관에서 가정으로 보내는 가정통신문의 형식을 과거와 같은 문서형식에서 가독성이 뛰어난 카드 뉴스 형태로 제작하여 학부모의 휴대폰으로 발송하고 있는 것은 바로 이러한 밀레니얼 세대 학부모의 특성을 반영한 것이라고 볼 수 있다.

또한 밀레니얼 세대는 디지털 기술을 적극적으로 활용하면서 자신만의 가치를 탐구하고 공유하며 이를 통해 성장하고자 하는 욕구를 보이고, 일반적으로 다양한 목적과 동기를 가진 다수의 온라인 커뮤니티에 속해있다. 최근 자녀를 양육하는 부모라면 대부분이 알고 있는 소위 '맘카페'라고 부르는 커뮤니티가 그 대표적인 사례가 될 수 있겠다. 2015년 5월 영국의 경제주간지 『이코노미스트(*The Economist*)』에서는 '포노사피엔스(Phono sapiens)의 시대가 도래했다'라는 표지 기사를 통해 스마트폰 없이는 살 수 없는 새로운 시대의 특성을 표현하기도 하였다(The Economist, 2015.2.26.). 포노사피엔스는 스마트폰(Smartphone)과 호모 사피엔스(Homo sapiens: 인류)의 합성어로 '휴대폰을 신체의 일부처럼 사용하는 새로운 세대'를 의미한다(네이버 국어사전, 2022.2.21.). 앞으로는 부모교육도 스마트폰을 통해 스스로 주어진 환경을 구성 · 조직 · 변화시키고 관심과 흥미가 있는 주제를 주도적으로 선택하여 지식과 정보를 빠르게 습득하고 활용하는 포노사피엔스 세대의 특성에 관심을 갖고 다양하게 변화해 나갈 필요가 있겠다.

또한 밀레니얼 세대는 성취에 대한 열망이 높으며, 행복과 성공의 기준이 자신에게 있는 자기중심적인 특징이 강한 '나 세대(Me Generation)'로 이전 세대보다 개인주의적 성향이 강한 특징을 보인다. 자신이 추구하는 가치에 따라 소비하며, 문화생활, 취미 활동 등에도 적극적으로 투자하는 경향이 있다(박하나, 2022). 밀레니얼 세대 학부모의 특성을 연구한 보고서에 따르면(경기도교육연구원, 2020), 1980년대생 학부모들은 학교의 주요 역할을 인성 지도와 공동체 생활을 익히는 것으로 보았고, 학교가 자녀의 창의력과 잠재력을 기르고 숨겨진 재능을 찾아 주기를 기대하는 것으로 나타났다. 이들은 더불어 자녀의 교우관계를 중시하고, 학교폭력과 집단따돌림을 걱정하며 학교 출석을 무조건 강제하지 않는다고 하였다. 자녀교육을 위한 학부모의 이상적인 역할은 친절한 멘토로 보고 있으나 현실적으로는 플래너 또는 매니저의 역할을 하고 있고, 사교육도 자녀교육의 계획안에 깊이 들어와 있다고 생각하고 있는 것으로도 나타났다.

오늘날 빠르게 변화하는 현대사회를 살고 있는 부모들에게 적합하고 도움이 되는 부모교육을 실시하기 위해서는 자녀를 기관에 보내고 있는 부모가 어떠한 특성을 지니고 있고, 자녀교육에 대해 어떠한 생각을 하고 있는지에 대해 아는 것을 부모교육의 출발점으로 삼을 필요가 있다.

3. 부모교육 및 지원의 개념과 필요성

1) 부모교육 및 지원의 개념

사람들은 성인이 되어 어느 시점에 이르면 대부분 부모가 된다. 전통적으로 부모란 성인 남녀가 결혼하여 자녀를 가지게 되면 자연스럽게 맡게 되는 역할이고, 또 이 역할은 누구나 쉽게 그리고 본능적으로 잘할 수 있다고 여겨 왔다. 그러나 현대사회의 다양하고 급격한 변화는 과거의 단순했던 가족 구조 역시 다양하게 변화시켰고, 그 결과 현대의 부모-자녀 관계와 부모역할도 매우 다양해졌다.

부모는 자녀를 가진 사람에 대한 호칭이며, 부모-자녀 관계는 혈연관계로 맺어진 생물학적 부모와 그 외에 입양이라든가 이혼한 부부의 재결합 등에 의해서 맺어지는 상황적 부모가 있을 수 있다. 다양화된 현대사회의 특성을 고려해 볼 때 지금까지 부모-자녀 관계라면 머릿속에 자연스럽게 떠올리던 생물학적 부모에 대한 의미를 넘어설 필요가 있겠다.

다음으로 부모교육이라는 용어에 대해 살펴보면, 일반적으로 부모교육은 부모참여, 부모지원, 부모상담, 부모훈련 등의 다양한 용어로 불리기도 하는데, 각 용어들이 약간씩 다른 개념으로 사용되고 있다. 부모교육을 위한 구체적인 프로그램 역시 부모교육 프로그램, 부모참여 프로그램, 부모훈련 프로그램, 부모상담 프로그램 등 다양하게 표현되고 있다. 이처럼 다양하게 표현되고 있는 부모교육 관련 용어들을 간략히 살펴보면 다음과 같다(김정원, 전선옥, 2000; 이원영, 이태영, 강정원, 2008; 지옥정, 권이정, 정재은, 최미순, 2021).

〈표 1-1〉 부모교육 관련 용어

관련 용어	정의
부모교육	부모로서의 역할 기능을 원활히 수행할 수 있도록 부모에게 정보나 지식을 전달하거나 기술을 가르치는 것
부모참여	부모가 가족생활에 영향을 주는 특정 프로그램의 구성 및 운영 또는 유아교육기관의 다양한 활동에 직접 참여하는 것
부모지원	부모에게 필요한 실제적 · 정서적 도움을 단기 또는 장기적으로 제공하는 것으로 친지로부터의 도움을 위시하여 지역사회 내의 각종 학부모회, 지방자치단체, 교육기관, 병원, 아동복지시설 등으로부터 부모를 지원 및 지지하는 것
부모상담	교사와 부모가 영유아의 행동 및 생활에 대해 서로 대면하여 의견을 교환하고 협력하고 의논하는 것
부모훈련	자녀양육에 관한 지식, 정보, 기술을 구체적인 절차나 훈련 프로그램을 통해 부모들에게 익히도록 하는 것

이상에서 살펴본 부모교육과 혼용되고 있는 여러 용어들 중에서 가장 빈번하게 사용되는 용어는 부모참여로, 이에 대해 좀 더 명확히 알아볼 필요가 있다. 부모교육이라는 개념 속에는 부모가 보다 효과적인 유아교육 및 발달에 적극 참여

하기 위해 교육받는다는 수동적 · 소극적 의미가 함축되어 있어 부모훈련의 의미와 동등한 것으로 해석될 수 있으나, 부모참여란 유아교육 및 발달을 핵으로 가정(부모)과 유아교육기관(교사)이 동반자로서 동등한 입장에서 상호유대관계와 연결을 유지하여 보다 효율적인 유아교육 및 발달을 위해 적극 노력하는 모든 과정을 의미하는 보다 포괄적이고 적극적인 개념이다(이기숙, 1982).

부모교육과 관련이 있는 여러 용어들의 의미를 살펴본바, 부모교육은 부모가 역할수행을 잘하여 부모-자녀 관계를 긍정적으로 유지하고 발전시킬 수 있도록 돕기 위한 것임을 알 수 있다. 그러므로 최근에는 부모교육 못지않게 부모지원이라는 용어도 자주 사용되는데 이는 과거처럼 부모를 일방적으로 가르쳐야 할 대상으로 보기보다는 영유아의 성장과 발달을 돕기 위해 상호 존중하는 분위기에서 이해하고 협력해야 할 대상으로 보아야 함을 강조하는 것이다.

2) 부모교육 및 지원의 필요성

부모는 아동이 세상에 태어나 최초로 맺는 인간관계의 대상이며, 부모가 제공하는 환경은 아동발달 전반에 중추적인 역할을 하기 때문에 효율적인 부모역할 수행 여부는 아동의 성장과 발달에 결정적인 영향을 미친다. 그러므로 부모교육의 필요성은 자녀를 낳고 양육하기 시작한 인류의 역사와 함께 시작되고 계속되어 왔다.

현대사회의 부모는 과거와 달리 부모-자녀 중심 가족 형태에 적응해야 하고, 소수의 자녀에 집중하여 교육하고 만능으로 양육해야 한다는 스트레스가 커진 만큼 영유아 자녀를 둔 부모에 대한 정서적 · 기술적 지원이 필요하며 이는 부모교육을 통해 가능할 수 있다. 오늘날 우리 사회의 급격한 변화로 인하여 가정과 부모의 교육적 역할 기능이 약화되었고, 가치문화 전달자로서 부모의 가치체계 혼란, 부모들을 위한 지원치계의 미비로 인해 부모교육이 절실히 필요하게 되었다(김은설 외, 2011).

이처럼 오늘날의 부모들은 현대사회의 제 요인에 의하여 부모교육의 필요성을 느끼고 있다. 급격한 사회 · 경제적 변화로 인한 아버지와 어머니의 역할 변화, 다양한 가족 형태의 등장, 그리고 가족의 구조와 관계 및 역할의 변화 등은 현대사회에서 부모들이 바람직한 부모역할을 수행하는 것을 어렵게 만들고 있다. 부모들이 자녀를 양육 · 교육하는 과정에서 겪을 수 있는 역할수행의 혼란은 부모교육에 대한 정보나 기술의 부재 및 결핍의 결과라고 할 수 있으며 부모들은 바람직한 부모 역할수행에 대한 제반 교육과 이에 관련된 체계적 지원을 필요로 하고 있다(류지후, 1996).

현대사회의 부모들이 부모교육을 필요로 하는 이유를 구체적으로 살펴보면 다음과 같다.

■ 부모들은 아동발달에 있어서 핵심적인 존재로 자녀의 성장과 발달에 영향을 주기 때문에 부모교육을 필요로 한다.

특히 유아기 때에는 부모가 아동의 사회, 신체, 정서, 언어, 인지발달 등 발달의 모든 영역에 영향을 미치고 영향의 강도도 강하고 그 효과 또한 오래 지속된다는 것이 최근의 많은 연구들에 의하여 과학적으로 입증되었다(이은화, 1997; Cataldo, 1987; Draper, Larsen, & Rowles, 1997; Kagan, 1995). 따라서 부모들은 자녀양육을 위하여 필요한 기술을 부모교육을 통하여 배울 필요가 있다.

■ 바람직한 부모역할에 대하여 다양한 많은 정보가 존재하므로 부모가 자신에게 가장 적절하고 자신의 자녀에게 효율적인 정보를 찾아 활용하는 것을 도와주기 위하여 부모교육이 필요하다.

현대사회는 상반된 많은 이론과 과학적 연구결과가 공존하기 때문에 부모역할에 관해서도 상반된 정보가 제공된다. 또한 전통적으로 전해 내려오는 자녀양육에 관한 조언도 존재한다. 그 결과 부모들은 현대적 정보들을 전부 수용할 수도 없게 되고 예전과 같이 무조건 전통적인 가르침을 따를 수도 없게 되었다. 따라서 부모들은 부모 자신과 자녀들의 상황에 보다 적절한 지식을 획득하여 효율적인 부모역할을 하기 위하여 부모교육을 필요로 한다.

■ 현대사회에서는 자녀를 양육하기 위한 적절한 모델이 적기 때문에 부모교육을 필요로 한다.

현대사회는 사회, 정치, 경제, 문화의 모든 면에서 급속한 변화가 이루어지고 있으므로 과거 부모 세대들의 가치관을 모델로 삼아 부모역할을 하는 것이 적절하지 못한 경우가 많다. 현대 가족 구조의 변화도 이러한 현상을 가속화하고 있다. 전통적인 확대가족의 지원으로부터 부모들을 격리시킨 핵가족, 한부모가족과 재혼가족, 청소년이 부모가 되는 가정의 수가 증가하고 있으므로(이원영, 1991; Berk, 1997; Kagan,1995; Berk, 1997; McLoyd, 1990) 각각의 환경에 적절한 부모역할을 제대로 수행하기 위하여 부모교육을 필요로 한다.

■ 아동들이 앞으로 살게 될 미래사회를 준비시키기 위하여 부모들은 부모교육을 필요로 한다.

부모들이 살아왔던 과거의 사회는 모든 것이 서서히 변화되던 사회였다. 그러나 과거와 달리 현대사회의 여러 가지 양상은 빠르게 변화하고 있고 자녀들이 앞으로 주체가 되어서 활동하게 될 미래사회는 현재보다 모든 것이 더 급속히 변화될 것으로 추정된다. 그러므로 부모들은 자녀들의 미래를 준비시키기 위하여 미래사회에 적절한 사고방식과 능력이 무엇인지를 배울 필요가 있고 이를 위하여 부모교육을 필요로 한다.

■ 부모 자신이 인간으로서의 자기 성취를 이루고 가족과 친지 그리고 사회로부터 효율적인 지지를 받기 위해서 부모교육을 필요로 한다.

부모는 부모로서 성장할 기회를 얻는 동시에 인간으로서의 가능성을 실현시킬 수 있는 기회를 얻고(이은화, 1997; 이재연, 김경희, 1989; Cataldo, 1987; Goodnow & Collins, 1990; Morrison, 1976), 직면하고 있는 많은 스트레스와 다양한 도전을 이겨 나가기 위하여 그들이 가지고 있는 능력을 인정해 주고 강조해 주는 기본 개념을 가지고 있는 부모교육을 필요로 한다(Cochran, 1988; Kagan, 1995; Mindick, 1988). 이러한 관점을 지지하는 부모교육 프로그램들은 부모들에게 물질적 · 정신적 지원을 해 주고 부모역할을 하는 데 방해가 되는 것들을 제거해 줌으로써 부모들에게 도움을 준다.

■ 효율적인 부모역할로 훌륭한 인적자원을 길러 내기 위하여 정부나 국가의 차원에서 부모교육이 필요하다.

어린 아동의 부모에게 적은 비용을 들여 부모교육을 실시하는 것은 부모들이 적절한 부모역할을 할 수 있게 만들어 자녀를 훌륭한 사회구성원으로 키울 수 있게 한다(Kagan, 1993). 그러므로 나중에 비정상적인 성인이나 비행청소년, 혹은 실업자 등의 수를 줄일 수 있게 되고 결국에는 이들을 위하여 사용해야 하는 사회적 비용을 경감할 수 있게 되므로 경제적이라고 할 수 있다.

■ 가정과 교육기관과의 연계성을 확립하여 일관성 있는 교육을 할 수 있기 위하여 부모교육이 필요하다.

현대사회에서는 과거에 비하여 점점 교육기관에서 교육을 받는 비중이 높아져 가정교육과의 밀접한 연관하에 일관성 있는 교육을 하여야만 교육의 효과를 극대화할 수 있다(이은화, 1997; 한국교육개발원, 1984; Coleman, 1991). 교육기관에서 실시하는 다양한 부모교육 프로그램에 참여함으로써 부모는 교육기관의 교육철학, 아동발달에 관한 지식, 교수방법 등에 관한 정보를 얻을 수 있고 가정과 교육기관과의 일관성 있는 교육을 실시할 수 있게 되어 자녀교육의 효과를 극대화할 수 있으므로 부모교육을 필요로 한다. 특히, 유아기 자녀의 성장과 발달을 위해서는 부모의 배려가 필수적이다. 1960년대 이후 개발된 미국의 수많은 유아교육 프로그램들의 효과 검증 연구에서도 부모 변인은 유아교육의 효과를 높이는 중요한 요인으로 지적되고 있어 부모교육의 필요성이 입증되었다.

이상에서 볼 때 현대의 부모들이 다양해지고 복잡해지고 변화의 속도가 빠른 현대사회에서 부모역할을 제대로 수행하기 위해서는 그들의 특성과 요구에 가장 적합하게 개발된 부모교육 프로그램이 절실히 필요하다. 그러나 현실적으로 부모가 된 이후나 되기 이전에도 부모로서의 가치관, 자녀양육 지식 등 관련 부모교육을 받을 기회가 매우 부족하므로 이에 대한 개선을 위하여 부모를 지원할 수 있는 사회적 인프라를 강화하고 부모들이 필요성을 인식하고 적극적으로 교육에 참여할 수 있는 분위기를 조성하는 것이 요구된다.

함께 생각해 봅시다.

예비유아교사로서 부모교육 및 지원의 필요성에 대해 여러가지 측면에서 생각해 보고, 내용을 정리해 보세요. 또한 현대사회에 걸맞는 부모교육의 다양한 방법을 찾아서 기록해 보고 친구들과 생각을 공유합시다.

부모교육 및 지원의 필요성	다양한 부모교육 및 지원의 방법
예 부모교육 및 지원에 대한 국가적 관심과 정책이 필요하다고 생각한다. 왜냐하면…	예 대부분의 사람이 부모가 되므로 고등학교 교육과정에서 아동발달과 부모역할에 대한 내용을 다루어야 한다.

CHAPTER 02

현대사회 영유아 부모의 역할

1. 현대사회 영유아 부모 역할의 특성과 변화
2. 부모의 양육태도
3. 부모역할지능
4. 아버지 역할의 중요성과 변화
5. 조부모의 역할

부모는 자녀를 세상에 태어나게 하고, 자녀가 사회의 구성원으로 잘 성장하여 자신의 역할을 할 수 있을 때까지 키워 주고 돌보아 주어야 할 책임을 갖는 사람들이다. 이처럼 중요한 부모의 역할에는 무엇이 있으며 시대에 따라 어떠한 변화를 겪어 왔는지 살펴보고, 자녀의 성장에 결정적인 역할을 하는 부모의 양육태도와 부모역할지능에 대해 알아보고자 한다. 또한 현대사회로 넘어오면서 그 중요성이 날로 증가하고 있는 아버지와 대리양육자로서 조부모의 역할에 대해서도 간략하게 다루고자 한다.

함께 생각해 봅시다.

각자의 부모님에 대해 생각해 보고, 친구들과 함께 다음의 질문에 대해 의견을 나누어 봅시다.

- 나에게 부모님은 ○○○이다. 왜냐하면…
- 내가 나의 부모님에게 꼭 해드리고 싶은 것은 ○○○이다. 왜냐하면…
- 내가 지금 나의 부모님에게 가장 듣고 싶은 말은 ○○○이다. 왜냐하면…
- 미래에 내가 부모가 된다면 나는 자녀에게 어떤 부모가 되고 싶은가?

1. 현대사회 영유아 부모 역할의 특성과 변화

1) 부모 역할의 특성

인간은 가정에서 태어나 그 안에서 많은 것을 배우고 자라며, 성인이 되면 결혼과 함께 새로운 또 하나의 가정을 이루며 산다. 인간은 누구나 가정에 속해 있고 가족이 있으며 많은 시간을 가정에서 가족과 함께 보낸다. 가정은 인간이 출생 후 최초로 경험하는 사회환경이며 부모와 자녀의 관계는 대인관계의 기초를 형성하는 중요한 관계이다. 그러므로 우리의 삶에서 가정과 부모가 차지하는 비중은 매우 크다. 아기가 세상에 태어나서 가장 먼저 만나는 사람이 부모이다. 그리고 태어난 순간부터 부모와 자녀 중 누군가 눈을 감는 그 순간까지 변함없이 지속되는 관계이기도 하다.

부모는 자녀와 신체적 · 정서적 · 사회적 상호작용을 하는 사람으로, 자녀의 신체를 보호하고 의 · 식 · 주의 욕구 및 심리적 · 사회적 욕구를 충족시키고 자녀의 발달을 촉진할 수 있는 학습경험을 제공하며 적절한 자아개념을 가진 사회인이 되도록 교육과 사회화의 기능을 수행해야 한다. 이 같은 부모의 역할은 자녀를 위해서나 사회를 위한 막중한 역할로서, 성인이 해야 하는 주요 역할 중의 하나이다(유희정, 1995).

오늘날 다양한 사회적 변화로 부모가 되기도, 그리고 부모역할을 수행하기도 점점 더 어려운 세상이 되었다. 그러나 자녀는 부모로 인하여 이 세상에 태어나고, 그 부모의 보살핌으로 성장하고 발달해 나가는 존재이다. 부모-자녀 관계는 모든 인간관계의 원형이 되며 다른 사회적 관계로 확산되어진다는 점에서 매우 중요하다. 부모와 자녀와의 관계는 인간관계 중에서 가장 기본적이고 독특한 대인관계이며, 모든 부모는 누구나 자녀를 사랑하고 훌륭한 인간으로 성장시키려는 욕망을 가지고 있다.

성인의 다른 역할과 비교해 볼 때 부모 역할이 지니는 몇 가지 독특한 특징을 살펴보면 다음과 같다(Rossi, 1968; 방은령, 1995).

■ **부모 역할은 희생적으로 수행된다.**

부모의 자식에 대한 사랑은 본능적이며 무조건적이기 때문에 부모는 자식의 출생에서부터 결혼에 이르기까지 혹은 그 후까지 부모의 목숨이 남아 있는 한 자식을 위한 일을 주저 없이 행한다. 신체적인 고통을 감수함은 물론 물질적 · 정신적으로 부모가 지닌 모든 것을 자식에게 기꺼이 희생한다. 여기엔 아무런 조건이 없으며, 다만 자식이 건강하고 사회적으로 성공하여 행복하기를 바랄 뿐이다.

■ **부모역할은 연습을 할 수가 없다.**

부모역할은 언제나 실제 상황이다. 부모와 자녀는 늘 생방송으로 만나며, 녹화하여 재편집하거나 잘못되었다고 그 상황을 지워 버릴 수도 없다. 연습을 할 수도 없는 것이다. 첫째 아이를 키운 경험이 둘째 아이에게 그대로 적용되지도 않는다. 그러므로 부모역할은 어떤 역할보다도 신중해야 하며 잘못 행하지 않도록 사전준비가 철저해야 한다. 부모역할은 인간인 자녀를 대상으로 수행되는 것이며 그 결과는 수정되거나 아무 일도 없었던 것처럼 지워질 수 없다는 것을 부모는 명심해야 한다. 부모역할의 모든 순간은 자녀의 삶 속에 새겨짐을 깨달아야 하는 것이다.

■ **부모역할은 자녀의 발달단계에 따라 변화를 요구한다.**

부모에 대한 자녀의 요구는 발달단계에 따라 다르다. 갓 태어난 아기, 영아기, 유아기, 학동기, 청소년기를 거치면서 부모에 대한 자녀의 요구는 달라지게 되고 부모 또한 자녀의 변화하는 요구와 행동에 맞추어 그들의 행동을 변화시켜야 한다.

■ **여자가 남자보다 부모역할의 수행에 대한 문화적 압력을 크게 받는다.**

과거에 비해 오늘날 사회적으로 성역할 고정관념이 많이 약화되었지만, 여성의 '어머니' 역할과 남성의 '아버지' 역할을 비교해 보면 어머니 역할에 대한 사회적 기대가 더 크고, 더 많은 가치가 부여되며 역할수행에 대한 규범이 더 엄격한 것이 현실이다.

■ **부모역할은 항상 자발적으로 이루어지는 것은 아니다.**

때로는 피임에 실패하거나 원하지 않는 아기를 가지게 되어 부모역할을 하게 되는 경우도 적지 않다.

■ **부모역할은 도중에 포기할 수 없다.**

자녀에 대한 부모의 사랑이 아무리 본능적이고 무조건적이라 하여도, 부모역할을 수행하는 것이 부모에게 늘 기쁘고 만족스러운 일은 아니다. 오히려 그 과정은 고통스러울 때가 더 많아서 사실 부모들은 부모역할에 지치게 되고 이 역할을 그만두고 싶어지게 된다. 그러나 부모역할은 사회의 다른 일과는 달리 사표를 쓸 수가 없다. 자신이 낳은 자녀를 양육하는 일이 고통스럽고 지친다 하더라도 중도에 포기할 수 없는 것이다. 일단 부모가 되면 부모역할은 죽을 때까지 해야 하는 당연 영구직이다. 그러므로 부모역할은 가능한 한 도중에 지치지 않고 자신이 만족할 수 있도록 또 성공적으로 수행할 수 있도록 부모 자신이 노력하고 지혜롭게 행해야 한다.

과거에 부모역할이 출산과 양육으로 특징지어지던 인식이 사회가 발전하면서 사회문화적인 요구와 함께 점차 변화되어 가고 있다. 그러나 아무리 시대가 변하고 문화적으로 다양하게 변하더라도 일반적으로 부모에게 요구되는 역할을 몇 가지로 요약해 볼 수 있다(숙명여자대학교, 1996).

부모 역할	내용
출산 및 양육의 책임자	• 자녀를 낳아서 키우든, 입양하여 키우든 양육의 주된 담당자 • 자녀의 권리를 지켜 주는 일이나 자녀가 생활하는 가운데 결정해야 하는 모든 일에서 일차적인 책임자
신체적, 심리적 보호 및 적절한 훈육의 책임자	• 자녀에게 어떤 경우가 생길지라도 보호자의 역할을 수행 • 적절한 훈육으로 도덕적 · 정신적 훈련자가 되어야 함
자녀를 교육하는 교육자	• 교육자로서의 부모역할은 예나 지금이나 변함이 없음 • 학교가 감당하지 못하는 인격교육을 부모가 책임져야 함 • 세상을 살아가는 데 필요한 규칙이나 예의범절, 생활을 위한 기본적인 기술 등을 부모가 적절히 가르쳐야 함
동일시의 모델	• 동성의 자녀에게는 동일시의 모델이 되고 이성의 자녀에게는 이성을 보는 기준이 됨 • 자녀는 부모를 통해 도덕적 · 정신적 훈련이 이루어져 양심체계가 형성됨
상담자 및 친구	• 특히 아동기에 부모는 아동 생활의 갈등을 상담하는 상담자와 친구가 되어야 함 • 자녀와 정서적으로 가까워 의논자, 조언자, 격려자의 역할을 할 때, 부모의 가치 기준, 편견, 기대를 지각하여 학습하게 됨

부모가 된다는 것은 성인으로서 할 수 있는 다른 일들과는 다르다. 거기에는 연습이 없고 갑작스러운 전이가 있으며, 따라서 지속적인 변화와 기술이 요구된다. 대부분의 직업은 확실한 대가가 주어지나 부모역할에 대한 대가는 희미하고 오랜 시간이 지난 후에야 나타나는 경향이 있다. 부모라는 직업 자체는 사회에서 그 중요성을 낮게 평가하지만 그럼에도 불구하고 부모가 된다는 것은 심오한 기쁨과 만족을 가져다준다. 부모가 된다는 것은 한 인간을 철저히 보살피면서 그의 성장을 지켜보고, 새로운 견지에서 자기 자신을 바라보며 인생에 대한 이해를 도모하는 등의 기쁨을 가져다준다(Galinsky, 1987). 부모가 되어 본 대부분의 사람들은 그들의 자녀로 세상에 와 준 그들의 자녀로 인해 그 어떤 세상의 말로도 표현할 수 없는 벅찬 기쁨과 감동을 경험하기도 한다.

2) 현대사회 부모역할의 변화

현대사회의 산업화와 도시화는 우리 생활의 많은 부분을 변화시켰고 그중에 가정생활도 과거와는 다른 많은 변화를 가져오게 되었다. 가족이 함께 모여서 생활하던 농경사회와는 달리 가족이 도처에 흩어져서 사는 일은 너무나도 익숙해졌고, 더 나아가 이혼율의 증가로 인하여 가정 및 가족의 형태도 훨씬 다양해졌다. 이에 따라 우리의 의식구조도 많은 변화를 가져와 가정 내에서의 부부관계나 부모-자녀 관계도 과거와는 비교할 수도 없을 만큼 많이 달라졌다.

현대사회의 부모-자녀 관계에서 자녀는 과거와 같이 사회화의 대상으로 수동적인 존재만은 아니며 능동적인 행위자로서 부모에게 영향을 주며 부모를 사회화시키고 자아개념을 형성시킨다. 그러므로 현대사회에 살고 있는 부모는 과거와는 다른 새로운 부모역할을 배우고 받아들여야 한다. 그렇다면 현대사회에서 부모가 된다는 것은 과거와 비교할 때 어떻게 그 내용과 의미가 변화되었는가를 살펴보면 다음과 같다(김정원, 전선옥 2016).

■ 현대사회는 부모가 되는 일이 선택의 대상이 되었다.

20세기 과학기술의 발전은 피임과 산아제한, 더 나아가서 시험관아기를 가능하게 함으로써 부모들은 자녀를 가질 것이냐의 여부와 자녀를 갖는 시기, 자녀 수를 마음대로 선택할 수 있게 되었다(Skolnick, 1987).

■ 현대사회에서는 애정이 부모-자녀 관계의 핵심으로 중시되어 진다.

우리나라 전통사회에서 부모의 가장 중요한 역할은 자녀에게 조상 대대로 내려오는 사회적 신분과 물질적 기반, 생업 및 이에 상응하는 가풍과 전통을 물려주는 일이었다. 이에 반해 현대사회의 부모-자녀 관계는 무엇보다도 개인적이고 인격적인 관계에 기반한 사랑과 정서적 유대감이 강조되며, 감정적 차원이 부모-자녀 간의 중심 요소로 간주된다.

■ 현대사회의 핵가족 속에서 부모는 자녀 양육이나 교육에 있어 과거보다 커다란 영향력을 행사하고 있지만 과거처럼 친족이나 이웃, 공동체의 도움을 받지 못하고 있다.

전통사회의 대가족에서 어린이는 집안 내 여러 어린이와 함께 공동체적 생활 속에서 자라면서 주위 집안 어른들로부터 행위규범을 익히고 부모의 보살핌만큼이나 주변 집안 어른들의 보살핌을 받았다. 이에 반해 현대 산업사회에서는 친족이나 이웃 공동체의 지지와 도움을 받지 못하므로 현대의 부모는 심리학이나 교육학, 아동학 등 자녀교육에 관한 전문가들의 이론이나 조언으로부터 자녀양육에 관한 지식을 얻는다. 그러나 그러한 이론이나 충고는 시대에 따라 자주 변하고 모순적이며 각자의 특수한 환경에 적용하기 쉽지 않은 경우가 많아 현대의 부모들은 자녀를 키우는 데 자신을 잃고 당황하기 쉽다(조형, 1985).

■ 현대사회에서도 부모는 자녀의 지위 획득 기반을 마련해 주기 위해 많은 노력을 하며 경제적으로 부담을 느낀다.

과거 전통사회는 신분사회이므로 부모의 신분과 지위는 자녀에게 세습되는 반면에 현대사회는 성취사회이고 개인의 지위는 자신의 노력과 능력에 의해 획득된다고 일반적으로 여겨진다. 그러나 실제 현실에서는 개인의 성취에 영향을 미치는 환경이 부모의 계층적 지위에 따라 달라진다. 따라서 부모는 정신적 · 물질적으로 자녀에게 지위 획득의 기반을 마련해 주기 위해 애를 쓰며, 이는 부모에게 많은 부담을 안겨 주게 된다.

■ 현대의 부모들은 그 어느 때보다 자녀의 심리적 · 정신적 적응과 발달에 커다란 책임과 부담을 느낀다.

과거의 부모들은 자녀의 신체적 건강과 도덕적 미덕에 관심을 가지며, 자녀의 심리적 · 정신적인 건강과 문제에 대해서는 신이나 운명 또는 악마의 책임이라고 믿었다. 그러나 오늘날 아동심리학의 발달은 부모가 자녀의 심리적 적응과 발달에 전적으로 영향을 미치며 책임이 있는 존재라고 강조한다.

이상에서 살펴본 바와 같이 현대사회에서 부모가 된다는 것은 그 어느 때보다도 많은 부담과 책임을 지는 일이 되었다. 즉, 부모로서 자녀를 훌륭하게 키워야 한다는 의무감과 의욕은 넘치나, 유능한 부모가 되기 위해 필요한 교육이나 역할 모델링을 보는 일은 그리 흔치가 않고 사회의 기대수준만 높을 뿐이다. 또한 전문가들의 조언은 자주 모순되어 오히려 부모들에게 혼란을 야기하고, 실생활에 적용하기도 쉽지 않은 경우가 많아 부모 역할을 수행하는 데 많은 어려움이 있다.

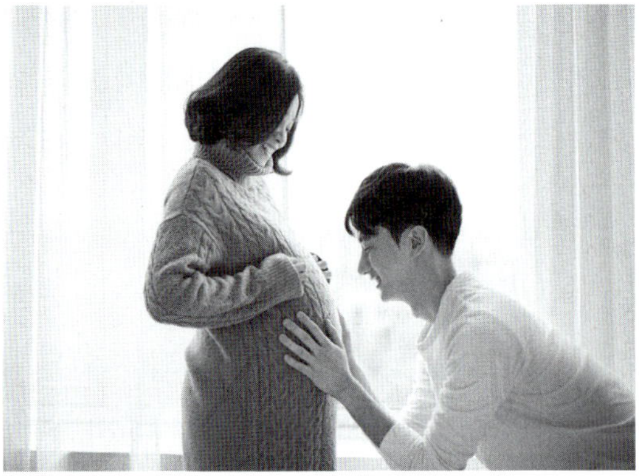

2. 부모의 양육태도

1) 양육태도의 정의 및 유형

양육태도란 부모 또는 양육자가 아동을 양육함에 있어서 일반적 · 보편적으로 나타내는 태도 및 행동, 즉 유아기의 훈육, 생활훈련, 전반적인 유아의 행위에 대한 부모의 태도(한국유아교육학회 편, 1996)로 정의되며 학자에 따라 태도에 초점을 맞추거나 행동에 초점을 맞추고 있으나 대개는 양육태도와 행동을 특별히 구별하지 않고 혼용하여 사용하고 있다.

자녀를 어떤 사람으로 키우고 싶은지에 대한 부모의 교육관은 추상적 개념체제이며 양육태도란 실제 생활에서 자녀를 대하는 구체적 행동양식이기 때문에 자녀교육관, 양육태도, 유아발달 간의 상호작용은 복잡해지게 된다. 개념적으로는 유아의 흥미, 경험을 중요하게 여기더라도 실생활에서는 유아의 행동을 통제하는 경우가 있으며 그 반대의 경향도 일어날 수 있기 때문이다.

자녀를 교육하는 부모의 양육태도가 이론적으로 연구된 것은 거의 최근의 일이다. 17세기만 해도 엄격한 훈육 및 체벌이 가장 효율적인 양육태도라고 여겼었다. 18세기에 들어서 소아의학과 심리학의 발달로 양육태도에 대한 연구는 증가되었으며 부모 자신이 자기 자녀와의 관계를 이해하는 것은 건전한 부모-자녀 관계를 형성하는 데 필요하다고 인식되었고 점차 부모의 양육태도에 변화가 있었다(이원영, 1983).

부모의 양육태도는 여러 가지 환경적 요소들이 복합적으로 구성되어 영향을 받기 때문에 학자들의 견해에 따라 다양한 유형으로 나누어지는데 보통 자녀에 대한 부모의 애정 · 통제 · 합리성의 정도 등에 따라 몇 가지 유형으로 분류된다. 부모의 양육태도를 가정 먼저 이론으로 정립한 사람은 Symonds(1949)이다. 그는 부모의 애정을 받고 자란 유아집단과 그렇지 못한 집단 간의 비교를 통해 부모의 양육태도를 수용-거부와 지배-복종의 두 차원으로 보았다. Symonds의 이론은 어머니의 양육태도를 체계화하려 했다는 점에서 공헌하였으나 일상생활에서 일어날 수 있는 건전한 태도에 대해서는 언급하지 못하고 어머니의 태도를 정상적인 규준에 의거 설명하는 데는 실패하였다(이원영, 1983).

Symonds 이후에 많은 학자들이 부모의 양육태도를 분류하였는데 Jersild(1964)는 수용적 태도, 거부적 태도, 익애적 태도로 나누었고, Alford(1969)는 보호형, 거부형, 무시형, 수용형으로 구분하였으며, Baumrind(1971)는 허용적 태도, 권위적 태도, 독재적 태도로, Hurlock(1978)은 과잉보호, 허용적, 관대, 거부적, 수용적, 지배적, 순종적, 편애, 부모의 기대 등으로 분류하였다. 또한 Schaefer(1959)는 정상적인 부모의 양육태도를 30년 동안 장기 연구하여, 그의 부모 양육태도 모형이 널리 받아들여지고 있다. 그는 신생아기부터 초기 청년기에 이르는 동안의 발달과 부모의 양육태도를 함께 연구하여 양육태도를 두 개의 축으로 분류하여 설명하였다.

이상의 학자들의 양육태도 유형을 도표화하면 다음과 같다.

〈표 2-1〉 부모의 양육태도 유형

학자	Symonds	Schaefer	Jersild	Alford	Baumrind	Hurlock
년도	1949	1959	1960	1969	1973	1978
양육태도 유형	• 거부적 태도 • 익애적 태도 • 과잉보호적 태도 • 엄격권위적 태도 • 포부야심적 태도 • 의존적 태도 • 애증적 태도	• 애정적–자율적 태도 • 애정적–통제적 태도 • 거부적–자율적 태도 • 거부적–통제적 태도	• 수용적 태도 • 거부적 태도 • 익애적 태도	• 보호형 (높은 통제와 높은 애정) • 거부형 (높은 통제와 낮은 애정) • 무시형 (낮은 통제와 낮은 애정) • 수용형 (낮은 통제와 높은 애정)	• 허용적 태도 • 권위적 태도 • 독재적 태도	• 과잉보호 • 허용적 • 관대 • 거부적 • 수용적 • 지배적 • 순종적 • 편애 • 부모의 기대

부모의 양육형태를 애정-거부의 축과 자율-통제의 축으로 분류한 Schaefer의 모형을 좀 더 자세히 살펴보면 다음과 같다. 그는 자녀양육에 관련된 각종 변인들 간의 상호상관관계를 검토하고 변인들 중에서 서로 밀접하게 관련된 요인과 대립되는 요인들을 고려하여 각 변수의 위치를 다음의 그림과 같이 나타내었다.

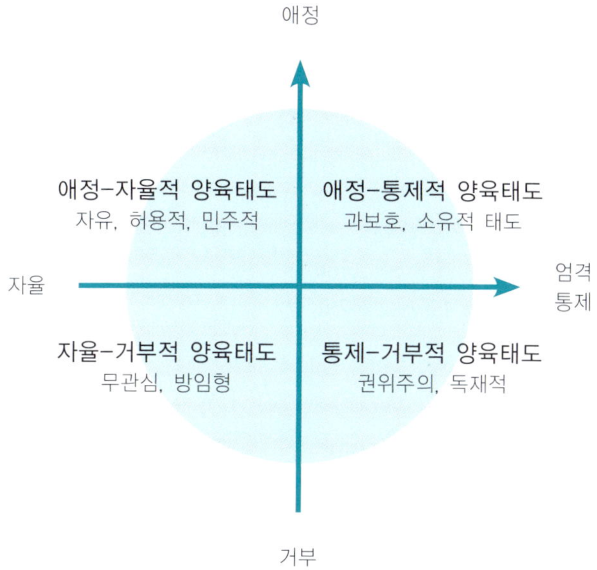

[그림 2-1] Schaefer의 양육태도 모형

앞 그림에서 볼 수 있는 Schaefer의 양육태도 모형에 나타난 부모 양육태도와 자녀의 특성을 구체적으로 살펴보면 다음과 같다.

양육태도 유형	부모의 양육태도	자녀의 특성
애정적-자율적 태도	• 자녀에게 애정을 갖고 인격체로 존중 • 자유롭고 수용적인 태도로 자녀에게 자율성을 인정하는 동시에 책임감과 의무를 갖도록 함 • 자녀의 권리, 개성을 존중 • 자녀를 가정의 의사결정에 참여시켜 자녀의 의견도 존중 • 가장 이상적인 부모의 양육태도	• 능동적, 외향적이고 독립적 • 사교적 창의적 • 자신이나 타인에 대해 적대감이 없음 • 사회적응을 자신 있게 함
애정적-통제적 태도	• 자녀를 사랑하고 애정을 갖고 있지만, 행동의 제약과 통제를 많이 함 • 부모가 지나치게 애정을 갖기 때문에 자녀를 보호하거나 통제가 많아 과잉보호가 나타나기도 함 • 체벌을 수반한 통제는 아니더라도 언어적 · 심리적 통제를 하기도 함	• 의존적이고 사교성, 창의성이 적음 • 내성적인 성격 • 상상적인 적대 감정을 품기도 함
거부적-자율적 태도	• 자녀를 수용하지 못하고 동시에 자녀 마음대로 행동하게끔 방임 • 자녀에 대한 관심보다는 냉담하거나 무시하는 경향 • 자녀와 함께 보내는 시간이 별로 없음	• 불안정하거나 공격적이고 반항적, 반사회적 • 자신의 행동조절을 못하게 되어 사회에서 고립되는 경향 • 정서적으로 미성숙한 행동이 나타남 • 부정적인 주의끌기 행동을 하기도 함
거부적-통제적 태도	• 독재적이고 권위주의적인 태도 • 자녀를 애정적이고 따뜻하게 대하지 않음 • 자녀의 행동에 대해 체벌이나 심리적 통제를 사용하여 엄격하고 거부적으로 규제 • 애정적-자율적 태도와 정반대	• 자아에 대한 분노가 발생하여 내면화된 갈등, 고통이 많음 • 수줍음이 많아 사회성이 부족함 • 자존감이 낮아 자학적, 퇴행적이 되기도 함 • 정상적인 친구관계 유지가 어려움

부모의 양육태도는 부모-자녀 관계의 질을 결정해 주고 자녀의 지적 · 정서적 · 성격적 제 측면의 발달에 중요한 영향을 미친다. 부모는 자녀의 바람직한 성장을 위해서 일관성 있는 양육태도로 자녀를 대함으로써 건강한 부모-자녀 관계를 유지하도록 노력해야 한다.

2) 부모의 양육태도에 영향을 미치는 요인

자녀에 대한 부모의 양육태도는 일방적이 아니고 상호적이기 때문에 부모의 행동뿐만 아니라 자녀의 부모에 대한 태도도 부모에게 영향을 주게 되어 있다. 또한 부모의 양육태도는 한 번 형성되면 오래 지속되기 때문에 가족관계에서도 매우 중요하다. 이러한 양육태도의 형성은 근본적으로는 그의 성격에 기인하는 것이지만 그것은 가족구성이나 가정 분위기, 가정의 사회적 지위는 물론 그 사회의 문화적 배경, 부모의 개인적 조건, 자녀의 개인적 조건 등과 깊은 관계를 갖는다(강윤숙, 1987).

부모의 양육태도 결정에 영향을 미치는 가장 일반적인 요인에는 다음과 같은 것들이 있다(Hurlock, 1978).

- **'dream child' 개념**: 자녀가 태어나기 전, 자녀에 대해 가졌던 매우 로맨틱하고 기대에 찼던 생각이 부모의 양육태도에 영향을 미치는데, 자녀가 부모의 기대를 만족시켜 주지 못하면 부모는 실망하게 되어 거부적 태도를 갖게 된다.
- **부모의 어릴 적 경험**: 대가족에서 자라나 어린 동생들을 돌봐야 했던 부모는 어렸을 때 형제와 행복한 경험을 한 부모보다 자기 자녀는 물론이고 다른 아이들에게까지도 호의적인 태도를 갖지 못하는 경우가 많다.
- **문화적 가치**: 권위주의적 · 민주적 · 허용적인 방법 등 자녀를 기르는 가장 좋은 방법으로 자신이 속해 있는 사회의 문화적 가치를 따른다.
- **부모의 역할에 대한 만족과 결혼생활에의 적응**: 부모의 역할을 즐거워하고 결혼생활에 적응이 잘 되어 행복한 부모는 자녀에게 호의적인 태도를 갖는다.
- **부모로서의 역할에 적합하다는 느낌**: 부모가 자신의 역할에 대해 긍정적인 생각을 할 때 자기 자신의 자녀들에 대한 태도가 더욱 바람직하다.
- **자녀의 수, 성, 특성**: 자녀의 수나 순위, 성별, 자녀가 가지고 있는 특성에 만족하는 부모가 그렇지 않은 부모보다 자녀에게 더욱 호의적이다.
- **자녀를 갖게 된 동기**: 자녀를 갖게 된 동기가 위태로운 결혼을 지속하기 위한

수단이거나 자녀를 갖는 것이 너무 쉽게 이루어진 경우, 자녀에게 덜 호의적인 태도를 보이게 된다.

- **자녀의 부모에 대한 태도**: 자녀가 그들에 대한 부모의 양육태도에 어떻게 반응하는가, 자녀가 부모에게 애정을 보이고 의지하려고 하는 경우와 자녀가 독립적이고 가족 이외의 사람에게 더 많은 애착을 갖는 경우는 부모의 양육태도가 다르다.

부모의 양육태도가 자녀의 성장에 미치는 영향에 관한 연구는 매우 많다. 우리나라에서도 부모교육의 중요성이 인식되기 시작한 1970년대를 기점으로 1980년대부터 상당히 많은 연구들이 이루어져 부모의 양육태도에 영향을 미치는 여러 요인들이 밝혀졌다.

먼저 부모의 사회·경제적 지위와 학력이 부모의 양육태도와 관련이 있어서 어머니의 거부적 태도는 아버지의 직업 및 사회·경제적 지위와 관련이 있고(이원영, 1983), 어머니의 교육수준이 높을수록 자녀에게 보다 애정·수용적인 양육태도를 보였으며(한종혜, 1980; 양문현, 1984; 곽용, 1986), 어머니의 교육수준이 낮을수록 의존성 조장 태도를 나타내었다(이은수, 1985). 그러므로 사회·경제적 지위가 높고 학력이 높은 부모는 애정적이고 자율적인 양육태도를 갖고 있는 반면에 사회·경제적 지위가 낮고 학력이 낮은 부모는 통제적이고 권위적인 양육태도를 보인다고 할 수 있다.

부모의 연령이나 자녀의 수도 양육태도에 영향을 미쳐서 어머니의 연령이 증가할수록 자녀에게 독립심을 길러 주려 하지 않고 의존성을 조장하는 경향이 있다(이원영, 1983). 자녀의 수가 적을수록 어머니의 양육태도는 더 애정적이며(이은수, 1985), 자녀가 하나인 경우는 자녀가 다섯 이상인 경우보다 부모의 사랑과 보살핌을 더 많이 받게 되지만(차재호, 1978), 자녀 수와 어머니의 양육태도와는 아무런 관련이 없을 수도 있다(윤현선, 1983). 부모의 연령이 적절할 때 부모가 되는 경제적인 준비뿐만 아니라 부모가 되는 마음의 준비를 갖추는 것은 매우 중요하다. 자녀의 수는 영향을 미칠 수도 있고 그렇지 못할 수도 있는데 이는 단순히

수적인 차원이 양육태도에 영향을 주기보다는 여러 요인들이 복합적으로 작용하기 때문일 것이다.

또한 부모는 자녀의 성별에 따라 어머니는 아들에게 더 엄한 체벌과 태도를 나타내는 반면에 아버지는 딸에게 엄격한 태도를 나타내고(이현순, 1983), 어머니는 아들에게 성취기대를 더 많이 하고 어렸을 때부터 아들에게 독립심을 허용하는 경향이 있다(하승민, 1984). 이는 현대사회에서 사고방식이 많이 변화하고는 있지만 아직도 우리나라의 경우에는 아들에게 더욱 권위적이면서도 자율적인 태도를 보이는 것으로 알 수 있다(고영미, 1996).

바람직한 부모의 양육태도란 거부적도 아니고, 지배적도 아니며 과보호적도 아니고, 복종적도 아닌 태도가 바람직하다. 자녀는 무엇보다 자신들의 애정이나 소속감 또 인정받고자 하는 정서적인 욕구충족이 부모로부터 먼저 이해되고 수용될 때, 비로소 자기뿐 아니라 타인을 사랑하고 돌봐 줄 수 있는 바람직한 사회성을 갖게 되는 인격체로 성장하게 된다. 그러므로 부모가 자녀를 양육하는 가장 기본적인 자세는 자녀의 모든 행동적 특성을 그대로 이해하는 것이다.

최근 아버지의 양육역할에 관한 사회적 관심이 증가하고 있는 추세이므로 아버지의 양육태도가 자녀의 성장에 미치는 영향에 대해 간략히 살펴보고자 한다. 아버지는 자녀의 초기 인성발달에 결정적인 역할을 하고, 아버지의 역할은 어머니의 역할과는 질적으로 다르며, 유아의 사회화에 있어서도 적극적이고 복합적인 역할을 한다. 특히, 아버지의 양육태도는 자녀의 인지, 인성, 도덕성, 성역할 발달 등에 영향을 미친다는 연구결과들이 있다(김희순, 1984; 강혜선, 1987; 김점숙, 1987; 김정신, 1999). 이러한 연구결과들은 자녀양육에 있어 아버지의 양육태도가 매우 중요함을 일깨워 주는 것이다.

아버지의 양육태도는 자녀의 성취동기나 인지발달(강혜선, 1987; 김점숙, 1987), 사회성 발달(이영순, 1988; 장가영, 1990)과 관련이 있고, 아버지의 양육태도가 애정적-자율적인 유아가 거부적-통제적인 유아보다 더 많은 대인문제 해결 방안을 가지며(황선명, 1994), 애정적-자율적 아버지의 자녀가 사회성숙도가 가장 높고 거부적-통제적 아버지의 자녀가 가장 낮다(조혜선, 1999)는 연구결과들이 있다. 또한 아버지의 교육수준이 높을수록 좀 더 자율적이고 애정적이며 합리적인 태도인 긍정적인 양육태도로 양육행동을 한다는 연구결과도 있다(우정희, 2002; 하정아, 1997).

이상의 연구결과들로부터 아버지의 양육태도가 유아의 대인관계 문제해결능력, 친구관계와 인기도, 사회성숙도 및 사회문제 해결전략 등과 같은 사회성 발달에 많은 영향을 미치고 있음을 알 수 있다. 특히, 아버지가 애정적-자율적 양육태도를 지녔을 경우, 유아의 사회성 발달이 높다는 연구들은 자녀의 자율성을 길러 주는 아버지 양육태도의 중요성을 일깨워 준다고 볼 수 있다.

함께 생각해 봅시다.

부모의 양육태도는 자녀에게 대물림이 되기도 합니다. 미래의 나의 양육태도를 예측해 보기 위해서 나의 부모님께서는 어떤 양육태도로 키워 주셨는지를 이유와 함께 생각해 봅시다.

3. 부모역할지능

부모역할은 자녀양육과 관련되어 있는 '부모로서 기대되는 행동'으로, 부모가 되어 실제 양육행동을 수행하는 과정에서 기대되어지는 특징적 행동이라고 정의할 수 있으며(현온강, 1994), 이 행동은 부모가 갖고 있는 지식, 기술, 태도 등으로 인해 표출된다(김응자, 2004). 부모는 사랑과 애정을 근간으로 자녀를 양육하고자 노력하지만, 자녀를 양육하는 과정에는 많은 어려움이 있고, 중요한 결정을 내려야 하는 경우도 무수히 많다. 인간이 일상생활 속에서 문제를 해결하고 적응하고 학습하기 위해서 지능이 필요한 것처럼, 부모도 맥락을 읽어 내고 그

맥락에 맞게 적절한 역할을 선택하고 문제를 해결하기 위해서는 지능이 필요하다. 즉, 부모가 바람직한 부모역할을 하기 위해서는 부모역할지능(parental intelligence)이 필요하다.

이처럼 자녀양육의 상황에서 맥락에 부합하는 부모역할을 할 수 있는 지적능력 및 지적행동을 부모역할지능이라고 한다(현미숙, 2004). 부모역할지능은 발달자극 역할지능, 양육 역할지능, 관리 역할지능 등으로 이루어진다. 어린자녀의 발달적 특성과 맥락에 부합되는 관리자로서의 부모역할은 자녀의 발달을 긍정적인 방향으로 격려한다(김민정, 2012; 이미현, 2008).

〈표 2-2〉 부모역할지능의 종류

종류	내용
발달자극 역할지능	공감, 격려, 증진, 합리적 권위로 자녀의 인지, 자아, 도덕성, 친사회적 발달 등을 격려함으로써 자녀의 건강한 발달을 증진시키는 역할로서 자녀에게 기대되는 잠재적 변화를 일으키기 위한 목적으로 안내하고, 보호하고, 돌봄을 제공하는 역할
양육 역할지능	자녀의 물리적 · 정서적 단기 욕구에 대한 적절한 사회적 물리적 자원의 제공에 관하여 판단하는 역할
관리 역할지능	부모가 일관성을 가지고 자녀와 상호작용하며 융통성과 애정을 가지고 자녀의 하루일과를 조직하고, 의사결정의 과정에서 자녀의 역할을 인정해 주면서 바람직한 결정을 하도록 도움을 주는 역할

부모역할지능을 적절히 발휘하기 위해서는 부모에게 다음과 같은 세 가지 능력이 필요하다(김진희, 2007).

■ 아동에 관한 지식과 상황에 대한 인식

부모는 아동에 대한 일반적인 지식을 가지고 있어야 하며 자녀 및 부모 자신과 관련된 상황에 대해서 정확한 인식을 해야 한다.

■ 합리적인 합을 이끌어 내는 적응적인 대처 능력

부모는 갈등 상황에 접했을 때 정반합의 과정을 통해 유연성 있고 적응적으로 대처하는 능력을 가져야 한다.

■ **부모역할의 계속적인 성장에 대한 인식**

자녀가 성장 발달함에 따라 자신의 부모역할도 계속적인 성장이 필요함을 인식하고 노력해야 한다.

최근 이루어진 부모역할지능에 관한 연구들에 의하면 부모역할지능이 높은 부모의 자녀는 자기통제력과 친사회적 행동능력이 높으며(이미현, 2008), 유아의 정서조절능력과 자아개념이 높고(김진희, 2007), 부모역할에 관한 부모 자신의 심리적 만족이 높을수록 부모역할지능이 높았다(백경숙, 윤지영, 2004). 또한 부모교육 프로그램에 참여한 경험이 있는 부모는 부모역할지능이 증진되어, 어떤 상황하에 있는 자녀의 감정을 지각하고 분석하고, 민감하게 반응해 주고, 감정이입적으로 의사소통해 주며 현재의 능력과 태도를 더욱 긍정적인 방향으로 발달시키고자 노력했다고 한다(김응자, 2004).

이러한 연구결과들은 부모역할지능이 자녀발달의 여러 영역에서 많은 영향을 미치고 있음을 의미한다. 최근에는 자녀양육과정에서 아버지 역할의 의미나 중요성에 대한 관심이 높아지면서 아버지의 역할지능에 관한 연구들도 이루어지고 있다. 구체적으로는 아버지의 양육 신념 및 양육 기대감이 아버지의 역할지능에 영향을 미치고(김민정, 2012), 아버지의 부모역할지능이 유능감과 관계가 있었으며(김진희, 2007), 역할지능이 높은 아버지일수록 행복감의 수준도 높다고 하였다(김정원, 김정실, 2014).

그러므로 앞으로는 이처럼 부모역할 수행에 영향을 미치는 부모역할지능을 더욱 향상시키기 위해서 미래의 예비부모들인 고등학생이나 대학생들, 그리고 현재 부모역할을 수행하고 있는 부모들을 대상으로 하는 다양한 부모교육 프로그램의 개발과 부모교육의 실시가 절실하다.

4. 아버지 역할의 중요성과 변화

부모는 자녀에게 필요한 여러 가지 욕구를 채워 주며 그들을 성장시키는 과정에서 역할 공유와 역할 분담이 있게 된다. 부모의 역할은 아버지 역할, 어머니 역할로 양분되어 고정되어 있는 것이 아니고 상황에 따라 서로 보완 또는 교환될 수 있다. 아버지와 어머니는 자녀 양육과 교육의 역할을 공유하여 수행하는 것이 바람직하다.

한국 전통사회에서 이상적인 부모상은 엄부자모(嚴父慈母)의 상이었다. 즉, 자녀에게 엄하게 가르치고 훈육하는 아버지와 온화하고 자애롭게 자식을 감싸 주는 어머니가 바람직한 것으로 간주되었다. 자녀의 사회화 과정에서 부모의 역할이 분명히 구분되어 아버지와 어머니는 상호 보완적인 역할을 해 왔다. 대부분의 서양사회에서도 이와 마찬가지로 아버지는 생계부양자로서의 역할을 주로 하고 어머니는 가사와 자녀양육을 주로 담당해 왔다.

전통사회에서 아버지들은 자녀 양육에 참여하지 않는 것으로 되어 있었기 때문에 자녀양육의 책임은 전적으로 어머니들에게 놓여 있었다. 아버지는 대개 가족의 생계유지자로서의 역할을 수행하였으며, 자녀양육에서 적극적인 역할을 하는 능동적인 참여자는 아니었다(Parke, 2004). 이에 대하여 Parsons와 Bales(1955)는 아버지는 사회와 가족을 연결하는 대표자로서 도구적 역할을 담당하고, 어머니는 가족 간의 애정과 감정 문제를 담당하는 표현적 역할을 하는 것으로 개념화하였다.

〈표 2-3〉 부모의 도구적 역할과 표현적 역할

역할	담당	내용
도구적 역할	아버지	가족 부양자로 밖에 나가 돈을 벌어 오고 최종적 판단의 결정자로서 자녀의 행동을 최후로 통제하는 역할
표현적 역할	어머니	가족의 소비생활과 가사 일을 담당하고 인간관계를 도모하며 가족 안에 협조와 이해가 있도록 애정과 정서적 역할을 하는 것

산업사회 이전의 아버지와 어머니의 역할은 동서양을 막론하고 아버지는 목적 성취 기능을 수행하는 사람으로서 외부 세계와 가정을 연결하는 도구적인 지도자로 인식되었고, 어머니는 가정의 환경 내에서 가족 구성원의 필요에 이바지하고 자녀를 양육하는 사람으로서 표현적 기능을 위한 가정의 사회정서적인 지도자로 여겨졌다(허선자, 1991).

20세기에 들어서면서 서구사회의 산업화와 도시화는 가족 구조의 변화를 가져왔고, 현대의 가족 구조가 대가족 또는 확대가족에서 핵가족화 되어 가는 과정에서 자녀 양육 및 교육에 관한 부모의 역할 부담이 증가되었으며 책임도 더욱 가중되었다. 즉, 핵가족 속에서의 젊은 부모들은 자신 부모들의 직접적인 도움 없이 전적으로 자녀양육의 책임을 수행해야 할 상황에 부딪히게 되었다. 그러므로 아버지와 어머니는 자녀의 문제를 공동의 관심사로 나누어 갖지 않으면 안 되게 되었다(Mckee & O'brien, 1982). 시대적인 경향과 요구에 의하여 자녀양육 과정에 아버지 역할의 중요성이 전과 다르게 평가되기 시작한 것이다. 즉, 전에는 어머니의 역할로만 여겼던 양육행동을 아버지도 분담해야 하는 사회적 · 시대적 요청이 대두된 것이다.

특히 서구사회에서는 1960년대 이후 여성의 노동시장 참여, 여성해방운동의 영향 등으로 기혼 여성의 취업이 늘고 남녀 간의 성역할 이데올로기가 점차 약화되면서 가족 내의 역할에 변화가 오기 시작하였다. 즉, 부부간의 역할 평등과 역할 분담을 요구하기에 이르렀고 가정에서의 아버지 역할, 특히 자녀 양육에서의 아버지 역할을 절실히 요구하게 되었다(Kamerman, 1980). 가정 내에서의 아버지 역할에 대한 관심은 1970년대 중반부터 나타나기 시작해서 1970년대 후반부에는 많은 연구들을 통하여 아버지의 역할이 재인식되며, 재발견되었다(Robinson & Barret, 1986; Lamb, 1987).

연구결과들을 간략하게 살펴보면, 아버지는 자녀의 성역할 학습, 인지학습, 성취동기 등 제반 영역에서 결정적인 역할을 한다는 것이고(Weinraub, 1977), 특히 아버지들이 전통적인 도구적 역할 이외에 표현적 역할을 할 수 있는 의욕과 능력이 있음을 주장하였다(Lamb, 1977; Parke, 2004). 이처럼 자녀 양육에 있어 아버지의 역할이 중요하며 어머니 못지않게 아버지가 자녀에게 중요한 영향을 미침이 밝혀지면서 현대사회에서는 과거의 도구적 역할만이 아니라 표현적 역할 또한 잘 수행하는 양성적인 아버지(androgynous father)가 요구된다.

양성적인 아버지는 성역할 정형화의 영향으로부터 그들의 자녀를 보호하고자 하며, 성역할 고정관념에 상관없이 흥미를 추구하도록 격려하며, 보다 양육적으로 일상생활에서 아동양육에 참여하고 자녀와 많은 상호작용을 한다(Cordell, 1980). 양성적인 부모들은 아동양육과 생계부양자의 역할을 동등하게 담당하며 전통적인 부부들보다 더욱 융통성이 있고 자기 존중심이 높으며, 가정과 직장에서 보다 효율적으로 일한다고 한다(Bem & Lenney, 1976).

자녀의 양육 및 교육에 있어 아버지의 참여 내지 어머니와의 공동분담은 자녀양육의 과중한 부담을 지닌 어머니에 대한 도움과 지지를 제공함으로써 어머니로 하여금 아동에게 더욱 애정적이고 민감하게 반응하도록 한다. 또한 아버지의 육아참여는 자녀에게 보다 개방적이고 평등한 성역할 개념을 제공함으로써 자녀를 보다 양성적인 인간으로 성장하게 만든다. 아버지는 어머니와 다른 역할로 자녀의 모든 발달에 영향을 미치며 아버지와 어머니로부터 받는 각기 다른 종류의 자극은 부모의 어느 한쪽에서만 받는 일방적 자극에 비해 특히 자녀의 인지 · 사회성 발달에 효과가 있다. 가정에서 어머니는 주로 자녀의 신체적인 요구에 몰두하기 때문에 사회화시키는 활동을 하는 시간이 적으나, 아버지는 자녀와 함께 하는 대부분의 시간을 사회화 경험을 제공하는 데 사용함으로 사회성 발달에 중요한 역할을 한다(김정신, 1999).

아버지 역할에 대한 중요성이 높아짐에 따라 특히 아버지가 자녀양육에 어느 정도 참여하고 있는지 아버지의 양육참여에 대한 관심과 중요성이 증가하고 있다. 그러나 우리나라에서는 아직도 아버지의 육아참여가 충분히 이루어지고 있다고 보기 어렵다. 그동안 새롭고 신선한 재미를 안겨주며 큰 인기를 끌었던 TV 예능 프로그램인 '아빠 어디가', '슈퍼맨이 돌아왔다' 등은 아버지의 자녀양육에 관한 우리 사회의 관심을 끌어냈다. 다양한 미디어를 통해서 과거보다 훨씬 더 가정과 자녀들에게 애정과 관심을 보이는 아버지의 모습이 비춰지면서 아빠 육아의 열풍이 불기 시작했다고 해도 과언이 아니다.

이에 따라 친구 같은 아빠, 정서적 교감을 나누는 아빠라는 뜻의 '스칸디대디(Scandi Daddy)', 프랜대디(Friend+Daddy)' 혹은 '플레이대디(Play Daddy)'등의 신조어까지 등장하였다. '스칸디대디(Scandi Daddy)'란 육아에 적극 참여하며 자녀와 최대한 많은 시간을 함께 보내고 교감하는 북유럽의 아빠들을 통칭하는 말이다. 과거의 엄격한 아버지의 모습에서 벗어나 자녀와 함께 많은 시간을 보내며 인성, 책임, 정서 등에 무게를 두고 소통하는 젊은 아버지를 의미하는 스칸디대디는 육아휴직을 내고 자연 속에서 자녀들과 시간을 보내고 자녀를 존중하고 공감대를 형성하는 것을 중요시한다. 권위보다는 자율, 억압보다는 조력을 내세우는 스칸디대디식 자녀양육은 '가정의 중심은 가족 구성원 전체다', '폭력 · 고함은 절대 금지한다', '종종 자녀들과 밖에서 놀이한다', '일곱 살 전에는 글 읽기를 가르치지 않는다' 등을 주장하며 엄격한 교육을 친밀한 교육으로, 주입식 교육을 소통식 교육으로 바꿔야 한다고 제안한다(김정원, 전선옥, 2016).

현대사회에서 어린 영유아기 자녀를 둔 아버지는 스칸디대디를 바라보며 과거 가난 속에서 가정을 지키고 가정의 경제 부흥을 책임지며 가정의 민주화를 이끌어 온 이전 세대의 아버지상에서 벗어나고 변화하기 위해 노력하고 있다. 직장에서의 일이 많고 바빠서 주로 가정 밖에서 지내던 과거 아버지들의 모습을 답습하지 않고, 가정에서 자녀와 함께 많은 시간을 보내는 보다 양육적이고 다정다감한 아버지가 되기 위해서 노력하고 변화해 가는 아버지라고 할 수 있다.

5. 조부모의 역할

최근 우리나라의 사회적인 변화 중 하나는 여성의 사회참여 확대와 맞벌이 가정의 증가, 이혼율 상승 등으로 생기는 양육 공백이다. 우리나라의 맞벌이 가정 비율은 2011년 43.6%에서 2021년에는 46.3%로 그리 큰 폭으로 증가하지는 않았지만 그중 6세 이하의 영유아기 자녀를 양육하는 맞벌이 가구의 비율은 꾸준하게 증가하고 있는 것으로 나타났다. 구체적으로, 6세 이하의 자녀를 양육하는 가구 중 맞벌이 가구의 비율이 해마다 증가하여 2015년에 38.1%이었던 것이 2021년에는 46.3%로 증가하였다(통계청, 2016, 2017, 2018, 2019, 2020, 2021). 즉, 어린 자녀의 양육과 일을 병행하는 맞벌이 부모의 비율이 45%가 넘는 것을 통계로 확인해 볼 수 있다.

이러한 사회적 변화는 맞벌이 부부가 가장 신뢰할 수 있는 대리양육자인 조부모를 손자녀 양육의 지원자 또는 전담자로 떠오르게 하고 있다. 우리나라는 전통적인 혈연 중심 문화에서 오는 문화적 특성에 따라 조부모가 대리양육자로서 손자녀를 양육하는 가정이 많은 편이다. 조부모 스스로가 직장에 다니고 있는 부모를 대신하여 자신을 손자녀의 대리양육자로 인식하여, 자연스럽게 양육에 대한 책임감을 갖게 되는 것도 조부모 양육이 많은 원인 중의 하나이다(김형연, 2015). 조부모에 의한 대리양육의 비율이 높은 가장 큰 이유는 맞벌이 부모들이 유아를 안심하고 맡길 수 있으며, 안정적인 양육 환경을 제공해 줄 수 있기 때문이다. 최근에는 '할마'와 '할빠'라는 유행어가 생길 정도로 은퇴 후 손주를 양육하는 조부모가 늘어나고 있다. 실제로 코로나19 유행이 지속한 2020년, 미취학 영유아 양육자 중 54.5%는 주로 어린이집이나 유치원을 이용하였고 31.1%는 추가적으로 조부모와 친인척이 자녀를 돌봤다는 통계가 보고되기도 하였다(인구복지협회, 2021).

육아정책연구소(박원순, 최윤경, 김희수, 2020)에서 실시한 국민 의견 조사에 따르면, 조부모 · 부모 · 일반 국민 모두 부모 다음으로 가장 바람직한 양육자로 조부모를 꼽았으며 특히, 맞벌이 가구에서 조부모는 절대적인 양육지원자로, 외벌이 가정 7.2%보다 90.2%로 압도적으로 많은 것으로 나타났다. 조부모가 손자녀 양육을 수락하는 이유는 '자녀가 마음 놓고 직장생활(또는 학업)을 하게 도와주려고'가 가장 많았고, '자녀의 빠른 경제적 자립'을 돕기 위해서 양육비를 받지 않는 경우도 있었다. 이처럼 맞벌이 부모들이 할머니 또는 외할머니를 양육자로 선호하는 것은 손자녀를 애정으로 양육하고, 신뢰할 수 있으며, 비용이 저렴한 것 등이 그 이유라고 할 수 있다(권인수, 2000).

조부모 양육의 장점을 조부모와 손자녀의 입장으로 나누어 살펴보면 다음과 같다.

■ 조부모 입장에서의 장점

조부모의 입장에서 손자녀를 양육하는 경험은 참여 계기나 의사결정과정, 동기, 돌봄 현황 등에 따라 그 영향이 달라진다. 조부모들이 손자녀에 대한 자신의 역할에 많은 의미를 부여하고 자신의 존재를 가치 있게 생각할 수 있는 손자녀의 양육에 참여하는 것은 그들의 정신건강에 긍정적으로 작용한다. 조부모는 젊음과 정열을 재경험하고, 생의 연속성을 느끼며, 삶의 경험과 지혜를 제공함으로써 생산성과 성취감을 느낄 수 있다(한국여성복지연구회, 2005).

손자녀와의 친밀한 상호작용으로 애착관계를 형성하여 노년기의 정서적 · 심리적 소외감을 떨쳐버릴 수 있으며, 손자녀의 성장 과정을 지켜보면서 생활의 즐거움을 경험하거나, 자녀에게 실제적인 도움을 준다는 보람과 함께 가족관계 개선 및 노후 생활에 활력을 얻는 등의 긍정적인 면이 있다(김채연, 이민경, 2022). 조부모들은 손자를 보고, 안아 주고, 손자의 소리를 듣고 돌봐 주고 손자에게 몰입하는 가족의 연장자로서의 새로운 경험을 하는 과정에서 스스로에 대하여 가치 있게 생각하고 자존감을 발달시키게 된다(Kivnick, 1982; Kornhaber & Woodward, 1981).

■ 손자녀 입장에서의 장점

손자녀의 입장에서 영유아 시기에 자신을 돌보는 양육자는 세상에 태어나서 최초로 맺는 인간관계가 되며 성장에 많은 영향을 미치는 중요한 존재이므로 누구에 의해 양육되느냐는 매우 중요한 문제이다. 손자녀는 조부모에게서 무조건적인 수용과 따뜻한 보살핌을 받으며 긍정적 정서인 기쁨과 즐거움을 경험하며 성장하는데 이는 유아가 편안한 정서를 유지하는 데 도움이 된다(원미주, 2017). 손자녀의 안정된 사회 · 정서능력 발달은 이후의 성격 형성과 사회생활에서 많은 도움이 될 수 있다.

반면에 조부모 양육에는 단점도 존재한다. 체력이 저하되는 노년기에 상대적으로 많은 노동력을 요구하는 손자녀 양육은 조부모에게 신체적 · 정신적 어려움을 초래하여 심리적인 부담이나 가족 갈등, 건강상의 문제 등으로 부정적인 경험이 되기도 한다. 중요한 것은 처음에는 긍정적인 동기로 참여하였다 하더라도 방법적인 면이나 심리적인 면에서 적절한 지원이나 지지가 없다면 갈등과 스트레스는 깊어지고 그 영향은 조부모뿐 아니라 부모 세대, 손자녀에게도 부정적으로 작용할 수 있다.

조부모의 양육 스트레스가 높을수록 손자녀의 자아존중감이 저하되고 공격적 행동이 많이 나타나며 또래관계 및 학교생활에 어려움을 겪는 등 부정적인 결과를 초래하기도 한다(서성만, 2011). 따라서 조부모가 손주를 양육하는 과정에서 육아 갈등이 생기면 손자녀의 부모와 충분히 의사소통하고, 자녀를 맡기는 부모는 자신의 자녀양육을 감당하고 있는 나이 든 부모에게 항상 감사하고 존중하는 마음을 가져야 한다.

조부모의 손주 양육 시에 어려움을 해결할 수 있도록 지원하기 위하여 조부모와 손자녀를 함께 고려하는 가족 지원 프로그램을 개발하여 실시할 필요가 있다. 조부모 역할 및 지원 프로그램의 목표와 내용을 간략히 살펴보면 다음과 같다(김정원, 2002).

조부모 역할 교육 및 지원 프로그램의 목표

- **손자녀에 대해 올바로 이해한다.**
  - 손자녀의 발달단계를 안다.
  - 손자녀 행동의 원인을 안다.
- **조부모 역할을 위한 바람직한 기술을 습득한다.**
  - 효과적인 의사소통의 방법을 익힌다.
  - 민주적이고 효율적인 훈육 방법을 사용한다.
- **조부모 스스로에 대한 유능감과 가치감을 획득한다.**
  - 가정과 사회적 과업에 참여함으로써 자신에 대한 가치감을 갖는다.
  - 취미와 여가 활동을 통하여 즐거움을 느낀다.
  - 신체적 · 정신적으로 건강하고 행복한 삶을 영위한다.
- **조화로운 가족관계 향상을 도모한다.**
  - 손자녀 양육에 관하여 자녀와의 조화를 꾀한다.
  - 가족 간의 상호 의사소통 촉진 방안을 강구한다.

조부모 역할 교육 및 지원 프로그램의 내용

- **조부모-손자녀 사이의 민주적인 인간관계를 성립한다.**
  - 손자녀를 인격적인 존재로 인정하여 존중한다.
  - 민주적인 손자녀 양육태도를 갖는다.
- **올바른 손자녀 교육관을 확립한다.**
  - 조부모 역할의 중요성을 인식한다.
  - 아동중심 교육관을 갖는다.
- **영유아기 손자녀 양육 관련 내용**
  - 영유아기 발달의 이해
  - 영유아 생활지도
  - 영유아기 사회정서적 발달
  - 손자녀와의 문제 해결
- **조부모 자신의 발달을 위한 교육 내용**
  - 자원봉사
  - 의료 서비스
  - 여가 활동 및 교양 강좌
- **가족 관계 향상을 위한 내용**
  - 건강한 가족의 의미
  - 효과적인 대화법

CHAPTER 03

현대사회 다양한 가족의 이해

1. 맞벌이 가족
2. 한부모가족
3. 재혼가족
4. 다문화가족

인간은 누구나 어떤 형태든지 간에 가족이라는 테두리 안에서 태어나 많은 것을 배우고 자라며, 성인이 되면 결혼과 함께 새로운 또 하나의 가족을 이루며 산다. 가족은 일생에 걸쳐 개인의 삶에 지대한 영향을 미치고, 사회를 구성하는 기본 요소로서 중요한 역할을 한다. 현대사회의 산업화와 도시화는 우리 생활의 많은 부분을 변화시켰고 그중에 가족의 형태도 과거와는 다른 많은 변화를 가져오게 되었다. 오늘날 증가하는 이혼율 및 재혼율과 다문화가족, 가치관의 급속한 변화 등으로 인해 가족의 형태가 훨씬 다양해졌다. 이에 서구에서는 '가족해체'나 '가족붕괴'같은 단어들이 공공연하게 거론되고 있다. 영유아교사는 자신이 경험해 보지 못한 다양한 가정 배경 안에서 성장하며 유아교육기관에 다니게 될 영유아를 편견 없이 충분히 이해하고 각 가정에 필요한 도움을 주기 위해서 다양한 가족의 특성에 대해 미리 알아 둘 필요가 있다.

함께 생각해 봅시다.

21세기는 다양성을 추구하는 사회이다. 이처럼 다양성을 추구하는 사회에서는 매일 다른 문화, 다른 사람, 다른 사회와의 조합이 끊임없이 만들어지며 자연스럽게 새로운 사회를 구성하게 된다. 가족도 예외는 아니어서 오늘날 예전과 달리 다양한 가족의 유형이 등장하고 있다. 최근 새롭게 등장하고 있는 가족에는 어떤 가족이 있는지, 미래사회에는 어떠한 가족 유형이 등장하게 될지에 대해 친구들과 함께 의견을 나누어 봅시다.

현대사회에서 "가족이란 무엇인가"라는 질문에 선뜻 대답하기란 쉽지 않다. 현대사회는 기술의 발달로 인해 개인이 선택할 수 있는 삶의 가능성이 비약적으로 증가했고, 마찬가지로 각 개인이 선택하는 '가족으로서의 삶'의 모양도 다양해졌기에 이 시대에 가족의 다양성이 증가하는 것은 필연적인 결과이다. 전통적인 가족에 대한 정의는 핵가족을 유일한 가족(family)으로 최소한 전형적이고 정상적인 가족의 모델로 삼고 있었지만, 이러한 전통적인 관점은 오늘날 존재하는 수많은 다양한 가족들(families)에 대해 설명하지 못하게 한다(박나래, 2021).

특히 우리나라는 가족 구조의 변화와 가족 규모, 가족 형태, 가족에 대한 가치관의 변화로 세계 최저의 출산율과 이혼율의 증가, 혼인 건수의 감소, 노령 인구의 증가, 세대 구성별 가구 수의 감소, 1인 가구의 증가 양상 등을 나타내고 있다. 이와 같은 가족 형태의 다양화는 TV 예능 프로그램에서도 변화를 실감할 수 있다. 대표적 육아 예능인 KBS의 '슈퍼맨이 돌아왔다'에서는 비혼 출산으로 아기를 낳은 가족이 등장하고, JTBC의 '내가 키운다'는 한부모 가정에서 이루어지는 육아를 다루었다. 이는 과거에는 비정상으로 치부되었던 가족의 형태가 최근에는 자연스러운 가족의 한 형태로 받아들여지고 있는 것으로 볼 수 있겠다. 그리고 우리 사회에서 새로운 가족의 형태에 대한 수용도는 Z세대(1996~2010년대 초반 출생)가 가장 높은데 혼전동거(66.7%), 비혼주의(69.36%), 딩크족(68.6%), 남녀가 결혼이 아니라 가치관이 맞는 사람끼리 가족을 꾸리는 분자가족(42.9%), 비혼출산(51.3%) 등 다양하게 나타났다(대학내일20대연구소, 2021).

현재 우리 사회에서 가족은 그 정체성이 무엇인지 말하기 어려울 만큼 다양한 모습으로 나타나고 있다. 이제 과거처럼 초혼의 부모와 자녀가 한 지붕 아래에서 행복하게 생활하던 전통적인 가족의 모습이 변화하고 있는 것이다. 우리 사회에서는 결혼을 바탕으로 한 남녀 간의 '합법적인' 결합 및 혈연 중심의 가족 형성 이외에 다른 가족 유형들에 대해서는 '비정상적'이라는 시각이 오랫동안 견지되어 왔으며, 가족복지의 측면에서 보호의 대상으로 파악되는 한부모가족을 제외하고는 여타의 다양한 가족 유형들에 대한 관심이 등한시 되어 왔다.

그러나 전형적인 핵가족 형태만이 정상적 가족이라는 기존의 이데올로기적 가족 관점은 이제 더 이상 현대사회에서는 적합한 견해가 될 수 없다(김승권 외, 2004; 서수경, 2002). 앞으로는 전통적인 가족 구조에서 한부모가족, 재혼가족, 입양가족, 비혈연가족, 맞벌이 가족, 노인부부 가구, 무자녀 부부 가족, 동거가족, 동성부부 등 '비주류' 가족 형태의 변화를 기존의 가족 해체의 관점이 아닌 가족 재구성의 관점으로 다시 보아야 한다는 주장이 있다.

[그림 3-1] 현대사회의 다양한 가족

영유아교사는 다양한 가족 구성원을 배경으로 하는 유아들과 함께 생활해야 하므로 여러 가족 유형들이 지닌 특성들에 대한 이해가 필요하다. 교사 자신이 경험해 보지 못한 다양한 형태의 가정에서 오는 영유아와 부모를 만나 각 가정에서 필요로 하는 적절한 도움을 주기 위해서이다. 이에 현대사회의 다양해진 가족 유형의 특성과 각 가정 내에서 이루어지는 자녀 양육을 중심으로 간략히 살펴보면 다음과 같다.

1. 맞벌이 가족

1) 맞벌이 가족의 정의

현대사회에서는 전통사회와 다르게 결혼하여도 여성이 자아실현과 경제적인 여유를 위해 직장에 다니며 자녀를 양육하는 맞벌이 부모가 점차 늘고 있다. 맞벌이 가족이란 부부가 모두 직업을 가지고 가정을 위한 경제활동에 참여하는 가족을 말한다. 즉, 결혼한 부부가 아내도 직업을 가지고 있는 경우로, 산업의 발달과 함께 여성의 교육 수준 향상이 많은 여성들로 하여금 사회참여 기회를 얻게 하면서 맞벌이 가정이 증가하고 있다. 기혼 여성의 취업이 증가하는 현상은 현대 산업사회의 공통적인 현상이다. 더불어 우리나라의 경제 규모가 커짐에 따라 교육비용과 주거비용 등 가계소비 지출도 함께 증가하면서 맞벌이 가족은 우리 사회의 보편적인 가족 형태로 꾸준히 늘어나고 있다. 맞벌이 가족의 증가는 일과 가정의 양립을 중요시하는 사회로 변화하고 있다는 것을 의미한다(이혜지, 2020).

2) 맞벌이 가족의 특성

맞벌이 부부는 대부분 직장에서의 역할과 가정에서의 역할을 병행하며 바쁘게 살아가고 있다. 그러므로 맞벌이 가족의 구성원들은 특수한 긴장과 스트레스에 시달리며, 특히 맞벌이 가족을 위한 제도적 · 정책적 뒷받침이 부족한 우리나라에서는 육아 문제가 가장 심각하다. 부부간의 가사와 육아 분담이 제대로 되지 않아 부인이 직장일과 집안일을 동시에 해야 하는 대다수의 가정에서 자녀에 대한 부모역할 수행에 많은 어려움이 따른다. 맞벌이 부부는 자녀와 함께하는 시간의 부족, 다양한 역할에 대한 부담, 체력적 어려움 등을 겪는다고 한다(조혜형, 2019). 이러한 이유로 최근 들어 우리나라는 결혼을 하더라도 아기를 낳지 않는 DINK(Duble Income No Kids: 자녀를 갖지 않는 맞벌이 부부)족이 증가하고, 2022년 우리나라의 자녀 출산율이 0.78명으로 세계 최저를 기록하며 미래가 공포스러울 정도로 출산율이 줄어들고 있다.

맞벌이 부부는 출산하고 자녀를 양육하게 되면 직장 업무에 부모역할까지 더해져 더욱 많은 역할수행으로 힘들어지게 된다. 취업모들은 직장으로 인해 가정에 충실하지 못하다는 생각에 항상 가족에게 미안함을 느끼며(이명순, 2012), 아이가 아프거나 다치면 자신이 아이를 잘 돌보지 못해 아픈 것 같아 죄책감까지 느끼게 된다. 그리고 아이와 오랜 시간 떨어져 있어 질적으로 우수한 교육기관을 선택해 심리적인 불안감을 최소화하고자 하기도 한다(김영애, 2014).

최근 사회가 변화함에 따라 퇴근 후 육아를 하거나 집안일을 하는 남성들이 많아졌으나 육아와 집안일에 있어서 남성은 집안일을 도와준다는 인식이 지배적이다. 따라서 부부의 역할분담 의식 미비로 인해 자녀 양육은 여성의 전적인 부담으로 이루어지고 있는 경우가 대부분이다. 이렇듯 맞벌이 부모에게 자녀 양육이 어렵게 느껴지는 커다란 이유 중 하나는 자녀 양육을 부모 공동의 책임으로 느끼지 못하고 있다는 점이다(엄민정, 2021). 그리고 또 다른 이유 하나는 자녀 양육에 대한 아버지들의 관심과 요구는 높아졌으나, 자녀를 양육하는 데 있어 실질적인 참여는 적다는 점이다. 그러므로 직장생활을 하면서 집안일과 자녀 양육까지 책임지는 어머니들은 자녀 양육에 대한 어려움을 토로하게 된다(김기정, 2012). 이로 인해 육아에 전념하기 위해 직장생활을 중단하고 흔히 말하는 '경단녀(결혼과 육아 탓으로 퇴사해 직장 경력이 단절된 여성을 이르는 말)'가 되기도 한다.

3) 맞벌이 가족의 자녀교육

부부가 모두 경제활동에 종사하는 맞벌이 가족은 경제적으로 여유 있는 생활과 노후 대비 등 긍정적인 면이 있지만 반면에 다른 여러 가지 어려움도 있는데, 그중에 제일 큰 비중을 차지하는 것이 바로 육아와 자녀교육의 문제이다. 맞벌이 부모는 일 · 가정 양립을 해야 하기 때문에 양육으로 인한 기쁨과 어려움을 동시에 경험하게 된다. 자녀와 함께 할 수 있는 시간이 부족하고 일하는 동안에는 자녀의 양육을 누군가에게 의지해야만 한다. 직장생활을 하면서 양육을 병행해야 한다는 부담감과 죄책감을 느끼며 양육으로 인한 스트레스를 경험하게 된다.

과거 맞벌이 가정에서의 자녀양육을 다룬 연구들은 대부분이 '모성결핍'에 초점을 맞춤으로써 어머니의 취업이 자녀에게 미치는 부정적인 측면을 부각시켰다. 그러나 그러한 연구결과들은 일관되지 못하고 불확실하며, 오히려 어머니의 취업이 자녀에게 긍정적인 영향을 미친다는 연구결과도 다수가 있다. 특히, 사춘기 소녀들의 경우에 직장을 가진 엄마의 딸들은 더욱 유능하고, 독립적이고 능동적이며, 성취동기가 높은 것으로 나타났다. 맞벌이 가정에서 성장한 어린이들에게 가장 유익한 점은 그들이 전통적인 가정에서 성장한 어린이들보다 독립적이고, 융통성 있고, 폭넓은 역할 모델을 가질 수 있다는 점이다.

맞벌이 가족은 이제 현대사회의 가장 보편적인 가족 유형이 되었다. 그러므로 맞벌이 가족의 가장 큰 어려움인 자녀 양육에 부부가 함께 참여해야 함은 물론이고, 사회적으로도 맞벌이 가족의 육아에 대한 지원체제가 더욱 확고히 마련되어, 가정생활과 사회생활을 안정감 있게 유지할 수 있도록 해야 한다.

4) 맞벌이 가족을 위한 지원정책

맞벌이 가족의 자녀양육을 위해서는 맞벌이 부모의 양육과정에서 생기는 어려움을 이해하고 그들의 삶에 맞는 실질적인 지원이 필요하다. 맞벌이 가족의 출산과 육아로 인한 어려움을 줄여 주고자 정부에서 마련하고 있는 여러 정책을 간략히 살펴보면 다음과 같다.

■ 출산 전 · 후 휴가제도

출산을 전후로 근로자를 위해 지원하는 근로자 지원제도로 「근로기준법」에 의해 임신 중인 여성은 출산 전과 출산 후를 통하여 90일(한 번에 둘 이상의 자녀를 임신한 경우: 120일)의 출산 전 · 후 휴가를 사용할 수 있다. 출산 후에 45일 이상(한 번에 둘 이상 자녀를 임신한 경우: 60일) 휴가를 사용하여야 하며 최초 60일은 유급휴가이다. 출산 전 · 후 휴가 종료 후에는 휴가 전과 동일한 업무에 복귀하거나 동등한 수준의 임금을 지급하는 직무에 복귀할 수 있다.

임신 후 12주 이내 또는 36주 이후에 있는 여성 근로자는 1일 2시간의 근로시간 단축을 신청할 수 있으며 1일 근로시간이 8시간 미만인 근로자의 경우는 1일 근로시간이 6시간이 되도록 근로시간을 단축할 수 있다. 임신 중에 유산이나 사산을 한 경우에도 사업주에게 유산 · 사산 휴가를 신청하여 사용할 수 있다.

■ 배우자 출산 휴가제도

「남녀고용평등과 일 · 가정 양립 지원에 관한 법률」에 의해 남성 근로자는 배우자가 출산을 한 경우 10일의 휴가를 받을 수 있으며 이 휴가 기간은 유급휴가이다. 배우자가 출산한 날로부터 90일이 지나면 사용할 수 없으므로 반드시 90일 이내에 사용해야 하며 1회에 한정하여 나누어 사용할 수도 있다. 배우자 출산휴가를 이유로 해고당하거나 불리한 처우를 받지 않도록 되어 있다.

■ 육아휴직제도

근로자가 육아로 인해 퇴직하는 것을 방지하고 일 가정 양립을 조화롭게 할 수 있도록 지원하는 제도이다. 만 8세 이하의 자녀가 있거나 초등학교 2학년 이하의 자녀를 가진 근로자가 자녀를 양육하기 위해 사용할 수 있는 휴직제도로 남녀 근로자 모두 각각 1년 이내로 사용할 수 있다. 육아휴직 기간은 자녀당 1년이므로, 자녀가 2명이면 각각 1년씩 총 2년을 사용할 수 있다. 「남녀 고용 평등과 일 · 가정 양립 지원에 관한 법률」 제19조에 의해 법으로 정립되어 있는 제도로 2020년 2월 28일부터는 부부가 동시에 사용하는 것이 가능해졌다.

육아휴직을 이유로 해고당하거나 불리한 처우를 받지 않도록 되어 있으며 육아휴직을 마친 후에는 휴직 전과 같은 업무에 복귀하거나 같은 수준의 임금을 지급하는 직무에 복귀할 수 있다. 육아휴직 기간도 근속기간에 포함된다. 2022년부터 '3+3 육아휴직제'가 새로 도입되어 육아휴직 급여가 대폭 늘어났는데, 3+3 육아휴직제는 부모가 둘 다 육아휴직을 할 경우에 양쪽 모두에게 휴직급여를 지급하는 제도이다. 생후 12개월까지의 자녀를 두어야 가능하며 부모가 각각 신청할 수 있지만 둘이 모두 신청하면 더 많은 지원을 받을 수 있다.

■ 육아기 근로시간 단축제도

만 8세 이하 또는 초등학교 2학년 이하의 자녀를 양육하는 근로자는 근로시간 단축제도를 신청할 수 있다. 육아기 근로시간 단축의 기간은 1년 이내로 하나 육아휴직을 다 사용하지 않은 근로자의 경우 사용하지 않은 육아휴직 기간을 가산하여 최대 2년까지 사용할 수 있다. 단축 후 근로시간은 주당 15시간 이상 35시간 이내이며 육아기 근로시간 단축으로 인하여 해고를 당하거나 불리한 처우를 받지 않도록 하고 있다. 육아기 근로시간 단축 기간이 끝난 후에는 육아기 근로시간 단축 전과 같은 업무에 복귀하거나 같은 수준의 임금을 지급하는 직무에 복귀할 수 있다.

■ 가족돌봄휴직제도

근로자가 조부모, 부모, 배우자, 배우자의 부모, 자녀 또는 손자녀의 질병, 사고, 노령으로 인해 그 가족을 돌보기 위해 무급으로 휴직을 하는 제도이다. 이 경우 연간 최장 90일 사용이 가능하며 나누어 사용할 수도 있다. 나누어 사용할 경우 1회 사용기간은 30일 이상이 되어야 한다. 근로자가 가족의 질병, 사고, 노령 또는 자녀의 양육으로 인해 긴급하게 그 가족을 돌보기 위한 가족돌봄 휴가제도도 있다. 이 제도는 연간 최장 10일 사용 가능하고 일 단위로 사용할 수 있으며 가족돌봄 휴가기간은 가족돌봄 휴직기간에 포함된다. 두 가지 제도 모두 근속기간에 포함되며 이 제도를 사용했다는 이유로 해고당하거나 근로조건을 악화하는 등의 불리한 처우를 받지 않도록 하고 있다. 근로자가 건전하게 직장과 가정을 유지하는 데 도움이 될 수 있도록 필요한 심리상담 서비스를 제공받을 수도 있다.

■ 아이돌봄 서비스

「아이돌봄 지원법」에 의해 2007년부터 부모의 맞벌이 등으로 양육 공백이 발생한 가정의 만 12세 이하 아동을 대상으로 아이돌보미가 찾아가는 돌봄서비스를 제공하여 부모의 양육 부담을 경감하고 시설보육의 사각지대를 보완하며 저출산 해소에 기여하기 위한 정부 서비스이다. 아이돌봄 서비스는 시간제 서비스, 영아종일제 서비스, 질병감염아동지원 서비스, 기관연계 서비스가 있다(아이돌

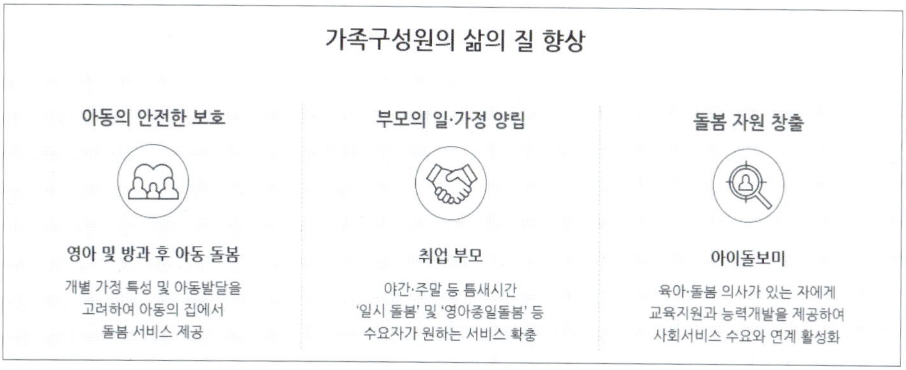

[그림 3-2] 아이돌봄 지원사업의 목적

봄서비스 누리집: www.idolbom.go.kr.) 아이돌봄 지원사업의 목적을 구체적으로 살펴보면 다음과 같다.

- 시간제 서비스: 만 3개월 이상~만 12세 이하 아동의 가정에 아이돌보미가 찾아가 일대일로 아동을 안전하게 돌보는 서비스이며 야간과 공휴일 상관없이 원하는 시간에 필요한 만큼 서비스를 이용할 수 있다. 정부지원 시간은 연간 960이며 시간을 모두 소진한 경우에는 전액 본인 부담으로 하여 서비스 이용이 가능하다.
- 영아종일제 서비스: 만 3개월 이상~만 36개월 이하 아동 가정에 아이돌보미가 찾아가 일대일로 이유식 먹이기, 젖병 소독, 기저귀 갈기, 목욕 등 영아의 건강, 영양, 위생, 교육 분야의 종합적인 돌봄서비스를 제공하는 것이다. 정부지원 시간은 월 200시간이고 초과 시에는 전액 본인 부담으로 서비스 이용이 가능하다.
- 질병감염 아동지원 서비스: 보육 또는 교육시설 이용 아동이 법정 전염성 질병 및 유행성 질병 등에 의해 불가피하게 가정 양육이 필요한 경우 아이돌보미가 찾아가 일대일로 아동을 안전하게 돌보는 서비스이다. 만 3개월 이상~만 12세 이하의 시설 이용 아동 중 전염성 질병에 감염된 아동에게 가사 활동을 제외한 일반적인 돌봄 활동 및 간병을 제공한다. 정부 지원 시간 차감 없이 기본요금의 50%를 정부에서 지원한다.
- 기관연계 서비스: 사회복지시설, 학교, 유치원, 보육시설을 이용하는 만 0세~만 12세 아동에 대한 돌봄 보조 역할을 수행할 아이돌보미를 기관에 파견하는 서비스이다. 만 0세 이상~만 2세 이하는 아이돌보미 1명당 돌봄 아동 수는 최대 3명이며, 만 3세 이상~만 12세 이하는 아이돌보미 1명당 돌봄 아동수가 최대 5명이다. 아이돌보미는 만 2세 이하 아동과 만 3세 이상 아동을 동시에 돌 볼 수 없다.

[그림 3-3] 아이돌봄 서비스 안내

■ 가족친화지원사업

여성가족부에서 직장인이 가정생활과 직장생활을 조화롭게 병행할 수 있도록 가족친화제도를 모범적으로 운영하고 있는 기업 및 공공기관에 대하여 심사를 통해 '가족친화인증'을 부여하는 제도이다. 이 제도가 시행된 이후 가족친화인증 기업의 수가 점차 증가하고 있으며, 가족친화 사회환경 조성을 위한 핵심사업으로 정착하고 있다. 서구 선진국들은 이미 1970년대부터 다양한 가족친화제도를 통하여 기업의 생산성을 향상시키고, 여성의 경력단절이나 저출산 문제를 해결하기 위한 방안으로 적극 활용하고 있다(여성가족부, 2011).

우리나라의 경우 국가적 차원에서 여성가족부가 공식적으로 가족친화제도를 탄력근무제(유연근무제), 자녀출산 · 양육 및 교육지원제도, 부양가족 지원제도, 근로자 지원제도 및 가족친화문화 조성의 총 5개의 영역으로 세분화하여 범주화하고 있다. 기업에서 시행하는 가족친화제도의 예로는 자녀 출산 및 양육지원의 경우에 육아휴직, 육아기 근로시간 단축, 출산 전 · 후 휴가, 배우자 출산휴가, 임신기 근로시간 단축, 수유시설 및 산모휴게실, 자녀 학자금 지원, 직장어린이집 설치 등이 포함되고, 유연근무제도는 시차출퇴근제, 재택근무제, 시간제 근무, 스마트워크 등이 해당된다.

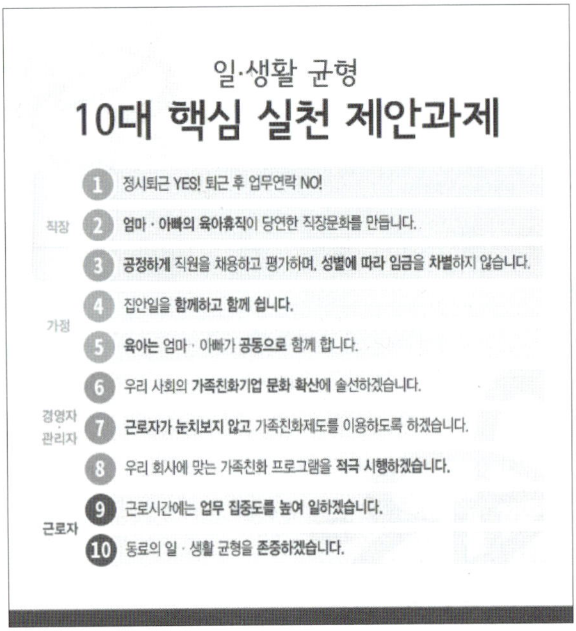

출처: 가족친화지원사업 사이트: www.ffsb.kr/ffsbbod/bs/boardView.do?boardSeq=5&conSeq=993

[그림 3-4] 가족친화 인증마크와 인증사례

서울시 동부권 직장맘지원센터의 상담사업

서울시 서북권직장맘지원센터의 프로그램

[그림 3-5] 서울시 직장맘지원센터의 맞벌이 가정 지원사업

육아정책연구소에서 실시한 연구(김은설 외, 2011)에 의하면 맞벌이 부모들은 온라인교육에 참여하고자 하는 의사가 높은 것으로 나타났고, 직장으로 찾아가는 교육도 접근성을 높일 수 있는 방법이며 특히 아비지 교육에 효과적일 수 있다고 제안하였다. 서울시에서는 직장생활과 임신, 출산, 육아를 병행하는 맞벌이 부모의 고충을 종합적으로 지원함으로써 일·가정 양립이 가능한 사회환경을 조성하기 위해 직장맘지원센터(https://www.workingmom.or.kr)를 운영하고 있다.

2. 한부모가족

1) 한부모가족의 정의

우리 사회는 가족에 대한 가치관의 변화, 여성의 고학력화 및 경제활동 참여로 전통적인 가족구조가 해체되면서 다양한 가족 형태가 나타나고 있다. 특히, 이혼율의 급격한 증가로 인한 한부모가족의 지속적인 증가 현상은 가장 두드러진 변화로 한부모가족은 더 이상 예외적이지 않은 보편적인 가족유형이 되었다. 한부모가족이란 양친 중의 일방과 그 자녀로 이루어진 가족을 말한다. 한부모의 개념은「한부모가족지원법」제4조에 정의되어 있다(한부모가족지원법, 2020).

한부모가족은 결손의 원인에 따라 부, 모의 사망에 의한 한부모가족, 이혼 또는 별거에 의한 한부모가족, 유실 및 유기에 의한 한부모가족, 교정시설 · 치료감호시설에 입소하거나 병역복무에 의한 한부모가족 등으로 구분된다. 여기에서 유실이란 부 또는 모가 실종되어 생사를 알 수 없는 경우를 말하며, 유기란 배우자를 고의로 유기한 경우인데, 기혼뿐 아니라 미혼자와 청소년 한부모(만 24세 이하의 모 또는 부)가족도 포함된다. 한부모가족은 결합 형태에 따라 부자가족과 모자가족으로 구분된다(김정원, 전선옥, 2016).

기존의 한부모를 일컫는 명칭들, 즉 편모, 편부, 편부모가족 등의 용어들이 결손, 부족 등의 부정적인 이미지를 내포하고 있어 이를 개선하기 위해 1999년 한국여성민우회 가족과성상담소가 '한부모가족'이란 단어를 만들었다. 여기서 '한'은 하나로도 온전하고 가득하다는 의미로서, 하나의 '부' 혹은 '모'만으로도 양부모 가족과 똑같이 평등하게 건강하고 행복할 수 있다는 긍정적인 의미를 지니고 있어 일반적으로 사용되고 있다(김안나, 한정원, 김양미, 2010).

우리나라 한부모가족 가구의 현황을 살펴보면, 2016년에 1,540천 가구, 2017년 1,533천 가구, 2018년 1,539천 가구, 2019년 1,529천 가구, 2020년 1,533가구로 나타났다(통계청, 2022). 한부모가족 발생의 주원인은 이혼(77.6%), 사별(15.4%), 미혼(4.0%), 기타(3.0%) 순으로 나타났고(한국여성정책연구원, 2019), 한부모가족의 세대별 구성은 전체 1,533,166가구 중 모자가족은 952,059가구, 부자가족은 281,227가구로 구성되어, 모자가족이 62%, 부자가족이 18%로 나타나(국가통계포털, 2020) 대부분의 한부모가족이 모자가족에 해당하였다.

앞에서 살펴본 바와 같이 한부모가족이 되는 원인은 이혼, 사망, 별거, 유기 등 다양하지만 주원인은 젊은 층 사이에 이혼과 혼외출산율이 증가한 것이라 할 수 있다. 그러므로 한부모가족에는 엄격한 의미에서 미혼모 가족이나 독신 여성이면서 자녀를 출산하거나 입양하여 자신의 호적에 입적한 경우도 포함된다. 한부모가족의 경우에 부자가정보다는 모자가정이 많은 것이 세계적인 현상이지만 우리나라는 그 정도가 심한 편으로 모자가족 형태는 다른 가족 형태보다도 더욱 급속도로 증가하고 있다.

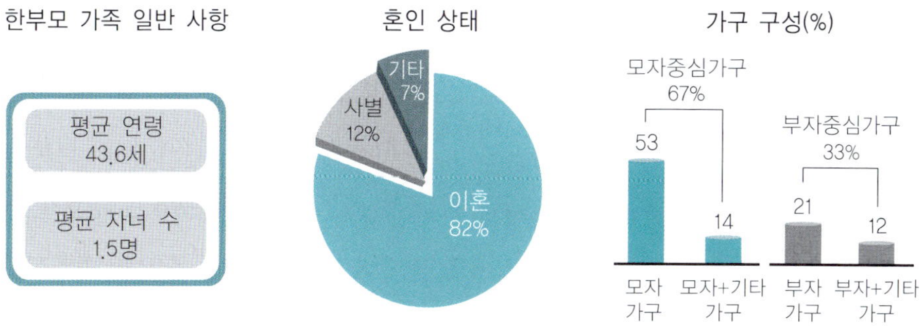

[그림 3-6] 2021 한부모가족 실태조사 결과

2) 한부모가족의 특성

한부모가족의 특성을 모자가족과 부자가족으로 구분하면, <표 3-1>과 같이, 모자가족은 경제적 어려움과 사회 · 경제적 지위 하락, 한부모가족에 대한 사회적 편견, 이성교제나 재혼이 쉽지 않음과 부자가족에 비해 부모로서의 책임과 기대가 크다는 어려움이다. 반면 부자가족의 경우는 자녀양육, 돌봄, 가사 등 여성이 담당해 왔던 일을 감당하기에 어려움과 이혼 과정에서 재산분할 등으로 경제적 어려움을 경험하고 있고, 사회적 연결망이나 지원체계의 부족이었으며, 특히 자녀와의 관계나 부모로서의 일상적인 자녀교육 방법상의 어려움 등으로 나타났다.

〈표 3-1〉 모자가족과 부자가족의 특성

모자가족	부자가족
• 경제적 어려움(주거, 생계 취업 등) • 사회경제적 지위의 하락 • 한부모에 대한 사회적 편견 • 이성교제나 재혼의 어려움 • 부자가족에 비해 부모로서의 책임에 대한 기대가 더 큼 • 이성의 사춘기 자녀양육의 어려움 • 한부모가족으로 오랫동안 생활할 가능성이 많음 • 장시간의 근로시간으로 자녀에 대한 관심과 생활 및 학업지도가 어려움 • 경제적 어려움으로 자녀에 대한 자원이 부족함	• 자녀양육, 돌봄, 가사 등 여성이 담당해 왔던 익숙하지 않은 일의 감당 • 이혼 과정상의 재산분할 등으로 다소의 경제적 어려움 경험 • 부자가족을 위한 사회적 연결망이나 지원체계의 부족 • 이성의 사춘기 자녀양육의 어려움 • 자녀와의 관계나 부모로서의 일상적인 자녀교육 방법상의 어려움 • 자녀에 대한 세심한 관심과 지도 부족으로 돌봄이나 자녀교육에 공백이 생길 수 있음

출처: 한국건강가정진흥원(2016). 혼자서도 행복하게 자녀키우기. 진한엠엔비.

여성 한부모는 가족체계의 불균형과 자녀양육 및 경제적 책임으로 인한 이중적 부담으로 인한 지속적인 스트레스에 노출되어 있고, 남성 중심적인 사회구조에서 노동기회의 상실과 불안정성, 각종 성적 불평등으로 인해 우울, 불안, 열등감, 무기력, 좌절감, 사회적 부적응을 경험한다고 보고되고 있다(김유심, 곽지영, 2010). 특히, 여성 한부모는 생계를 부양하는 동시에 자녀를 돌보는 역할을 혼자 감당해야 하므로 자녀와의 공유시간 부족, 교육적 지원 미흡, 가족 내 유대관계 약화 등으로 자녀양육에 큰 어려움을 경험한다.

지금까지 한부모가족에 대한 정책은 높은 비율을 차지하는 모자가족을 위주로 모자가족이 경험하는 경제적 어려움, 일 · 가정 양립의 어려움, 자녀 양육의 어려움 등에 대응하는 정책과 지원 서비스가 추진되어 왔다. 그러나 최근 들어 부자가족의 빠른 증가세가 두드러지고, 특히 부자가족이 모자가족에 비해 자녀양육 등에 있어서 취약하다는 문제가 지적됨에 따라 부자가족의 특성을 고려한

정책 및 지원 서비스의 필요성도 대두되고 있다(한국여성정책연구원, 2019).

한부모는 부모로서 재적응하는 과정에서 몇 가지 공통적인 경험을 한다. 한부모가족은 배우자 없이 가족생활을 책임져야 하므로 경제적인 문제뿐만 아니라 자녀교육, 주택문제, 사회적 편견 등의 다양한 문제에 직면하게 된다. 이러한 어려움은 안정적인 생활환경에서 성장할 아동의 권리, 자신이 원하는 가족 형태를 구성할 한부모가족의 권리를 침해할 수도 있다. 특히, 부부관계의 파탄으로 인한 위기의 심각성 정도는 한부모가 새로운 역할에 적응할 수 있는 능력에 영향을 준다. 헤어진 배우자에 대한 심리적인 스트레스, 절망, 이별의 두려움, 분노와 같은 부정적인 감정이 많을수록 적응의 시간이 더 길어진다. 한부모가족 구성원은 한부모가족에 대한 새로운 이해와 함께 적응이 필요하다.

3) 한부모가족의 자녀교육

한부모가족의 부모는 가족 안에서의 과다한 역할수행으로 많은 어려움과 갈등을 느끼며 생활하지만 힘든 가운데에서도 자녀를 잘 보호하고 양육하고자 노력한다. 한부모가족의 자녀 양육에서 특히 어렵게 느끼는 경우는 이혼에 의한 한부모가족일 때이다. 즉, 이혼 후 자녀의 양육권은 부, 모 중의 한 명에게 속하게 되므로 자연히 부자가족이나 모자가족으로 남게 되는데, 이들은 일반적으로 사망하거나 별거, 유기, 실종, 수형 등의 한부모가족이 되어서 겪는 문제를 동일하게 경험하게 될 뿐만 아니라, 자녀들이 부모에 대한 증오감과 연민의 감정 등도 함께 경험하게 된다. 그래서 아동에게 더 부정적인 영향을 미치며, 성별로는 여자 아동이 더 심한 영향을 받는다고 보고한다(Hetherington, Cox & Cox, 1976).

■ 여성 한부모가족

이혼으로 여성 한부모가 된 어머니들은 대부분 재정상의 어려움과 자녀양육의 문제에 부딪히게 된다. 여성 한부모는 역할긴장과 관련하여 권위주의적인 양육태도로 아동을 더욱 통제하고 억압하려고 한다. 그러나 약 2년가량이 지나면 어머니는 자녀에게 좀 더 자율적이고 성숙한 행동을 요구하고 효과적인 대화를 나누며, 설명과 논리적인 설득을 하는 일관성 있는 양육태도를 보이게 된다.

여성 한부모 중에는 법적으로 혼인하지 않은 상태에서 아기를 낳아 어머니가 되는 미혼모(unmarried mother)가 상당수 있다. 이는 최근 성 개방 문화로 인한 10대의 임신과 결혼을 하지 못한 상태에서의 임신이 증가하고 있는 것이 원인이다. 또한 비혼모(single mother by choice)는 결혼을 하지 못한 미혼의 상태와는 차이가 있는데, '스스로 결혼을 선택하지 않는 엄마', '결혼을 하지 않고 아이만 낳아 기르는 여자'라는 여성의 자기결정권을 강조하는 의미에서 사용된다. 그리고 결혼을 하지 않고 애인 또는 정자은행을 통해 아이만 낳아 기르는 경우를 지칭하는 '자발적 미혼모(single mother by choice)'를 사용하기도 한다(조은경, 2023).

10대나 20대 초반 미혼모의 경우에는 자신도 성장하는 중이며, 부모에게 경제적 · 정서적으로 의존하고 있는 상태이므로 부모로서의 경제력은 물론이고 자녀 양육에 대한 기초상식이 부족할 수 있어 자녀를 입양시키는 경우가 많다. 그러나 최근 들어서는 아기를 직접 양육하고자 하는 양육미혼모가 증가하고 있는 추세이다. 우리나라의 양육미혼모들은 결혼하지 않았고 남편이 없다는 이유로 주변의 지지와 도움을 얻기 어렵고, 단절을 경험하며 낙인과 편견으로 고통당한다. 결혼이라는 제도를 통해서만 자녀의 출산이 용인되는 우리나라의 문화적 · 사회적 관념이 드러나는 부분이다. 그러나 최근에는 출산율의 급격한 감소로 인하여 상대적으로 양육미혼모나 비혼모의 출산과 양육에도 관심이 증가하고 있다(박지영, 2023). 최근 MBN에서 방영하고 있는 '고딩엄빠'라는 TV 프로그램을 통해서도 어린 나이에 부모가 되어 자녀를 스스로 양육하고자 노력하는 모습을 볼 수 있다. 이에 청소년의 성적인 충동과 무지, 한때의 부주의로 인하여 평생 마음에 짐을 지고 살아가야 하는 일에 대하여 학교와 사회가 더욱 철저하게 교육을 하고, 자녀를 양육하고자 하는 양육모들에게는 양육을 지원해 줄 수 있는 서비스체계의 구축이 필요하다.

■ 남성 한부모가족

최근까지 한부모가족은 대체로 모자가족으로 인식되는 경향이 있었고, 사회적인 관심도 모자가족에게 집중되어 왔지만 우리나라 부자가족의 비율은 완만한 증가세를 보이고 있다. 남성 한부모가족, 즉 부자가족은 아내가 사망했거나 이혼, 별거 등으로 인해 남성이 자녀와 한집에 살면서 그 자녀를 부양하는 경우의 가족 형태이다(김정원, 전선옥, 2016). 부자가족에서 아버지는 자녀양육과 생계부양 역할을 양립하는 것이 가장 큰 어려움으로 볼 수 있다. 자녀양육 부담에 있어 부자가족이 모자가족보다 약 2배 더 많은 부담을 느끼고 있었는데(여성가족부, 2013). 특히, 미취학 아동의 경우 보육과 교육을 겸해야 하는 막중한 부담을 느끼고 있었다(이선화, 2007).

부자가족 아버지들은 자녀양육을 수행하게 되면서 혼란스러워하거나 자녀의 심리적 욕구를 적절하게 충족시켜 주지 못하기도 하며(Amato, 2000), 부자가족의 경제적 문제, 심리 정서적 문제는 아버지의 양육행동에도 영향을 미쳐 아동학대의 위험으로 이어지기도 한다(정소희, 2006). 부자가족 아버지는 배우자와의 이별 후 사회적 고립, 외로움, 분노, 원망, 절망감을 느끼게 되는데 새로운 가족 형태에 적응하는 기간에 있어 모자가족보다 부자 가족이 훨씬 더 많은 시간이 소요된다고 한다(권양자, 2000). 이에 부자가족 아버지들이 경제활동에 크게 지장을 받지 않으면서도 자녀양육을 온전히 수행해 나갈 수 있는 자녀돌봄 서비스가 이루어지고, 부자가족 아버지들을 대상으로 접근성과 편의성이 담보된 자녀양육 관련 정보 제공과 교육이 이루어질 필요가 있다(김기화, 2016).

현대사회로 오면서 이혼의 급증으로 인한 한부모 가정의 증가, 선진국일수록 여성의 경제력과 지위 향상으로 인한 미혼상태에서의 아기 출산 등은 이제 피할 수 없는 사회적 현상이 되었다. 다양한 원인으로 한부모가족이 되는 사람들은 다양한 어려움 또한 겪게 된다. 여성 한부모 또는 남성 한부모가족 모두가 각자의 어려움을 극복하고 그 나름대로 건강한 가족 구성과 가정을 유지할 수 있도록 그들에 대한 사회적 편견을 없애고, 사회적 차원의 지원체제도 마련되는 것이 바람직하겠다.

4) 한부모가족 지원정책

현대사회의 다양해지는 가족 형태로 인하여 한부모가족은 앞으로도 꾸준히 증가할 것으로 예상된다. 그러므로 한부모가족에서의 안정적인 자녀양육과 일 · 가정 양립으로 다양한 어려움을 겪고 있는 부모를 지원하기 위한 정책적 지원이 요구된다. 한부모가족 대상 지원정책은 「국민기초생활 보장법」과 「한부모가족지원법」으로 구분하여 시행되고 있으며, 양육비이행 지원, 아이돌봄 서비스 지원, 복지급여 지원, 직업 훈련 · 교육 및 고용 지원, 주거 지원, 건강 및 상담서비스 지원, 출산 및 양육 시 위기 지원 서비스, 한부모가족복지시설 운영, 청소년 한부모 등 취약가족 지원 서비스 등 다양하게 이루어지고 있다(김은지 외, 2019). 그중 몇 가지를 간략하게 소개하면 다음과 같다.

■ 양육비이행지원사업

양육비이행지원사업은 비양육 부모들의 양육비이행 책임을 강화하기 위해 2015년 「양육비 이행확보 및 지원에 관한 법률」을 제정하고 여성가족부 산하 양육비이행 전담기구인 '양육비이행관리원'을 신설하여 비양육 부모가 자녀의 양육비를 지급하지 않는 경우 중재 관련 업무를 총괄 수행하고 있다. 양육비이행확보 지원 서비스의 대상은 미성년 자녀를 양육하고 있는 이혼 · 미혼 한부모가족 등이다.

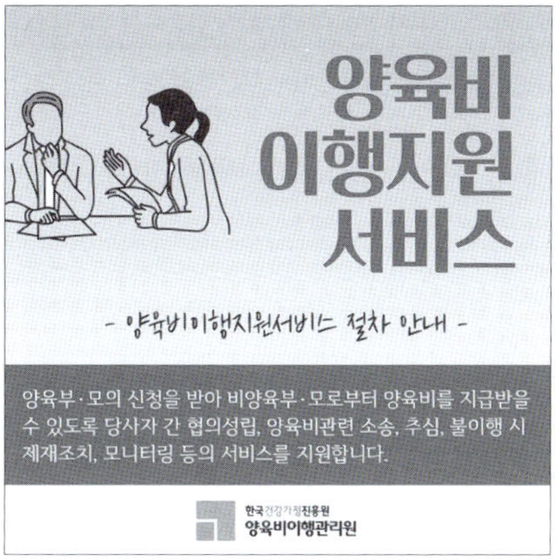

■ 아이돌봄 지원사업

아이돌봄 지원사업은 만 3개월~만 12세 이하의 아동이 있는 가정을 위한 서비스로서, 저소득 한부모가족이나 그 외 한부모가족에게 서비스 이용 우선권을 제공하고 있으며, 초등 돌봄지원은 지역아동센터와 방과후 교실, 그리고 청소년 방과후 아카데미, 한부모가족복지시설 등 사업을 진행하고 있다.

■ 복지급여 지원사업

복지급여 지원사업은 만 18세 미만 자녀를 대상으로 월 20만 원을 한부모가족 아동양육비로 지원하고 중 · 고등학생 자녀는 1인당 학용품비로 연 93,000원을 지원한다. 부 또는 모의 나이가 만 24세 이하인 청소년 한부모에게는 아동양육비로 아동 1인당 월 35만 원과 자립촉진수당, 청소년 한부모 자신의 성장을 위한 검정고시 등의 학습을 지원한다. 또한 한부모가족복지시설에 입소한 생활 가구에는 생활보조금을 지원하고 있다.

■ 직업 훈련 · 고용 및 고용 지원사업

직업 훈련 · 교육 및 고용 지원사업으로는 고용부에서 주관하여 고용디딤돌, 취업성공패키지, 국가기관 · 전략산업직종훈련, 근로자직업능력개발훈련, 내일배움카드제(직업능력계좌제) 등을 통해 직업훈련 프로그램 및 지원고용 프로그램을 통하여 한부모들에게 취업의 기회를 제공하여 경제적으로 자립할 수 있도록 돕는 지원제도이다.

3. 재혼가족

1) 재혼가족의 정의

최근 우리 사회에 나타난 결혼과 관련된 변화는 이혼의 증가와 비례한 재혼의 증가 추세이다. 재혼가족은 1980년에 전체 혼인의 5.9%를 차지하였던 것이 1990년에는 8.0%, 2009년부터 2019년까지는 평균 27.8%로, 결혼한 4쌍 중 1쌍 이상이 재혼부부였음을 알 수 있다(통계청, 2020). 이혼율의 증가와 비례한 재혼율의 증가는 부인할 수 없는 사실이며 시대의 흐름이다. 그러므로 재혼가족은 이혼의 급증으로 인하여 생기는 가족 형태로 배우자 한쪽이나 양쪽 모두가 재혼 이상의 결혼으로 자녀가 있거나 없으면서 하나의 가구를 유지하는 남편과 아내로 구성된 가정으로 정의된다(조옥라, 1996). 재혼하는 성인 중 한편 혹은 양편이 그들의 이전 배우자와의 사이에서 출생한 자녀를 데리고 결혼생활을 시작하기 때문에 생물학적인 부모-자녀 관계가 아닌 가족 구성원을 포함할 수도 있는 가족 형태이다. 재혼가족에 대한 용어는 혼합가족, 복합가족, 의붓가족, 계부모가족, 재결합가족, 재구성가족 등의 용어로 혼용되어 사용되기도 한다.

재혼으로 이어지는 우리나라의 이혼율은 한동안 급격한 증가세를 보였으나 다행히도 2004년도부터 조금씩 줄어드는 추세에 있으며, '이혼숙려제도' 등이 도입되어 더욱 효과를 발휘하고 있다. 이혼숙려제도란 협의이혼 당사자가 일정 기간(양육하여야 할 자녀가 있는 경우는 3개월, 양육하여야 할 자녀가 없는 경우는 1개월)이 경과한 후 가정법원으로부터 이혼 의사 확인을 받아야만 이혼이 가능하도록 하는 제도로, 2007년 12월에 법이 개정되고 2008년 6월 22일부터 시행되었다. 전문가들은 이혼의 문제점으로 이혼으로 인한 가족해체 현상을 가장 큰 문제점으로 지적하고 있고, 재혼율의 증가와 함께 재이혼율의 증가도 가족해체 측면에서 사회적 문제로 대두되고 있다(김유나, 2010). 재혼가족은 그 특성상 초혼가족에 비하여 좀 더 복잡하고 다양한 문제에 노출될 가능성이 크다. 그러므로 재혼가족에 대한 사회적 관심이 요구되며 재혼가족의 어려움에 적극적으로 개입할 필요가 있다.

2) 재혼가족의 특성

재혼가족은 초혼남과 재혼녀, 재혼남과 초혼녀, 재혼남과 재혼녀의 세 가지 유형으로 분류되는데, 초혼자와 재혼자의 결혼을 '단순재혼'이라 하고, 재혼자와 재혼자의 결혼을 '복합재혼'이라 한다. 여기에 전혼 자녀 유무와 동거 여부, 재혼부부의 연령과 자녀의 연령 등을 추가해서 유형화하면 더 복잡해진다(최규련, 2018). 재혼부부 중 한편 배우자 혹은 양편 배우자 모두에게 전혼 자녀가 있는 경우, 자녀들을 통해 다른 한편 배우자의 가족과 연결되고 그에 따라 다양한 계부모 관계와 생물학적 관계가 공존하는 복잡한 가족관계가 형성된다. 이들은 재혼으로 인해 새로운 부모, 형제자매가 생기면서 새로운 변화를 경험하게 되며, 새로운 가족관계에 익숙해지는 데에는 오랜 시간이 필요하다.

재혼가족은 가족의 구조, 기능, 가족관계, 정서적 측면 모두에서 초혼가족과는 다른 특성을 가진다. 재혼가족은 초혼가족이 갖는 보편적인 문제인 부부간의 잠재적 갈등, 부모-자녀 간의 갈등, 형제자매간의 갈등, 부모-조부모 간의 갈등 등

뿐만 아니라, 계부모-친부모의 갈등, 계부모-계자녀의 갈등, 전 배우자와의 갈등 등 훨씬 다양한 어려움을 겪을 가능성이 크다. 재혼 혹은 재결합도 결혼이며, 재혼자들이 초혼을 거쳤다는 것 이외에 부부에게는 초혼과 크게 다르지 않으나, 특히 자녀의 입장에서는 문제가 달라질 수 있다. 따라서 재혼가족은 다른 가족들보다 더 큰 긴장과 갈등을 경험할 것으로 예상된다. 즉, 재혼가족은 새로 만들어진 핵가족이지만 두 가족을 포함하여 새로운 관계를 형성해야 하기 때문에 새로운 부모-자녀 관계에 있어서 많은 어려움을 겪는다. 이전의 가족에 대해 남아 있는 감정이 정리되어야 하며 새로 형성된 가족의 물리적 경계와 심리적 경계에 대한 재정립도 필요하다.

일반적으로 가족, 친척, 사회적, 법적 관계 등에서 훨씬 복잡한 변수들이 작용할 여지가 많은 재혼가족이 갖는 어려움에는 다음과 같은 것이 있다(남동우, 2021; 이경화 외, 1999).

- 새로운 가족 구성원들이 점차적으로 첨가되는 것이 아니라 즉시적으로 형성된다.
- 결합되는 구성원들 사이의 발달과업이 서로 불일치할 수 있다.
- 모든 구성원들이 새로운 관계를 형성하고 새로운 역할들을 맡아야 하기 때문에 어려움이 야기된다.
- 새로운 가족에 포함되기를 거부하는 자녀들이 있을 수 있고 그들의 반항적 행동이 어려움을 가중시킨다.
- 이전의 배우자들이나 조부모들이 새로운 가족에게 계속적인 영향을 미칠 수 있고, 계부모와 함께 살고 있는 자녀가 자신과 함께 살지 않는 친부모와의 사이에서 갈등을 겪을 수 있다.

이밖에 상대방의 이름을 부를 수 있는 미국과 달리 '아버지', '어머니' 등의 호칭을 사용하는 우리 문화의 특수성으로 인해 자녀는 부모의 재혼과 동시에 호칭과 관련된 문제를 많이 경험한다.

3) 재혼가족의 자녀교육

재혼가족의 자녀는 부모의 이혼이나 사망으로 인해 한쪽 부모의 상실을 겪은 후에 양육 부모가 다시 결혼을 하면서 자신도 함께 재혼가정에서 새부모-새자녀 관계를 형성한다. 부모가 이혼을 하더라도 부모-자녀 관계는 그대로 유지되기 때문에 재혼가족 자녀는 두 가정의 일부가 된다(박평강, 2023). 그러므로 재혼가족에게 있어 가장 어려운 문제는 자녀양육이다. 재결합 이후 자녀와 아버지의 성이 다를 경우에는 아이들이 정체성의 혼란을 겪기도 하고 학교나 사회생활에서 불편함과 차별을 느껴 상처를 받기도 한다. 이에 2008년 1월 1일부터 정부는 '자녀의 성과 본의 변경' 및 '친양자제 도입'을 시행하고 있다. '친양자 제도'는 재혼가족에서 오랫동안 기다렸던 것으로, 양친과 양자를 친생부모와 자녀 관계로 인정하여 양친의 성과 본을 따를 수 있도록 하는 것이다. 즉, 재혼과정에서 아버지와 자녀의 성이 다른 것을 해결해 주는 것이며, '자녀의 성과 본의 변경'은 이혼이나 사별로 배우자를 잃은 어머니의 성을 자녀가 따를 수 있도록 한 것이다.

재혼가족 자녀의 심리 · 사회적 적응문제는 부모의 양육태도와 부모-자녀 관계가 유의미한 영향을 미친다고 한다(김효순, 2010). 재혼가정의 자녀는 이전의 생활과는 다른 새로운 가정에 적응해야 하고 계부모와의 갈등, 편애, 학대 등의 정서적 긴장을 경험하게 될 수도 있다. 재혼가족의 부모는 이전의 결혼생활에서 몸에 밴 습관으로 인해 배우자의 양육방식과 계자녀의 특징을 인정하기보다는 지금까지 해 온 자신의 양육방식만을 고집하는 경향이 있다. 이러한 재혼가족이 하나의 가족으로 온전히 자리매김하기 위해서 재혼가족의 부모는 자신과 자녀의 특징을 이해하고 이에 맞는 양육방식으로 부모-자녀 간에 발생한 문제에 적절히 대처하여 재혼가족의 부모역할을 잘 수행할 수 있어야 한다(김미옥, 2014).

특히 배우자 중 적어도 한쪽이 자녀를 동반한 재혼가족의 경우 자녀와의 문제는 재혼가족 갈등의 핵심고리가 된다(김번영, 2011). 재혼가족의 자녀들은 대부분 언젠가는 친부모와 다시 결합하여 함께 살고 싶다는 환상을 늘 가지고 있기 때문에 계부모가 이러한 희망을 무너뜨리는 대상이라고 느껴 계부모의 양육을 거부하고 그들과 갈등을 빚게 된다. 또한 계부모는 자녀들에게 어느 정도의 역할과 훈육을 수행해야 할지, 계자녀가 이를 얼마나 수용할지 등과 관련하여 역할과 관계의 어려움을 경험한다.

우리 사회는 아직도 이혼과 재혼에 대한 부정적인 고정관념이 있는 편이므로 재혼가족을 규범적인 가족 형태에서 벗어나 예외적이고 비정상적으로 보는 경향이 있다. 그러나 재혼은 이혼의 아픔을 겪고 난 뒤 새로운 사람과 다시 행복한 가족을 이루기 위한 새로운 삶의 시작이다. 따라서 새롭게 형성된 부부와 부모-자녀 관계에 안정적으로 적응하고, 변화된 생활 속에서 발생하는 어려움에 적절하게 대처할 수 있도록 재혼가족이 갖는 특징을 이해하고 도와 줄 필요가 있다. 재혼가족에 대한 사회적 편견은 사회적 관심의 결여로 볼 수 있으며, 최근 들어 다양해지고 있는 가족 형태에 대한 사회적 인식 개선과 지원정책이 요구된다.

4. 다문화가족

1) 다문화가족의 정의

다문화가족이란 결혼이민자와 대한민국 국민으로 이루어진 가정이나 「국적법」에 따라 인지 또는 귀화로 대한민국 국적을 취득한 자와 대한민국 국민으로 이루어진 가정 중 어느 하나에 해당하는 가족을 말한다(「다문화가족지원법」 제2조 제1호). 달리 말하면 다문화가족은 사회문화적 배경을 달리하는 두 사람 혹은 그 이상의 결합으로 발생하는 모든 가족 형태로 정의될 수 있다(김경란, 2006). 우리나라에서는 국제결혼이나 외국인 근로자 그리고 탈북자 가정이 포함된다. 현대사회는 전 세계가 국제화 · 세계화라는 거대한 흐름이 형성되면서 다문화 시대를 추구하고 있고, 우리나라 또한 점차 다문화 다민족 국가화 되어 가고 있다.

최근 다문화사회로의 변화와 함께 국제결혼으로 인한 다문화가정이 늘어나 다문화가정 아동의 수 또한 증가하여 2017년 처음으로 10만 명을 초과하였고

(한국교육개발원, 2022), 다문화 학생 수가 최근 5년간 매년 만 명 이상 증가하여 2021년에는 16만 명을 초과하였다(교육부, 2022). 교육부 조사에 따르면 우리나라의 전체 학생 수는 감소하였지만 다문화가정 학생의 수는 점차 증가하며 늘어났다. 전체 학생 수는 감소하였지만 다문화 학생의 수가 증가하였다는 것은 우리나라의 학생 중 다문화 학생이 차지하는 비율이 증가하였다는 것을 의미한다. 외국인 부모의 출신 국가별 다문화 학생 비율은 베트남이 32.4%로 가장 많았고, 중국(한국계 제외)과 필리핀이 각각 9.6%, 중국(한국계) 7.1%, 일본 4.7% 순으로 나타났으며, 기타 국가로는 태국, 몽골, 캄보디아, 러시아, 미국, 대만 등이 있다.

우리나라에서 다문화가족이 증가하는 원인은 농촌 남성의 외국인 여성과의 결혼, 해외 유학생, 외국인들의 국내 취업, 일반 국제결혼의 증가 등으로 볼 수 있다. 이 중에서도 국제결혼은 다문화가족이 증가하는 가장 큰 원인이다. 한국인이 국제결혼을 하는 경우는 1990년대 이전까지는 주로 국제결혼을 하여 해외로 이주하는 형태이다가 1990년대 이후에는 외국인이 우리나라로 혼인하여 들어오는 경우가 증가하였다. 이처럼 다문화가족의 비율이 높아짐에 따라 다문화가족 구성원이 안정적인 가족생활을 영위하고 사회구성원으로서의 역할과 책임을 다할 수 있도록 함으로써, 이들의 삶의 질 향상과 사회통합에 이바지함을 목적으로 하는 「다문화가족지원법」이 2008년 제정되었다. 꾸준히 증가하고 있는 다문화가족에 대한 사회적 관심과 현실적인 지원방안을 위한 협력 방안에 더 많은 관심을 기울일 필요가 있겠다.

2) 다문화가족의 특성

다문화가족의 부모는 언어소통, 문화적 차이, 가족 간의 갈등, 차별에 따른 스트레스, 경제적 빈곤, 경제활동 기회의 부족, 자녀양육의 어려움을 안고 살아간다(김범수, 김현희, 정명희, 2010). 부모가 겪는 심리적 어려움은 자녀에게 바로 영향을 미칠 수 있어 더욱 문제가 심각하다. 그동안 우리나라는 단일민족과 순혈주의를 강조하는 사회적 분위기가 있어 피부색과 외모가 조금 다른 국제결혼가정의 자녀들은 많은 어려움을 겪고 있다. 사회의 부정적 시선은 다문화가족의 자아 정체성 형성에 악영향을 미치고, 자녀들이 건전하게 성장하는 데 방해 요소가 될 수 있다. 실제로 다문화가족의 자녀들은 학교 중도 탈락률이 매우 높고, 학교생활에서 집단따돌림을 경험하기도 하며, 학습능력이 저하되고, 정체성을 잃게 될 수도 있으며, 직장을 찾거나 배우자를 찾을 때도 차별을 받게 된다(신혜정, 2007).

다문화가정 자녀의 경우, 한국어가 미숙한 외국인 어머니와 함께 생활함에 따라 언어발달이 지체되어 학습이해도가 낮고, 단지 엄마가 외국인이라는 이유로 친구들에게 집단따돌림을 당하는 경우도 많은 것으로 밝혀지고 있다. 배타적인 한국 사회의 특성과 저개발국 외국인에 대한 지나친 편견으로 인해 일부 학교의 경우, 외국인 자녀 입학을 기피하거나 통합교육을 거부하는 등의 문제도 발생하고 있다(오연경, 2008). 또한 다문화가정의 외국인 부모들은 학교에서 알리는 알림장이나 가정통신문의 내용을 잘 이해하지 못하여 자녀의 학교생활을 돕는 데에도 많은 어려움을 겪는다(김경란, 2006). 다문화가정의 자녀들이 가진 공통적인 문제점은 '학습결손'과 '편견과 차별로 인한 학교 부적응'으로 파악할 수 있다.

다문화가족이 겪는 또 다른 어려움으로는 여성결혼인권자의 인권유린, 정착과정에서 느끼는 문화적 차이 극복의 어려움, 한국 사회의 편견, 절대빈곤의 문제, 시부모와의 관계에서 야기되는 문제들, 한국 국적 취득 이후의 이혼율 증가, 자녀교육 문제 등도 있을 수 있다. 다문화가족이 급속도로 증가하고 있는 지금 우리 사회가 다문화 · 다인종 사회에 대비하지 않는다면 앞으로 한국 사회는 심각한 문제에 직면할 수도 있을 것이다. 그러므로 성인에 비하여 비교적 사회적 편견이 적은 유아기부터 적절한 반편견 · 다문화 이해 교육을 실시하는 일이 필요하다.

3) 다문화가족의 자녀교육

다문화가족에 속한 자녀들은 일반가정의 아동과는 다른 환경에서 성장하게 되므로 적응과 성장 과정에서 다양한 어려움을 경험하게 된다. 다문화가정의 부모는 부부가 서로의 가치관 차이로 인해 어려움을 겪기도 하고, 이중문화라는 특수한 배경으로 인해 혼란을 경험할 수도 있다(박계란, 2010). 부모가 각각 서로 다른 나라에서 다른 가치관을 가지고 살아왔기에 때문에, 다문화가족의 자녀는 부모로부터 일관성 있는 가치관 교육을 받기 어려울 수 있다.

여성가족부(2022)에서 실시한 '전국 다문화가족 실태조사' 결과에 따르면 만 5세 이하 자녀의 부모로서 가장 어려운 점 중 '자녀에게 한국어를 직접 가르치기 어렵다.'가 2018년 26.3%에 이어 2021년에도 26.8%로 여전히 높은 비중을 차지하고 있었다. 그다음으로 '바쁘거나 아플 때 자녀를 돌봐 줄 사람을 찾기 어렵다'가 20.5%, '자녀 양육에 대해 배우자나 가족과 의견 차이가 있어 어렵다'는 15.8%, '어린이집과 유치원, 학교 등 교육기관에 대해 잘 모른다'는 8.0%의 순이었다. 교육부의 노력에도 불구하고 여전히 다문화가정의 유아들은 언어발달의 가장 중요한 시기에 한국어를 충분히 습득하기 어렵고, 학습할 수 없는 환경에 처해 있었다. 그리고 결혼 이주 여성들은 만 5세 이하의 자녀가 한국어를 습득할 때 본인들이 부정적인 영향을 미칠 수 있다는 걱정을 하는 것으로 나타났다.

이처럼 다문화가정 아동은 어휘력과 이해력, 독해력이 부족하여 자신의 감정과 의사를 적절하게 표현하지 못해 폭력을 행사하게 되기도 하고, 상호작용이 어려워 교우관계 형성이 원활하지 못할 수 있다. 또한 기초학력 부족으로 수업을 잘 따라가지 못하여 낮은 집중력과 산만함 등 부정적인 학습태도를 보이기도 한다(오성배, 2006). 또한 취학 후 자기에 대해 가치 판단을 할 수 있는 시기로 진입하게 됨에 따라 또래와의 외모적 차이로 인해 차별과 편견적 대상이 되기도 하는데, 이로 인해 소극적이고 부정적인 자아정체성을 형성할 수도 있다(박주현, 최덕경, 2011).

이러한 이유로 일부 다문화가족의 유아들은 외국인 부모의 존재를 드러내는 것을 꺼리거나 숨기는 모습을 보이기도 한다. 다문화가정의 자녀가 느끼는 정체성 혼란의 문제는 내면적이고 개인적인 것으로 외부에 잘 드러나지 않기 때문에 지속적으로 어려움을 경험하게 할 수도 있다. 다문화가족의 아동들이 안정적으로 이중문화에 대한 정체감을 갖게 될 경우에 건강하고 안정적으로 성장할 수 있게 되므로 유아기부터 자연스럽게 반편견 · 다문화교육을 실시하여 우리 사회의 구성원 모두가 함께 적응하도록 도와줄 필요가 있다.

4) 다문화가족 지원정책

최근 들어 다문화가족의 비율이 매우 빠르게 증가하고 있어 다문화가족을 위한 현실적인 지원과 우리 사회의 다양한 협력 방안에 많은 관심을 기울일 필요가 생겼다. 특히, 다문화가족의 자녀들은 단일민족과 단일문화를 자랑으로 여기던 우리나라에서 적응하고 성장하는 과정에서 언어적 의사소통 및 인종적 편견, 정체성 혼란, 문화적 차이로 인한 부적응, 낮은 경제 수준 등의 다양한 어려움을 경험하게 된다. 이에 따라 정부에서는 다문화 학생 교육권 보장을 위해 「초 · 중등교육법 시행령(2008, 2010, 2013)」을 개정하고, 다문화 감수성 교육을 강화하고 있으며, 다문화 학생 교육프로그램을 지원하고 있다(교육부, 2022).

보다 구체적으로 다문화가정 아동을 위한 지원정책을 알아보면, 2006년 5월 1일 교육인적자원부에서 다문화가정을 위한 '다문화가정 자녀교육지원 대책'을 발표하면서 지원정책을 실시하게 되어 전국적으로 확산되기 시작하였는데, 한국 사회에서 다문화라는 개념이 본격적으로 정착되기 시작한 것은 2008년 제정 · 공포된 「다문화가족지원법」을 논의하는 과정에서부터였다. 「다문화가족지원법」에 따라 각 시군구에는 다문화가족지원센터가 설립되기 시작하였고, 이들이 수행하는 결혼이민자 가족이나 이주 노동자에 대한 프로그램에서 '다문화'라는 명칭을 발견하고 사용하기 시작하였다.

교육부에서는 유치원 단계부터 시작되는 다문화 지원체계를 마련하기 위해 유치원 교원 대상으로 도움 자료 개발 · 보급과 유치원의 누리과정과 초등학교

한국어 교육과정(KSL)을 연계한 진단도구를 배포하는 등의 지원을 하고 있다. 또한 교원의 다문화 역량 강화를 위한 지원으로 2006년부터 교사가 참고할 수 있도록 사회 소수자 문제에 대한 사례집 및 지도서 개발, 보급과 다문화 중점학교를 지정 · 운영하고 있으며 다문화교육지원단을 구성하여 선도인력 육성, 시도별 교사연구회 활동을 지원하고 있다(교육부, 2021).

2014년에는 다문화 이해 교육을 위한 다문화 중점학교를 운영하였고, 2019년부터 다문화 정책학교 사업을 다문화교육 정책학교로 개편하였다. 다문화교육 정책학교(유치원)는 현장의 다문화교육 참여를 활성화하고, 다문화 유아의 특성을 고려하여 맞춤형 교육을 지원하기 위해 기존의 다문화 유치원, 다문화 중점학교, 예비학교를 2019년에 다문화교육 정책학교로 통합한 것이다. 다문화교육 정책학교(유치원)는 다문화 수용성을 증진시키고 모든 유아가 함께 어울릴 수 있는 다문화 친화적인 유치원 환경을 조성하고 유치원에도 한국어 학급을 설치하여 운영하도록 하고 있다(김지연, 2023).

다문화교육 정책학교(유치원)의 목적은 다문화교육의 활성화를 통하여 다양한 문화가 공존하는 성숙한 교육환경을 조성하는 것이다. 중앙다문화교육센터에 따르면 교육현장의 다문화교육 참여를 활성화시키고 다문화 유아의 특성을 고려하여 언어발달과 한국어 교육을 맞춤형으로 지원 및 제공하고자 하는 것이다. 다문화교육 정책학교(유치원)의 기본 방향은 가족, 종교, 문화, 성, 장애, 신체적 특성 등 다양한 배경으로 인한 차별이 없도록 하는 것이다. 다문화교육 정책학교(유치원)는 다문화 유아의 재원 현황과 지역적 특수성 등을 고려하여 시도교육청에서 지정 또는 공모를 통하여 선정하는데, 각 지역의 특성과 유치원의 여건에 따라 교과, 창의적 체험 활동, 방과 후 과정 등을 통해 자율적으로 다문화교육을 추진하기 위한 것으로, 다문화 유아의 언

어발달 교육을 통합교육 형태로 지원하고 전체 유아 및 학부모를 대상으로 다문화교육을 운영한다(중앙다문화교육센터, 2022).

이외에도 국가와 지자체는 다문화가족을 위하여 '다문화가족지원센터'를 설치 · 운영하는데, 지원센터는 다음과 같은 업무를 실시한다.

- 다문화가족을 위한 교육 · 상담 등 지원사업의 실시
- 결혼이민자 등에 대한 한국어 교육
- 다문화가족 지원 서비스 정보 제공 및 홍보
- 다문화가족 지원 관련 기관 · 단체와의 서비스 연계
- 일자리에 관한 정보 제공 및 일자리의 알선
- 다문화가족을 위한 통역 · 번역 지원사업
- 다문화가족 내 가정폭력 방지 및 피해자 연계 지원

지원센터에는 다문화가족에 대한 교육 · 상담 등의 업무를 수행하기 위해 관련 분야에 대한 학식과 경험을 가진 전문인력을 두어야 한다. 특히, 국가 또는 지자체는 다문화가족 지원 및 다문화 이해교육 등의 사업 추진에 필요한 전문인력을 양성하는 데 노력해야 하며, 여가부 장관은 대학이나 연구소 등 적절한 인력과 시설 등을 갖춘 기관이나 단체를 전문인력 양성기관으로 지정하여 관리할 수 있다.

우리나라에서 다문화 아동의 인구가 16만 명을 넘어선 지금 다문화가정 아동 개인이 적절한 수준으로 발달하고 성장하여 건강한 사회인으로 적응할 수 있도록 하는 방안과 정책을 마련하는 데에 모두가 관심을 기울일 필요가 있겠다.

▣ 유아들과 함께 읽고 공감하며 생각을 나누어 볼 수 있는 현대사회 다양한 가족의 의미와 유형을 반영한 그림책입니다. 예비유아교사로서 먼저 찾아서 읽어 보고 친구들과 의견을 나누어 보기 바랍니다.

구분	그림책	
가족의 의미	 백희나 글 · 그림 책읽는곰(2014)	 다비드 칼리 글 · 마르코 소마 그림/김경연 역 풀빛(2016)
한부모 가족	 백희나 글 · 그림 책읽는곰(2017)	 전미화 글 · 그림 사계절(2010)
다문화 가족	 선현경 글 · 그림 비룡소(2009)	 라니아 알 압둘라 왕비, 켈리 디푸치오 글 · 트리샤 투사 그림/신형건 역 보물창고(2011)

구분	그림책	
다양한 가족	 제롬 뤼예 글 · 그림/명혜권 역 달그림(2019)	 토드 파 글 · 그림/원선화 역 문학동네(2005)

영유아발달과 부모역할

1. 부모의 발달단계
2. 영유아발달과 부모역할
3. 뇌 발달과 부모역할

자녀의 발달단계에 따른 특성을 이해하고 존중하며 자녀를 양육하는 것은 자녀의 성장과 발달을 위한 가장 기본이 되는 부모의 자세이다. 따라서 부모는 자녀가 성장하고 발달하는 시기의 특성을 고려하여 적절한 부모의 역할을 수행할 수 있어야 한다. 자녀의 발달에 따라 부모로서의 역할을 변화시켜 가며 자녀를 위하여 최선의 부모역할을 하려고 노력하는 부모는 자녀와 함께 스스로도 성숙한 인격을 갖춘 사람으로 성장해 나갈 수 있다. 본 장에서는 자녀와 더불어 성장하는 부모의 발달단계와 각 단계별 특성, 그리고 자녀의 성장과 발달에 따른 부모의 역할을 살펴보고자 한다.

함께 생각해 봅시다.

이제까지 살아오면서 가장 기억에 남는 부모와의 추억은 무엇인가요? 그 추억에 등장하는 부모의 모습을 기억해 보세요. 그때가 언제였는지 생각나세요? 그때 부모님의 어떤 모습이 아직까지 기억에 남아 있나요? 그 이유는 무엇인가요?

1. 부모의 발달단계

부모는 자녀를 낳아서 기르는 과정에서 자녀와 더불어 스스로도 성숙하며 성장한다. 대부분의 부모는 자녀를 낳는 바로 그 순간부터 부모로서의 역할을 수행하기 시작한다. 그리고 자녀가 성장발달하면서 자녀의 발달단계에 맞는 과업을 중심으로 구분된 단계를 순차적으로 경험하게 된다. 여러 학자들이 부모기를 단계별로 구분하였는데 그중 Galinsky가 구분한 부모기의 단계를 중심으로 부모의 발달단계별 특성을 살펴보면 다음과 같다(Galinsky, 1987, 김정원, 전선옥, 2016 재인용).

■ 1단계: 이미지 형성 단계(The Image-making Stage)

임신을 하게 되면서 부모로서의 이미지를 구체적으로 형상화하기 시작하는 단계이다. 자신의 어린 시절 부모와의 경험과 주위에서 만난 부모들을 보면서 어떤 부모가 되기를 원하는지 생각하고 스스로 부모로서의 자신의 모습을 그려 나가며 부모로서의 이미지를 형성한다.

- 임신 기간 동안 태어날 아기를 생각하며 부모로서의 이미지를 형성함
- 임신의 수용, 부모가 될 준비, 출산 준비

■ 2단계: 양육단계(The Nurturing Stage)

아기를 출산한 후 영아기 정도까지의 시기이다. 영아기 자녀를 둔 부모가 어린 자녀를 보살피고 정서적 유대감을 형성하며 신뢰를 바탕으로 안정적인 애착을 형성하기 위해서 노력하는 시기이다. 아기의 출생으로 부부관계에도 변화가 생긴다. 그리고 자녀양육의 과정에서 조부모나 형제자매들과 상호작용하며 새로운 관계를 형성하기도 한다. 이 단계의 새내기 부모는 각자 감당해야 할 부모역할을 찾아 지혜롭게 나누어 수행하며 부모로서의 역할을 수행하기 위하여 협력한다.

- 자녀의 출생부터 18개월에서 2세 정도의 시기
- 새내기 부모로서의 역할을 받아들이고 부모로서의 정체성 형성
- 새로운 부모로서의 역할을 통해 부부관계를 재정립하는 시기

■ 3단계: 권위 형성 단계(The Authority Stage)

자녀가 2세 정도를 지나 유아기에 이르는 시기이다. 이 시기의 자녀는 자아가 형성되면서 고집을 부리고 자기주장을 시작한다. 부모의 말에 순종하지 않는 경우도 많아지므로 자녀를 올바로 양육하기 위해서는 부모로서 권위를 갖출 필요가 있다. 자녀를 존중하고 자녀의 요구에 관심을 기울이고 반응적으로 상호작용하는 가운데 자녀의 자기통제능력을 길러 줄 필요가 있다. 자율적으로 행동하고 스스로를 통제할 수 있도록 훈육하기 위해서는 부모로서의 권위를 바로 세우는 것이 매우 중요하다.

- 자녀의 나이가 만 2세경부터 4, 5세 정도가 되는 시기
- 자녀의 사회화를 위하여 한계를 설정하고 자율성과 책임감 형성을 돕기 위해 부모로서의 권위를 갖추어야 함
- 자녀를 부모 자신과 분리된 독립적인 존재로 인정해야 함을 알게 되는 단계

■ 4단계: 설명 단계(The Interpretive Stage)

자녀가 유아기를 지나 초등학교에 다니는 시기이다. 초등학교 시기의 자녀를 둔 부모는 자녀가 살아가면서 당면한 문제를 스스로 해결하고 감당해야 할 과업을 잘 완료할 수 있도록 상담자와 조언자로서의 역할을 수행해야 한다. 언어로 상호작용하는 것이 가능해지는 시기이므로 우리가 살아가는 세상에 관하여 상세하게 설명해 줌으로써 삶을 대하는 태도를 바람직한 방향으로 형성하도록 지원해 줄 필요가 있다.

- 자녀가 유아기를 지나 초등학교에 다니는 시기
- 자녀의 심리 · 사회적 독립을 지원할 수 있도록 현실을 설명해 주어야 함
- 부모-자녀 관계를 보다 평등하게 형성해 가는 단계

■ 5단계: 상호의존 단계(The Interdependent Stage)

자녀가 사춘기를 겪는 10대 시기의 부모단계이다. 이 시기의 자녀를 둔 부모는 급속히 성장하고 변화하는 자녀의 모습에 당황하고 놀라게 된다. 안타깝게도 자녀와의 대화와 상호이해의 어려움으로 인하여 심한 갈등을 겪는 부모들도 많다. 이 시기의 부모는 거의 성인이 다 된 자녀의 존재를 인정하고 자녀와 동등한 위치에서 서로 간에 새로운 관계를 형성해야 한다. 이 시기에는 자녀에게 자신의 삶에 대해서 선택할 수 있는 자유를 줌과 동시에 자신의 선택에 대하여 책임을 져야 한다는 것도 분명히 알려 주어야 한다.

- 자녀가 사춘기를 겪는 10대 시기
- 자녀의 급격한 변화에 대한 놀라움과 충격을 이겨 내고 새로운 관계를 형성해야 함
- 자녀의 정체감 형성을 지원하고 독립된 인격체로 존중하게 되는 단계

■ 6단계: 떠나보내는 단계(The Departure Stage)

자녀가 청년기를 지나며 결혼이나 직업 등으로 인해 집을 떠나게 되는 단계이다. 이 시기의 부모는 자녀가 부모의 울타리에서 벗어나 자율적인 생활을 할 수 있도록 격려해야 한다. 떠나보내는 단계의 부모는 부모-자녀 관계를 전체적으로 돌아보고 기꺼이 자녀의 새로운 세계로의 독립을 응원할 수 있어야 한다.

- 청년기의 자녀가 독립하여 집을 떠나는 시기
- 자녀의 독립에 대하여 정신적 · 정서적으로 준비하고, 완전히 성장한 인격체로서의 자녀를 존중하고 격려함
- 부모로서 전반적인 성취와 실패를 평가하는 단계

이상에서 부모가 처음 된 후 변화해 가는 과정을 부모발달의 단계를 통해 살펴보았다. 부모발달의 단계에서 보듯이 대부분의 부모는 부모기가 진행되면서 자녀와 함께 부모 스스로도 차츰 성숙해진다. 부모 자신을 중심으로 자기 위주의 삶을 살아가던 것에서 부모의 도움을 필요로 하는 자녀를 위해 시간과 노력을 쏟고, 경제적인 부담을 기꺼이 감당하면서 타인을 위한 삶의 의미를 깨닫게 된다. 부모는 부모발달의 단계를 거치면서 보다 어른스러운 사람으로 성숙해지고 스스로의 삶의 완성도를 높이는 의미 있는 과정을 경험한다.

함께 생각해 봅시다.

『언젠가 너도』 그림책을 읽고 부모의 발달단계를 생각해 보세요.

『언젠가 너도』
앨리슨 맥기 글 · 피터 레이놀즈 그림/김경연 역
문학동네(2007)

영상 시청 및 생각 나누기: 진짜 어른이 되는 것, 좋은 부모의 출발점

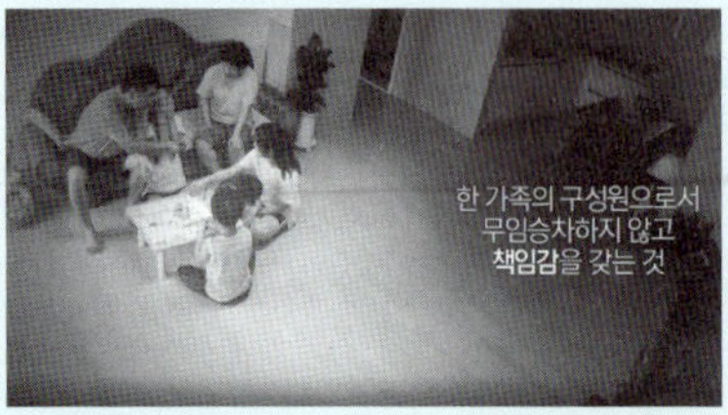

출처: 좋은 부모 행복한 아이부모이야기 3편(여성가족부)

2. 영유아발달과 부모역할

부모는 완벽하게 의존적인 존재로 세상에 태어난 한 사람이 생명을 유지하고 성장하고 발달하는 데 절대적으로 중요한 역할을 하는 존재이다. 부모는 자녀의 발달과정에 따라 요구되는 적절한 부모역할을 수행하면서 자녀가 가지고 태어난 잠재력을 최대한으로 발휘할 수 있도록 양육한다. 부모와 자녀는 서로 도움을 주고받으며 서로가 보다 더 성숙한 인격체로 완성되어 가도록 돕는 존재이다. 본 절에서는 자녀의 발달적 특성에 부합하는 부모역할이 어떠해야 하는지를 살펴보고자 한다. 부모의 역할이 가장 크게 영향을 미치는 태아기부터 청소년기까지의 발달특성과 부모역할에 관하여 정리하면 다음과 같다(김정원, 전선옥, 2016; 전선옥, 2017).

1) 태아기 발달특성과 부모역할

태아기(prenatal period)는 수정의 순간부터 출산까지의 시기를 의미한다. 태아기 동안 정자와 난자가 결합된 수정란은 하나의 생명체로 성장한다. 태아는 어머니의 배 속에서 약 40주, 280일 동안의 태아기를 보내며 놀라울 정도의 성장을 한다. 이 시기는 태아가 한 사람으로서 생존하는 데 갖추어야 할 대부분의 신체조

직과 기관이 형성되는 인간발달의 초석이 되는 중요한 시기이다. 태아의 성장은 태내환경의 영향을 많이 받으므로 임신 중인 부모는 배 속의 아기를 위하여 안전하고 쾌적한 환경을 유지하기 위하여 노력해야 한다. 태아기 자녀의 부모역할과 태교에 관하여 살펴보면 다음과 같다(김정원, 전선옥, 2016; 전선옥, 2017).

- **임신에 대하여 긍정적인 마음과 태도를 갖는다.** 임신한 상태에서 불안하고 우울하거나 스트레스를 많이 받는 경우 태아에게 전달되어 태아의 건강과 성장에 부정적인 영향을 미칠 수 있다(강수경, 정미라, 2012). 따라서 임신한 상태에서는 임신을 긍정적인 마음으로 받아들이고 밝은 기분을 유지하려고 노력할 필요가 있다. 새 생명을 잉태한 것을 감사하며 배 속의 아기와 정서적 유대감을 형성하기 위한 시간을 갖는다.
- **태아에게 건강한 환경을 제공한다.** 임신기 동안 배 속의 아기가 건강하게 성장하고 발날할 수 있도록 충분한 영양을 공급하고 질병에 걸리지 않도록 조심한다. 임신한 기간 동안 체중이 느는 것은 당연한 것이므로 체중 조절을 위해 음식물 섭취를 제한하는 것은 태아의 발달에 부정적인 영향을 미칠 수 있음을 알고 주의해야 한다(Callister, 2002). 임신 중 태아의 건강에 무해한 것으로 확인된 것 이외의 약물을 복용하거나 음주와 흡연은 금지한다. 태아의 건강을 위해서 전자파나 환경호르몬도 조심할 필요가 있다.
- **태아의 아버지도 부모역할에 적극적으로 참여한다.** 임신한 기간 동안 어머니뿐만 아니라 아버지도 태아기 자녀의 건강한 성장과 발달을 위해서 적극적으로 태교에 참여해야 한다. 임신한 아내가 임신기를 행복하게 보낼 수 있도록 가사와 손위 자녀를 아버지가 맡아서 돌봐 줄 필요도 있다. 임신한 아내가 긍정적인 마음을 가질 수 있도록 정서적 지원을 하는 것은 태아가 건강하게 성장하는 데 도움이 된다(안재진, 2011).
- **부부가 함께 태아기 자녀의 출생을 준비한다.** 태아의 부모인 부부가 충분한 영양 섭취와 운동으로 건강을 관리해야 한다. 출산에 대한 불안이나 두

려움 등을 관리하여 정서적으로 편안하게 지내는 것도 중요하다. 출산을 위한 아기용품 등도 태아의 부모인 부부가 함께 준비하면서 감사한 마음으로 아기를 만날 준비를 한다.

태아기 자녀를 배 속에서 양육하는 부모의 특성을 임신기 3단계로 나누어 정리하고, 자녀 출생을 위하여 준비할 사항을 요약하면 다음의 <표 4-1>, <표 4-2>와 같다.

〈표 4-1〉 임신기 부모의 특성

임신기	임신기 부모의 특성
1단계: 1~3개월	• 임신 사실을 수용하게 되는 단계 • 앞으로 겪게 될 신체적 · 심리적 변화와 가족관계의 변화에 대해서 생각해 보고 준비하게 됨
2단계: 4~6개월	• 태아를 자신의 일부로 받아들이는 단계 • 신체적 · 심리적 안정감을 찾고 임신 상태를 즐길 수 있게 됨 • 태아의 성별과 생김새 등을 예상하고 이미지를 형성하기 시작함
3단계: 7~9개월	• 출산을 준비하며 신체적 불편과 심리적 불안감이 증가하는 단계 • 태어날 아기의 건강에 관한 염려가 증가함 • 부부관계의 변화를 수용하며 아기를 맞을 준비를 하게 됨

〈표 4-2〉 자녀의 출생을 위한 준비

물질적 준비	• 정기적인 전문의사의 검진과 출산을 위한 진료비 준비 • 아기와 함께 거주하기 위한 공간 마련 • 아기 양육에 필요한 물품과 도구 준비
정서적 준비	• 작고 나약한 새로운 생명에 대하여 관심과 애정을 줄 마음의 준비 • 아기의 요구에 대하여 적절한 반응을 기꺼이 제공할 준비

(1) 태교

태교란 태중의 아기를 교육한다는 의미로 임신부가 태아에게 좋은 영향을 끼치기 위하여 언행을 삼가는 것이다(서울대학교 교육연구소, 1995; 전선옥, 2016; 주정일, 1989). 태교는 심신이 건강한 아기를 낳기 위해서 임신부터 태내발달, 그리고 출생의 순간까지 부모가 기울이는 모든 교육적인 노력이다. 태아는 수정되는 순간부터 의식을 가지는 존재로 태내 생활의 아픔과 상처를 기억한다고 한다. 그러므로 태아의 건강한 성장과 발달을 위해서 임신기간 동안 태교를 하면서 감사한 마음으로 행복하게 지내기 위해 노력하는 것은 매우 중요하다.

예로부터 동양 문화권에서는 태교의 중요성이 강조되어 왔다. 우리나라에서는 정몽주의 어머니 이씨의 『태중훈문』, 소혜왕후 한씨의 『내훈』, 사주당 이씨의 『태교신기』 등에서 태교가 강조되어 왔다. 우리나라 전통사회의 태교에서는 어머니에 의한 모성태교뿐만 아니라 아버지에 의해서 이루어지는 부성태교의 중요성이 강조되었다(최삼섭 외, 2002). 전통사회에서의 태교는 가정교육의 시작이라는 중요한 의미를 지녔다. 태교를 통해 시작되는 가정교육에서는 자식을 가르치는 부모의 책임과 의무를 강조하였고, 특히 어린 시기에는 사랑만을 베푸는 것을 경계하고 사랑과 함께 가르침의 중요성을 강조하였다(도민재, 2000).

최근에도 우리 사회에서는 태교의 중요성이 여전히 강조되고 있다. 요즈음에는 이전보다 더욱 다양한 태교의 방법이 제시되고 있다. 예를 들면, 임신한 엄마가 배 속의 아기에게 이야기를 들려주거나 동화책을 읽어 주는 태담태교, 음악을 들으며 정서적 안정감을 갖는 데 도움이 되는 음악태교, 미술작품을 감상하며 태아의 감각발달에 도움을 주는 미술태교, 몸과 마음의 안정감을 갖고 태아의 정서안정에 도움이 되는 명상태교 등이 있다. 임신육아종합포털 아이사랑(http://www.childcare.go.kr/)에서 태교에 관한 다양한 정보를 얻을 수 있다.

영상 시청 및 생각 나누기: 태교신기

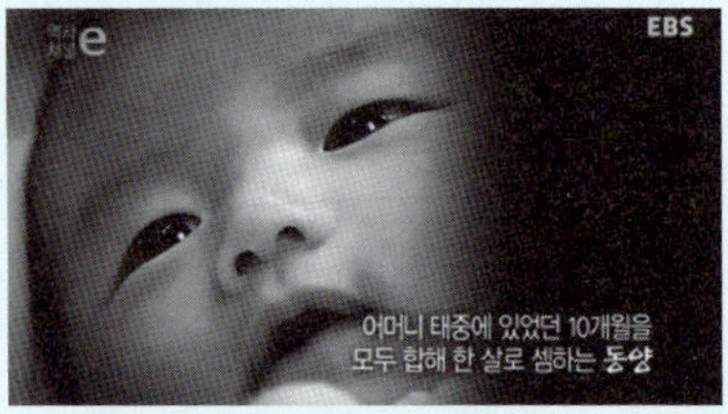

출처: 역사채널e

2) 영아기 발달특성과 부모역할

영아기는 출생 후 18개월에서 24개월까지의 시기를 의미한다. 영아기는 여러 영역에서 급속한 발달이 이루어지는 시기로 이후 영아가 독립된 개체로 성장하기 위한 기초가 형성되는 시기이다. 이 시기를 신생아기, 영아기, 걸음마기로 구분하여 발달특성에 맞는 적절한 부모역할에 관하여 정리해 보면 다음과 같다(김정원, 전선옥, 2016).

(1) 신생아기(neonatal period: 출생~4주)

- 탯줄이 끊어진 후부터 배꼽이 아물 때까지의 생후 약 한 달 정도의 시기
- 태내환경과는 다른 외부 환경에서 살아가기 위하여 호흡, 체온 조절, 영양 섭취, 배설 등을 통해 생리적으로 적응해야 하는 시기
- 모든 영역에서 성장과 발달이 급속하게 이루어지는 시기

➡ 신생아기 자녀의 신체적 안정과 성장을 위하여 생리적으로 적응할 수 있도록 세심하게 보호하고 배려한다.

➡ 사회적 상호작용과 신체적 활동 및 감각적 경험이 시작되므로 눈 맞추기와 옹알이를 하며 갓 태어난 자녀와 정서적 유대감을 형성할 수 있어야 한다.

(2) 영아기(infancy: 5주~12개월)

- 체중과 신장 등 신체적 성장 속도가 일생 중 가장 빠른 시기
- 목을 가누고, 뒤집고, 앉고, 걷고, 뛰어다니는 이동능력이 발달하게 되어 몸을 이동시키며 적극적으로 주변을 탐색함
- 주위 환경에 대한 탐색을 통해 사물과 세상에 대한 도식을 형성하고 표상능력이 형성되기 시작하는 등 인지적 발달이 빠른 속도로 이루어짐
- 울음, 옹알이, 한 단어 시기 등을 거치며 급속한 언어발달 과정을 통해 이후 언어와 사고능력 형성의 기초가 형성되는 시기

➡ 지속적인 돌봄과 보살핌을 통해 영아기 자녀와 깊은 정서적 유대감을 형성한다.

➡ 영아기 자녀와의 정서적 유대감을 기초로 형성되는 안정적인 애착은 영아기 자녀가 타인에 대한 신뢰감을 형성하는 데 영향을 미친다.

(3) 걸음마기(toddlerhood: 13~24개월)

- 부모로부터 독립하려는 시도가 시작되는 시기
- 이동능력, 언어능력, 자율성과 자아개념이 발달하면서 주위 환경을 보다 적극적으로 탐색하기 시작함
- 밥 먹기, 옷 입기 등 부모의 도움을 받던 일을 스스로 하려고 하는 시기로 자기주장이 강해짐으로 인해 부모와의 갈등이 발생하기도 함
- '싫어', '아니야', '내가 할 거야' 등의 표현을 자주 쓰고 고집을 부리게 되는 이 시기를 '끔찍한 두 살배기(terrible two)'라고 부르기도 함

➡ 걸음마기 자녀의 발달을 이해하고 허용해 줄 수 있는 행동은 허용하며 인내심을 가지고 기다려 줌으로써 자녀의 자율성이 발달되도록 격려한다.

➡ 하지 않아야 하는 행동은 분명히 제한함으로써 이 시기부터 해도 되는 행동과 절대로 해서는 안 되는 행동이 있음을 깨닫도록 훈육한다.

➡ 부모의 일관성 있는 훈육은 이 시기 영아의 자조능력 발달에 도움이 되어 배변훈련, 스스로 먹기, 옷 입기 등의 발달과업을 성취하는 데 도움이 된다.

➡ 풍부한 감각적 경험과 동작경험을 할 수 있는 환경을 마련하여 줌으로써 인지적 발달을 이룰 수 있도록 지원한다.

부모는 자녀가 출생하면서 말로 다할 수 없는 큰 기쁨을 경험하는 동시에 부모의 절대적인 보살핌을 요구하는 자녀의 양육에 대한 책임감으로 인하여 커다란 부담과 어려움 또한 겪게 된다. 성인으로서 누리던 일상적인 삶에서의 변화를 충분히 예상하고 준비하지 못한 부모는 24시간 부모의 보호와 관심을 필요로 하는 자녀를 양육하는 것에 대해서 당황하게 된다. 그리고 이로 인하여 심한 스트레스를 겪게 되면서 부모기를 위기감으로 맞고 경험하는 경우도 있다.

영아기 자녀를 돌보는 부모, 특히 어머니는 불면증과 만성적인 피로, 외모의 변화로 인한 불안과 우울 등으로 인해 어려운 시간을 보내게 된다. 아버지들 또한 아내의 자녀 양육으로 인하여 부부관계에서 겪는 소외감과 외로움으로 힘든 시기를 보내기도 한다. 육아에 대한 책임감을 가지고 기꺼이 부모역할을 잘 해내려고 노력하는 부모도 수많은 시행착오를 반복하면서 지치게 된다.

어린 자녀의 양육에 대한 어려움이 과도하게 부각되어 자녀를 낳아서 기르는 것이 고통스럽다는 인식까지 퍼지면서 우리 사회에서 부모가 되는 것이 큰 각오가 필요한 어려운 일인 것처럼 인식되고 있다(김은진, 정혜정, 정유진, 2022; 문무경, 조숙인, 김정민, 2016). 그러나 이 모든 어려움에도 불구하고 많은 부모들은 자녀를 낳아 기르는 것은 사람의 일생에서 그 무엇과도 바꿀 수 없는 소중하고 가치 있는 경험이라고 기억한다. 대부분의 부모는 부모로서 지낸 시간을 인생의 다른 어떤 시간과도 견줄 수 없을 만큼 기쁘고 행복한 시간이라고 한다. 이를 고려할 때 부모 없이는 생존할 수 없는 어린 자녀의 부모가 되어 그 역할을 성심껏 수행함으로써 스스로의 존재감과 가치감을 확인하는 것은 매우 의미 있는 일이다.

영상 시청 및 생각 나누기: 애착은 건강한 성장의 첫걸음(부모 이야기 5편)

출처: 좋은부모 행복한 아이 (여성가족부)

3) 유아기 발달특성과 부모역할

유아기(early childhood)는 만 2세경부터 초등학교 취학 이전까지의 시기를 의미하며, 취학 전 시기(preschool period)라고도 한다. 영아기에 비하여 신체발달 속도는 완만하지만 신체, 인지, 언어 등 모든 발달영역에서 지속적인 성숙이 이루어지는 시기이다. 이 시기에는 특히 기본생활습관이 형성되고 자아의 형성과 자율성 및 자발성, 그리고 도덕성이 급속히 발달한다. 유아기의 발달특성을 고려한 부모역할의 특성은 다음과 같다.

- 유아기 자녀의 자율성과 주도성의 발달을 위하여 자녀 스스로 무엇인가를 시도해 보고 도전할 수 있도록 격려해야 한다. 유아에게 스스로 하고 싶은 것을 선택해서 해 볼 수 있는 기회를 주고 자신이 선택한 것을 끝까지 완수하기 위해서 노력하도록 하며 그 결과에 대해서는 책임을 지도록 한다. 특히, 실패한 시도를 기꺼이 수긍하고 받아들이는 경험을 하도록 한다. 가정에서 기본생활습관이 형성되도록 양육하는 것도 유아기 자녀의 자기규제 능력 발달을 위해서 필요하다(김송이, 2011).
- 유아기 자녀의 친사회적 행동 발달에 도움을 주어야 한다. 부모와 형제, 또래 등 주위의 사람들과 호의적인 관계를 맺고 긍정적인 상호작용을 해 볼 수 있는 기회를 제공한다. 가정과 영유아교육기관, 그리고 동네 놀이터 등

에서 놀이할 수 있는 충분한 시간과 기회를 제공하여 다른 사람들과 어울려 지내보는 경험을 하도록 한다(이현지, 정혜욱, 2016). 이러한 경험은 자녀가 사회관계 형성에 필요한 능력을 갖추는 데 도움이 된다.

- 일관성 있는 훈육을 통해 부모의 권위를 형성해야 한다. 이 시기 유아는 보다 적극적으로 주변을 탐색하고 실험하는 성향이 있어 때때로 공격적이거나 말썽을 부리는 경우도 있다. 이 시기의 유아에게는 옳고 그름과 해야 할 일과 해서는 안 될 일을 명확하게 알려 주는 일관성 있는 부모의 훈육이 중요하다(이지혜, 장영숙, 2016). 부모의 일관성 있는 훈육은 이후 자녀의 양심과 도덕성 발달에 영향을 미친다(조은영, 도현심, 김민정, 2010).
- 유아기는 모든 발달 측면에서 인생의 기초가 다져지는 중요한 시기이므로 부모는 풍부하고 안전한 교육적 환경을 제공하여 유아기 자녀가 전 영역에서 발달하도록 양육해야 한다. 특히, 유아기는 의사소통을 위한 언어발달이 충분히 이루어진 시기이므로 자녀 양육 시 신체적인 접촉을 통한 훈육이나 상호작용보다는 언어로 의사소통하는 것이 보다 적절하다.

자녀가 유아기에 이르면 24시간 보살핌이 필요하던 영아기와 달리 부모 자신을 위해서도 어느 정도 시간을 할애하는 것이 가능해진다. 영아 시기부터 어린이집에 자녀를 보내는 부모도 있지만 영아기에는 가정양육을 하던 부모도 유아기부터는 대부분 어린이집이나 유치원 등 사회적 양육기관에 자녀를 보내게 되면서 부모가 자신만의 시간을 가질 수 있게 되는 것이다. 이때 부모는 부모역할을 하는 것 이외에 혼자 여유로운 시간을 보내기도 하고 자신의 개인적인 성장을 위한 시간을 계획하고 활용하기도 한다. 또한 다양한 사회적 모임에 참여하여 다른 사람들과 사회적 접촉을 하면서 성인들과의 관계 형성이 가능해진다. 유아기 자녀를 둔 부모는 이러한 시간을 통해 자녀양육의 스트레스에서 벗어날 수 있다. 부모들이 스스로를 위하여 사용하는 이러한 시간은 부모 자신의 개인적 욕구를 충족시키는 데 도움이 되고, 사회구성원으로서의 정체감을 형성하는 데도 기여한다. 물론 영아기 자녀의 양육을 위하여 육아휴직을 하던 부모는 직장으로 복귀하여 경력을 이어 나가게 된다.

영상 시청 및 생각 나누기: 놀이는 밥이다(부모 이야기 6편)

출처: 좋은부모 행복한 아이 (여성가족부)

4) 아동기 발달특성과 부모역할

아동기(middle childhood)는 만 6세부터 12세까지로 초등학교에 다니는 시기이다. 이 시기에는 모든 발달이 유아기에 비해 완만한 속도로 이루어지며 생활의 중심이 학교로 옮겨 가게 되면서 학교생활을 중심으로 하는 사회적 관계가 중요해진다. 아동기의 자녀는 가정에서 벗어나 학교생활을 하면서 사회생활에 필요한 지식과 기술을 학습하고 또래관계를 비롯하여 보다 확장된 인간관계를 경험하게 된다. 이 시기에 이르게 되면 유아기와 달리 부모로부터 독립하고자 하는 경향이 증가하고 또래의 영향력이 증가한다. 아동기 자녀를 둔 부모는 유아기 양육자에 비하여 더 많은 격려자, 훈육자, 학습경험 제공자로서의 역할을 수행해야 한다(김정원, 전선옥, 2016). 점차 증가하는 아동기 자녀의 세상에 대한 관심과 질문에 반응하여 바른 세계관을 갖도록 도와주어야 하고, 칭찬과 격려를 통해 성취감과 근면성, 그리고 긍정적인 자아개념을 갖도록 양육하는 것이 중요하다. 아동기의 발달특성을 고려한 부모역할은 다음과 같다.

- 초등학교에 다니는 아동기 자녀의 학교생활과 학업을 위하여 과잉으로 도와주기보다는 인내심을 가지고 자녀가 스스로 자신의 일을 할 수 있도록

한다. 아동기 자녀가 독립적으로 문제를 해결하고 스스로 학습해 보도록 기다리며 자신감을 가지고 시도하고 도전해 보는 것이 중요하므로 조급하게 마음먹기보다 관심과 끈기를 가지고 인내하며 자녀의 성장을 기다릴 수 있어야 한다.

- 아동기 자녀의 훈육은 이 시기 아동의 발달에 적합하도록 합리적인 한계를 정해 주고 일관성 있고 꾸준하게 이루어져야 한다. 바람직하지 않은 행동에 대하여 체벌이나 지나친 처벌은 삼가하고 분명하고 구체적인 언어를 사용하여 자녀가 자신의 행동이 바람직하지 않음을 이해할 수 있도록 한다. 아동기 자녀의 자아존중감이나 인격을 무시하지 않도록 조심하고, 바람직한 행동과 예절, 생활습관 등을 긍정적인 훈육을 통해 알려 준다.
- 아동기 자녀의 학업을 위하여 자발적인 학습동기화를 격려해야 한다. 이 시기는 이후 학업성취도의 기초가 되는 시기이므로 학업에 도움이 되는 적절한 학습환경을 조성해 주고 공부하는 습관이 형성되도록 지원할 필요가 있다. 학교와 협력하는 것도 아동기 자녀의 학업성취도 향상에 도움이 된다. 이 시기 자녀는 차츰 세상에 대한 관심의 폭을 넓혀 가게 되므로 자녀의 세상에 대한 관심과 질문에 적극적으로 반응하며 바른 세계관 형성을 도와준다.

세계 아동이 학업 스트레스를 느끼는 비율

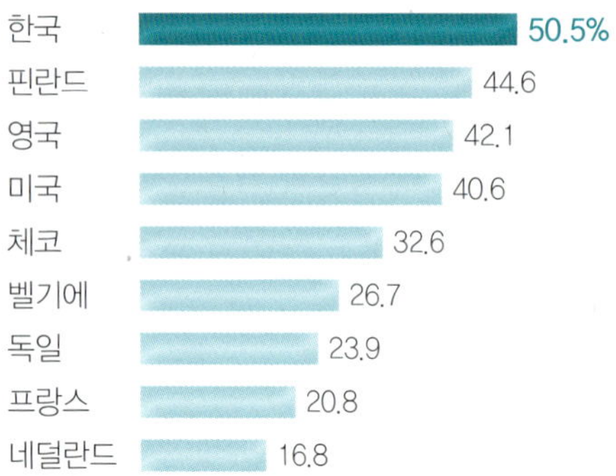

OECD 국가의 어린이 · 청소년 주관적 행복도

자료: 연세대 사회발전연구소 염유식 교수팀, 조선일보.

우리나라는 자녀의 학업성취에 대한 관심이 세계 최고인 국가이다. 아동기가 되면서 부모의 주 관심사는 학교에서의 성적에 집중되고 학업성취도에 대한 지나친 관심은 부모와 자녀 모두에게 심각한 스트레스가 된다(우수정, 2021; 이의빈, 김진원, 2022). 자녀의 학교 성적, 시험 준비 등에 대한 부모의 과도한 집착은 자녀의 삶의 질을 떨어뜨리고 행복하지 않은 유년기를 보내는 주요 요인이 된다. 우리나라 아동의 대다수는 공부와 학교 성적에 대한 걱정으로 인해 많은 고민을 하고 있는 것으로 밝혀졌다. 우리나라 아동이 바라는 아동 정책에서도 지나친 학습 경쟁은 줄이고 진로에 맞는 교육제도 운영(27.1%)에 대한 요구가 가장 많은 것으로 나타났다(굿네이버스 20대 대선 아동 참여 정책 제안 설문조사).

모든 부모는 자녀가 행복한 삶을 살기를 바란다(김수희, 이숙, 2018). 그러므로 아동기 자녀의 부모는 자녀가 정말로 관심을 가지고 있는 것이 무엇인지에 관하여 들어 보려는 자세로 자녀의 행복한 삶에 도움이 되는 부모역할이 무엇인지에 대해서 성찰할 필요가 있다(장혜진 외, 2014; 홍은비, 노성향, 2022).

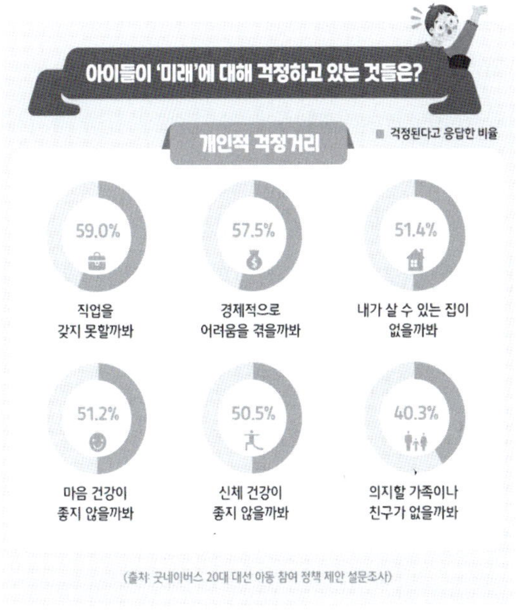

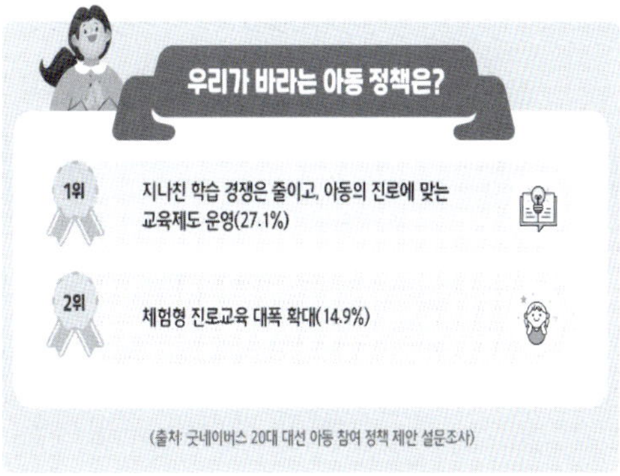

5) 청소년기 발달특성과 부모역할

청소년기(adolescence)는 아동기에서 성인기에 이르는 시기로, 아동에서 성인으로 이행되어 가는 과도기이다. 자아정체감의 혼란을 경험하면서 적응상의 어려움을 겪는 시기이기도 하다(안혜원, 이재연, 2009). 신체적 · 정서적 · 도덕적 · 사회적 영역 등 모든 영역의 발달이 활발하게 이루어지는 시기로 특히 생식기능의 급격한 변화인 2차 성징의 출현으로 성적 성숙에 적응하는 시기이다.

부모로부터 독립하고자 시도하는 청소년기는 심리적 이유기라고도 불린다. 친구집단이 중요해지는 시기로 옷이나 취미, 영화나 음악적 취향 등에서 친구나 매스컴의 영향을 많이 받고 새로운 행동과 가치를 선택하며 진로를 찾고 직업을 탐색한다. 질풍노도의 시기라고도 불리는 이 시기의 청소년은 감수성이 예민하고 주변 환경의 영향을 많이 받는다(전선옥, 2017). 부모의 보호로부터 벗어나 주체적으로 살아가고 싶어 하면서도 성인의 권리와 의무를 완전히 감당하기에는 어려운 시기이다. 청소년기 발달특성을 고려한 부모역할은 다음과 같다.

- 자녀가 청소년기에 이르면 부모로부터 독립하려는 경향이 강해지므로 자녀양육으로 인하여 부모의 자유가 제한되는 경우는 줄어든다. 그러나 동시에 부모가 통제할 수 없는 상황이 증가하기 때문에 불안감이 가중되기도 한다. 이 시기의 자녀가 부모나 가족보다는 친구를 비롯한 외부 환경의 영향을 더 많이 받게 되면서 부모와의 감정적인 대립과 부모의 통제로 인한 갈등도 증가한다. 따라서 이 시기의 부모는 자녀에 대한 자신의 권위를 재규정하고 자녀와 수평적인 관계를 형성해야 하며 자녀를 독립된 인격체로 존중하면서 상호 존중하는 관계를 맺기 위해 노력해야 한다.
- 자녀가 청소년기에 이르면 자녀의 학습과 대외활동으로 인한 경제적 부담이 늘어난다. 특히, 과도한 사교육에 지나친 비용을 써야 하고 청소년기 자녀가 친구들과 어울리며 필요한 비용이 적정 수준을 넘어가게 되면 부모의 경제적 부담은 가중된다. 따라서 청소년기 자녀를 둔 부모는 가정의 경제적

상황에 관하여 자녀와 소통하고 적정 수준이 어디까지인지를 합의할 필요가 있다. 부모에 대하여 서운해하며 불만을 토로하는 경우에도 과도한 부담을 지기보다는 합리적인 수준에서 타협하는 것이 바람직하다.

청소년기 자녀는 순종적이고 학업성취도도 높고 사회적으로 유능할 수 있지만, 반대로 반항적이고 학업성취도가 매우 낮으며 사회적으로 어려움을 겪을 수도 있다. 따라서 부모는 자녀를 잘 키웠다는 자부심을 가질 수도 있고 부모로서 자책하거나 죄의식을 느끼기도 한다. 청소년기 자녀를 둔 부부는 자녀의 상태에 따라 서로가 배우자를 질책하면서 사이가 멀어질 수도 있고, 반대로 자녀가 성장하고 독립하려는 모습을 보면서 서로에게 더 집착할 수도 있다. 어느 경우도 부모의 삶을 어렵게 하는 것은 물론 청소년기 자녀에게도 부담이 되므로 부모는 보다 성숙한 부모역할 수행을 위하여 노력할 필요가 있다.

청소년기 자녀를 둔 부모는 이 시기 자녀의 발달적 특성을 이해하고 이들의 행동을 기꺼이 수용하고자 하는 너그러움을 갖출 필요가 있다. 부모로서의 권위와 의연한 태도를 유지하면서 자녀를 한 사람의 인격체로 존중하는 부모는 자녀가 유능하고 책임감 있는 존재로 성장하는 데 도움이 된다(박영신, 김의철, 2000). 온정적이고 수용적이며 자녀의 자율성을 인정하는 양육태도로 자녀와 상호작용하는 부모는 청소년기 자녀가 행복한 삶을 살아갈 수 있도록 지원하는 좋은 부모라고 볼 수 있다.

3. 뇌 발달과 부모역할

우리나라의 거의 모든 부모들은 자녀의 인지능력을 향상시키고 지능발달과 학업성취도를 높이는 데 과도할 정도로 많은 노력을 기울이고 있다. 그리고 자녀의 인지능력 발달과 두뇌 발달을 연관 지어 뇌 발달을 위한 부모역할에도 많은 관심을 보인다. 뇌 과학의 발달로 인하여 특히 어린 영유아 시기의 뇌 발달이 부모역할의 영향을 많이 받는 것으로 밝혀지면서 자녀의 뇌 발달을 위한 지나친 사교육과 조기교육에 몰두하는 부모도 증가하고 있다(이기숙, 2015).

영유아의 뇌에서는 정서, 언어, 사회성, 인지와 관련된 기능들이 놀라울 정도로 복잡하게 작동하고 있다. 따라서 어린 시기의 뇌 발달을 위해서는 발달단계별로 적절한 자극이 필요하다. 부모들은 조기교육을 통해 어린 자녀의 뇌 발달의 적기를 놓치지 않으려 하지만 과도한 자극이 장기적으로 주어지면 오히려 뇌 기능이 손상되고 여러 부작용이 생긴다(서유헌, 2009). 따라서 영유아의 뇌 발달 단계의 특성을 고려한 부모역할을 수행할 수 있어야 한다(이기숙, 2015). 영유아기 뇌 발달의 단계와 각 단계에서 부모들이 수행해야 할 적절한 역할을 살펴보면 다음과 같다.

〈표 4-3〉 영유아 뇌 발달과 부모역할

발달단계		뇌 발달 특성	부모역할
0~2세	오감 발달기	• 뇌 신경세포를 연결하는 시냅스가 왕성하게 형성되는 시기 • 물체 탐색과 정서적 안정감이 형성되는 시기 • 기본적인 신뢰감과 안정적 애착 형성 시기	• 전뇌가 골고루 발달하도록 다양한 자극을 제공해야 한다. • 신뢰감과 안정애착 형성을 위한 애착 경험을 제공한다.
2~4세	자아 형성기	• 두뇌 앞쪽의 전두엽과 변연계가 발달하는 시기 • 자아개념과 종합적인 사고 능력, 도덕성이 발달하는 시기 • 감각적인 뇌가 가장 발달하는 시기	• 보고, 듣고, 만지는 감각적인 체험을 제공한다. • 부모와의 안정적인 정서적 유대감을 기초로 또래와의 상호작용을 지원한다. • 대소근육 활용 놀이를 통해 또래와의 상호작용과 친구관계 형성을 지원한다.
4~6세	창의력 발달기	• 전두엽과 우뇌 발달로 창의력과 사고 발달의 기초가 이루어지는 시기 • 정서발달이 안정되고 언어발달이 이루어져 대화를 통해 타인의 감정과 정서를 교류하는 시기	• 구체적이고 다양한 경험을 통해 생각하는 힘을 형성하도록 격려한다. • 놀이의 기회를 만들어 주어 또래와의 관계 형성을 지원한다. • 예절을 가르치고 도덕성의 기초를 형성하게 한다. • 연령에 맞는 놀잇감을 제공하여 창의성 발달을 지원한다.

뇌 과학의 발달로 인하여 영유아의 지능발달과 정서발달이 밀접하게 연관되어 있음이 속속 밝혀지고 있다. 영유아의 정서가 뇌 발달에 많은 영향을 미치고 있어 뇌 발달을 위해서는 안정적이고 편안한 정서를 가지는 것이 매우 중요하다는 것이다. 이렇게 기억과 감정은 밀접한 관계가 있음이 확인되고 있으므로 자녀의 지능과 학업성취도를 높이기 위해서도 부모는 자녀의 정서에 관심을 가져야 한다. 영유아기 자녀의 부모는 정서적인 안정감과 감정의 발달을 위하여 스킨십을 통해 정서적 유대감을 형성한 가운데 자녀와의 관계에서 신뢰감과 안정적인 애착을 형성하기 위하여 노력해야 한다(정미라, 권정윤, 강수경, 2016). 영유아기 자녀와 따뜻하고 안정적인 관계를 형성하는 것은 자녀를 양육하고 있는 우리나라 부모들의 가장 큰 관심사인 뇌 발달과 학업성취도 향상을 위한 필수적인 요인이다.

토론해 보세요!

유아교사로 재직 중입니다. 만 3세반을 맡아서 아이들을 가르치는 것에 최선을 다하고 있습니다. 무엇보다 아이들이 행복하고 건강하게 자라 주기를 바라며 놀이중심 교육과정을 열심히 실천하고 있습니다. 그런데 부모님이 상담을 오셔서 학원에 가야 하는 아이가 울고 떼를 부리며 가지 않겠다고 해서 힘들다고 하십니다. 평소에도 3살밖에 안 된 아이를 3~4개의 학원에 보내고 계시는 것을 보고 안타깝게 생각하고 있었습니다. 아이는 아침마다 힘들고 피곤한 얼굴로 등원을 하고 있는데 어떻게 부모님과 상담을 하면 좋을까요? 아이가 밝게 웃으며 기운차게 교실로 들어오는 모습을 보고 싶습니다.

PART 2

부모교육이론과 프로그램

CHAPTER 05

부모교육이론

1. 민주적 부모교육이론
2. 인본주의 부모교육이론
3. 부모 효율성 훈련이론
4. 상호교류분석이론
5. 행동수정이론
6. 부모교육이론의 비교

자녀의 성장에 대하여 중요한 책임을 가지고 자녀의 발달을 향상시키기 위한 부모의 역할을 돕기 위하여 다양한 부모교육이론과 그 이론에 근거한 부모교육 프로그램들이 개발되어 왔다. 체계적이고 기본적인 부모교육의 이론과 프로그램들은 부모역할을 하는 데 필요한 정보와 기술을 제공하고, 부모역할을 하는 데 필요한 기본적인 인식을 새로이 하도록 하여 성공적인 부모역할을 수행할 수 있도록 도움을 준다. 본 장에서는 부모교육의 이론을 살펴본 후 국내외의 다양한 프로그램의 유형을 고찰해 보고자 한다.

1. 민주적 부모교육이론

민주적 부모교육이론은 Adler의 개인심리학이론을 부모교육에 적용하여 발전시킨 이론으로 부모-자녀 관계의 평등성을 강조한다. Dreikurs가 중심이 되어 민주적 양육의 원리와 개념을 소개하고 더욱 발전시켰다. Dreikurs는 가정, 학교, 사회 등 사람이 함께 살며 상호작용해야 하는 곳에서는 반드시 갈등이 일어나며 이 갈등은 민주적 방식에 의해 해결되어야 한다고 보았다. 부모-자녀 관계에서 평등성을 강조하여 과거의 권위적인 방법이 아닌 민주적인 방식을 사용해야 한다고 주장하였다. Dreikurs의 부모교육이론은 『어린이: 도전(*Children: The Challenge*)』이라는 저서에 잘 나타나 있다. Dreikurs에 의하면 자녀가 건전한 성격을 형성해 나가는 데 있어 가정에서 일어나는 사회화 과정이 중요하고 자녀는 부모가 만드는 가정환경에 의해 영향을 받는다(전남련 외, 2008). 가정은 자녀들이 행동 양식을 처음으로 학습하는 장이므로 부모는 자녀의 특성을 잘 알고 지도해야 한다(유안진, 김연진, 1997; Christensen & Thomas, 1980).

1) 민주적 부모교육이론의 가정

Adler가 제안하고 있는 부모교육의 기본 가정은 다음과 같다.

- 사회적 존재인 인간은 출생한 직후부터 가족을 비롯한 다양한 사회적 집단에 소속하고자 하며 이러한 소속감에 대한 욕구를 충족시킬 수 있는 방법을 끊임없이 추구한다.
- 인간은 선천적으로 목적을 이루기 위하여 행동하는 존재이므로 인간의 행동은 우연히 일어나는 것이 아니라 목적과 원인이 있다.
- 인간은 평등하므로 부모와 자녀 관계도 평등하다고 보아야 한다. 유아는 성인에 비해 어리고 모든 것이 미숙하여 부족하지만 한 인간으로서의 가치면에서 동등하므로 존중해야 한다.

- 평등한 부모-자녀 관계에서 자녀는 자유를 누린다. 동시에 그 자유에는 책임이 따름을 안다.
- 유아는 시행착오를 통하여 상황을 파악하고 그 상황에 적합한 행동 양식을 학습한다.

2) 민주적 부모교육이론의 목표

민주적 부모교육이론에 근거한 부모교육 프로그램의 목표는 부모와 자녀 관계를 평등성에 기초하여 보다 바람직한 방향으로 발전시키는 것이다. 자녀를 양육할 때 일어나는 일반적인 문제를 해결하기 위해서는 전문가가 이론 교육을 실시하고, 각 가정에서 독특하게 일어나는 구체적인 문제를 해결하기 위해서는 같은 입장에서 자녀를 양육하는 부모들의 실제 경험담을 나누는 집단 모임을 갖는다. 이러한 다양한 방법을 통하여 부모는 자녀의 행동에 관한 동기를 이해하고 평등한 부모-자녀 관계를 유지하면서 문제를 해결할 수 있게 된다(이은화, 김영옥, 1999; 오영희, 엄정애, 1999).

3) 민주적 부모교육이론의 원리

(1) 생활양식

생활양식이란, 사회화 과정을 통하여 형성되는 인성, 태도, 신념, 능력 등을 의미한다. 유아기에 형성된 생활양식은 이후 그 사람의 행동을 통제하고 목표를 달성하는 방법이 되므로 유아기에 형성되는 생활양식은 중요하다.

유아기 자녀는 부모에게 느끼는 상대적 열등감을 가상의 목표를 세워 보상하고자 한다. 그런데 이 과정에서 바람직하지 못한 행동을 통하여 목표를 달성하게 되면 이러한 바람직하지 못한 행동이 생활양식이 된다. 그러므로 부모는 자녀가 달성하려는 행동의 목표가 무엇인지를 파악하여 바람직한 행동으로 그 목표를 달성할 수 있도록 해야 한다.

(2) 가상적 목표

가상적 목표란 현재 유아의 행동에 영향을 주는 목표로 실제로 미래의 실현 가능성과는 별 상관이 없다. 유아는 실현 가능성에는 상관없이 가상적 목표를 달성하기 위하여 행동하므로 부모가 부모역할을 제대로 수행하여 긍정적인 부모-자녀 관계를 형성하기 위해서는 자녀 행동의 가상적 목표를 이해하여야 한다. 인간의 가장 기본적인 욕구 가운데 하나인 소속감에 대한 욕구를 충족시키기 위하여 유아는 관심 끌기, 힘 행사하기, 보복, 부적절성 혹은 무능함 보이기 등의 행동을 하는 경우가 많다. Dreikurs가 제안하는 잘못된 행동의 네 가지 분류는 그 행동으로 인하여 유아가 무엇인가 목적하는 것을 얻을 수 있도록 하기 때문에 자녀의 입장에서 보면 행동의 '목표'라고 할 수 있다.[1)]

일반적으로 유아는 자신의 행동의 목표를 인식하지 못하고 행동하는 경우가 많다. 이러한 경우에 부모가 자녀의 의도대로 반응을 하게 된다면 자녀는 자신의 잘못된 행동으로 인하여 의도한 목표를 달성한 결과를 경험했으므로 다음에도 또다시 이러한 잘못된 행동을 하게 된다. 그러므로 부모를 향한 자녀의 행동이나 의도는 부모가 자녀에 대한 접근 방법을 변경시켰을 때에만 변화될 수 있다. 부모가 스스로 변화되기 이전에 부모는 자녀와 부모 스스로에 대하여 더 잘 이해하는 것이 중요하다. 부모는 자녀의 행동의 목표를 파악하여 자녀가 바람직한 방법으로 목표를 달성해 나갈 수 있도록 배려해 주어야 한다.

(3) 창조성

유아는 사회생활을 하면서 능동적으로 자신을 창조해 나간다. 욕구를 충족시키기 위하여 가상적 목표를 창조하고 그 목표를 달성하기 위하여 다양한 행동 양식을 창조한다. 이러한 과정에서 잘못된 행동을 창조하는 것으로 행동의 목표를 달성하는 경험을 많이 한 유아는 그것이 생활양식이 되어 성인이 되어서도 바람

1) Dreikurs의 잘못된 행동의 네 가지 목표는 STEP 프로그램에 상세히 제시되어 있다(pp. 150-160).

직한 방법보다는 잘못된 방법으로 자신의 목표를 달성하고자 한다. 따라서 부모는 자녀의 잘못된 행동을 변화시키기 위하여 부모 자신의 태도를 먼저 변화시키고 다음으로 자녀의 긍정적인 행동을 격려해 줌으로써 자녀가 바람직한 방법으로 자신을 창조해 나가도록 격려해 주어야 한다.

(4) 행동 통제

가상적 목표를 세운 유아는 부모를 비롯한 주위 환경의 영향을 받아 수집된 정보를 기초로 목표를 달성하기 위하여 어떠한 행동을 해야 할지를 결정한다. 즉, 유아는 사회적 상호작용의 영향을 받아 가상적 목표를 달성하기 위한 자신의 행동을 결정하게 되는 것이다. 따라서 부모는 자녀가 설정한 목표를 긍정적인 행동을 통하여 성취할 수 있도록 적절한 방법으로 자녀가 스스로의 행동을 통제할 수 있도록 도와주어야 한다. 민주적 부모교육이론에서는 자녀의 행동을 통제하는 방법으로 자연적 귀결과 논리적 귀결의 사용을 제안하고 있다.[2)]

4) 프로그램의 유형과 평가

민주적 부모교육이론에 근거한 부모교육 프로그램은 집단 토의를 중심으로 하는 부모 연구 집단과 상담 중심의 부모-교사 교육센터활동으로 구성된다(Gamson, Hornstein, & Borden, 1989). 부모교육 프로그램에 참여한 부모들은 대부분 자신의 자녀를 더욱 긍정적으로 수용하였고 민주적인 양육태도를 나타냈다. 그리고 부모교육 프로그램에 참여한 부모의 자녀도 긍정적인 자아개념을 가지고 친구가 자신을 좋아하고 자신이 남을 도울 수 있다고 자각하고 있다는 결과가 보고되었다(Dinkmeyer, 1979; Hinkle, Arnold, Croake, & Keller, 1980; Summerin & Ward, 1978). 따라서 민주적 부모교육 프로그램은 부모와 자녀 모두에게 긍정적인 효과가 있다고 평가할 수 있다.

---

2) 자연적 귀결과 논리적 귀결에 대한 상세한 내용은 STEP 프로그램에 제시되어 있다(pp. 150-160).

2. 인본주의 부모교육이론

Ginott의 인본주의 부모교육이론은 인본주의 심리학을 부모교육에 적용시킨 이론으로 부모-자녀 간의 의사소통을 향상시킬 수 있는 기법을 제안하고 있다. Ginott는 자녀에게 생기는 문제점은 부모의 양육 행동에 기인한다고 보고 부모-자녀 간의 문제를 Axline이나 Slavson의 심리치료 방법을 사용하여 해결하려고 하였다. Ginott는 Axline으로부터 아동에게는 애정적 경험이 중요하며, 아동이 바람직하게 성장하는 데에는 예민함과 연민의 정을 가지고 반응해 주는 어른이 필요하다는 것과 놀이치료 기술을 배웠고, Slavson으로부터는 심리역동성이론과 부모-자녀 관계의 발달수준에 대한 이론을 배웠다(전남련 외, 2008).

Ginott는 Dreikurs와 마찬가지로 자녀가 정서장애아가 되는 이유는 부모의 인성에 문제가 있기 때문만이 아니라 자녀를 효율적으로 양육하는 방식을 모르기 때문이라고 보고 부모교육의 필요성을 강조하였다(이은화, 김영옥, 1999). Ginott의 인본주의 부모교육 원리는 그의 저서 『부모와 자녀 사이(*Between parent and child*)』와 『부모와 10대 사이(*Between parent and teenager*)』에 요약되어 있다. 인본주의 부모교육이론에서는 부모 중심 심리치료나 상담보다는 유아를 중심으로 하는 부모와 자녀 사이의 긍정적인 상호작용을 강조한다.

1) 인본주의 부모교육이론의 기본 가정

인본주의 부모교육이론의 기본 가정은 유아를 있는 그대로 받아들이는 것의 중요성을 인식하는 것이다. 부모가 유아의 인성이나 신체적 특성과 관계없이 있는 그대로의 유아를 수용할 때 자녀를 올바로 양육할 수 있다. 자녀의 입장에서 볼 때 부모가 자신을 부모의 의지대로 변화시키려 하지 않고 있는 그대로 받아들여 줄 때 부모를 신뢰하고 부모와 진정한 의사소통을 할 수 있게 된다. 부모가 유아에게 적절히 반응해 주기 위해서는 상담자로서의 기술을 배워 유아를 부모에게 종속된 존재로서가 아니라 부모와 동등한 인격체로 인정하고 유아의 입장에서 생각할 수 있도록 한다. 유아가 잘못된 행동을 할 때 유아의 인격에 상처를 주는 말이나 행동을 하기보다는 잘못된 행동 자체에 관하여 의사소통함으로써 부모-자녀 사이에 생길 수 있는 흔한 갈등과 문제 상황을 피할 수 있게 된다.

2) 인본주의 부모교육이론의 목표

Ginott의 인본주의 부모교육의 목표는 부모가 자녀와 효과적으로 상호작용할 수 있는 기술을 익히도록 하는 것이다. 부모는 자녀가 어떤 문제를 가졌을 때 도움을 줄 수 있어야 하는데, 자녀가 부모의 도움을 기꺼이 받아들일 수 있기 위해서는 부모-자녀 간에 긍정적인 인간관계가 먼저 형성되어야 하므로 이를 위해서 효과적인 상호작용 기술을 익힐 필요가 있다는 것이다. 이러한 기술이 선행된 부모-자녀 관계는 자녀로 하여금 자신의 문제에 효과적으로 대처할 수 있는 자신감을 길러 주는 동시에 자녀의 정서적 · 지적 · 사회적 발달을 촉진시켜 줄 수 있다.

3) 인본주의 부모교육의 원리

(1) 부모와 자녀 간의 의사소통

부모가 자녀와 의사소통을 할 때 전제 조건이 되는 것은 진정으로 유아를 존중하는 마음을 가지는 것과 유아와 의사소통하는 기술을 익히는 것이다. 유아는 부모가 자신을 있는 그대로 인정하고 수용해 준다는 것을 알면 부모에게 신뢰감을 가지고 적극적으로 대화를 하려고 하고 이러한 과정을 통하여 진정한 의미의 의사소통이 가능하게 된다. Ginott(1965)는 부모-자녀 간 의사소통의 기본 원리를 다음과 같이 제안하고 있다.

- 부모가 자녀에게 민주적 태도와 관심을 보이고 부드럽게 대해 줄 때 자녀는 부모의 사랑과 관심을 신뢰하고 진정한 의사소통을 할 수 있다.

- 자녀의 문제 상황에 관하여 의사소통할 때는 자녀의 행동 자체에 집중하기보다는 그 행동에 관한 자녀의 감정에 집중하여 반응을 보여야 한다.
- 부모는 자녀의 행동이나 감정의 옳고 그름을 판단하고 비판하기보다는 기본적으로 이해하려는 태도를 가지고 있어야 한다. 자녀의 행동을 비판하는 경우 자녀의 자존심을 상하게 하고 진정한 의미의 의사소통을 방해하게 된다.

(2) 유아의 행동 지도

부모와 자녀의 관계에 있어서 유아의 행동이 부모를 화나게 하거나 긴장하게 하는 경우가 많다. 이런 상황에서 부모는 솔직하게 자신의 감정을 표현할 수 있어야 한다. 그러나 자녀의 인격을 공격하는 행동을 하여 자녀의 자존심에 상처를 주지는 않아야 한다. 부모와 자녀 간에 무수히 만나는 갈등 상황을 슬기롭게 해결하기 위해서는 기본적으로 부모가 자녀의 행동에 대하여 화를 낼 수 있다는 것과 자녀도 부모의 행동에 대하여 불만을 가지고 반응할 수 있다는 것을 인정해야 한다. 부모와 자녀가 서로에게 화를 내는 것에 대하여 죄의식이나 수치심을 갖고 자신의 감정을 솔직히 표현하지 않는 것은 부모-자녀 관계에 도움이 되지 않는다. 자녀의 행동에 대한 부모의 바람직한 반응과 태도를 정리하면 다음과 같다.

- 대부분의 부모는 자녀를 칭찬하고 보상하면 자녀를 긍정적인 방향으로 격려할 수 있다고 생각하지만 지나친 칭찬과 보상은 오히려 부정적인 상황을 야기시킬 수 있으므로 주의해야 한다. 칭찬이나 보상은 유아의 행동에 대한 객관적인 평가에 근거한 것이어야 하며 자녀의 인격에 대한 칭찬이 아니라 행동에 대한 칭찬이나 보상이어야 한다.
- 자녀의 실수에 대하여 훈계나 설교는 오히려 역효과를 낼 수 있으므로 훈계나 설교보다는 자녀의 말을 진정으로 들어 주고 함께 해결책을 도출해 낼 수 있어야 한다.
- 부모가 아무리 화가 난다고 해도 자녀의 자존심에 상처를 주고 오랫동안

분노하게 하는 바보, 멍청이 등의 과격한 표현은 하지 않아야 한다. 당장에는 잘못된 행동을 멈추고 움츠러들 수도 있지만 결국에는 부모에 대하여 반항하고 미움의 감정이 싹트게 된다.

- 부모는 자녀 앞에서 지나친 분노를 억누를 수 있어야 하는 동시에 적절한 분노는 표현할 수 있어야 한다. 자녀에게 아무리 화가 난다고 해도 자녀의 인격에 대하여 공격하거나 보복해서는 안 되며 그렇다고 매우 화가 났는데도 그것을 표현하지 않는 경우에는 자녀의 입장에서 볼 때는 부모가 자신에게 별로 관심이 없다고 생각하게 되어 잘못된 행동을 지속하게 된다.
- 부모는 어려서부터 자녀에게 자신의 일은 자신이 끝까지 책임지고 완수할 수 있도록 믿어 주고 기다려 주어야 한다. 이러한 부모의 행동은 자녀에게 자신의 능력에 대한 자신감과 자부심을 길러 주어 모든 문제에 적극적으로 대처할 수 있는 능력을 기르는 데 바탕이 된다.

(3) 부모의 잘못된 태도

부모들이 자녀와의 관계에서 패배감을 느끼게 되는 경우 자녀를 위협하고 빈정대거나 훈계하고 억압하고 뇌물을 주면서 자녀를 부모에게 복종시키고자 한다. 그러나 이러한 부모의 태도는 자녀를 순종시키기보다는 오히려 자녀의 반항을 야기시킨다. 자녀는 부모가 자신의 말을 주의 깊게 들어 주고 자신을 있는 그대로 수용해 줄 때 부모에게 마음으로부터 순종하게 된다. 따라서 부모는 자녀가 자신을 드러내 놓고 생각을 표현할 수 있도록 개방적인 의사소통 분위기를 만들어 주고 자녀의 말을 이해하려고 노력해야 한다.

예를 들어, 자녀가 부모에게 거짓말을 할 때 무조건 화를 내기보다는 자녀가 거짓말을 하는 이유를 주의 깊게 생각해 보고 자녀가 거짓말을 하게 된 상황을 이해하고자 노력해야 한다. 또한 자녀가 거짓말을 할 기회를 아예 주지 않는 것도 좋은 방법이다. 자녀가 거짓말을 할 수밖에 없는 상황에서 그 기회를 주면 자녀는 거짓말을 하게 되기 때문이다. 그보다는 사실을 솔직히 이야기하고 자녀가 자신의 입장을 말할 수 있도록 해야 한다. 자녀에게 책임감을 길러 주기 위해서 많은 부모들은 자녀에게 집안일 등을 강제로 시킨다. 그러나 아무리 책임감을 길러 주기 위한 일이라도 강제로 부과되는 일은 좋은 결과를 맺지 못한다. 자녀가 자발적으로 하고 싶은 일을 선택할 수 있도록 기회를 주고 자녀의 감정을 존중해 주는 것이 중요하다.

(4) 훈육 방법

부모는 자녀에 대하여 기본적인 신뢰를 기초로 자녀의 능력에 대한 확신을 가지고 분명한 훈육을 하여야 한다. 그러나 자녀의 인격에 상처를 주는 훈육, 특히 체벌 사용은 삼가야 한다. 부모가 자녀를 훈육할 때는 자녀가 이해할 수 있는 한도 내에서 분명하고 간결한 언어를 사용해야 하고 자녀가 수용할 수 있는 행동과 수용할 수 없는 행동을 분명히 알려 주어야 한다. 자녀는 자기 행동의 한계를 알게 되면 안도감을 갖고 보다 편안하게 행동할 수 있게 된다. 효과적인 자녀 훈육의 4단계를 살펴보면 다음과 같다(이재연, 김경희, 1989).

- 1단계: 자녀가 원하는 바를 인정하고 간단한 말로 다시 반복해서 말해 준다.
- 2단계: 잘못된 행동에 대해서 분명하고 단호하게 통제하는 말을 해 준다.
- 3단계: 자녀가 원하는 바를 최소한 일부분이라도 수용할 수 있는 다른 방법을 제시해 준다.
- 4단계: 부모가 자녀의 행동을 통제할 때 자녀에게 일어날 수 있는 분노의 감정을 표현할 수 있도록 허용하고 도와준다.

4) 부모교육 프로그램의 적용 단계

Ginott의 인본주의 부모교육 프로그램에서는 실제적인 문제에 필요한 양육 기술을 익히는 것을 중요하게 다룬다. 부모교육자를 통하여 양육 기술 단계를 익힌 부모는 자녀와의 상호작용 과정에서 직접 활용함으로써 자녀와의 관계를 긍정적인 방향으로 발전시킬 수 있게 된다.

부모교육 프로그램은 10~20명의 부모집단을 대상으로 1주에 1회 1시간 30분 정도의 모임을 15주 동안 계속한다. 유아 중심의 교육을 강조하는 유사한 문제들에 대하여 비슷한 경험을 가지고 있는 부모들이 모여 토론하면서 부모들 스스로 문제를 해결할 수 있도록 한다. 비슷한 연령의 자녀를 기르고 있는 부모들이 공통의 관심사를 가지고 있는 경우가 많으므로 비슷한 발달단계에 있는 자녀를 둔 부모들을 한 집단으로 구성한다. 부모교육 프로그램에 참여하는 부모는 다음과 같은 4단계를 거쳐 교육을 받는다.

(1) 1단계: 경험과 불평 털어놓기 단계

1단계에서 부모는 자녀와의 관계에서 경험하고 있는 문제와 고민거리를 털어놓는다. 부모가 자녀에 대한 불평, 좌절감, 포기하고 싶은 마음, 절망감 등을 털어놓으면 부모교육자는 이들을 이해하고 있음을 나타내고 수용하는 반응을 보인다. 자신의 잘못이나 부모역할을 제대로 하고 있는지에 대하여 걱정하고 있는 부모들은 부모교육자가 자신들을 진정으로 수용해 주고 이해하고 있다는 것을 느끼고 부모교육자를 신뢰하게 된다. 자신의 어려움이나 문제를 털어놓는 과정을 통하여 부모들은 자신이 경험하고 있는 자녀와의 사이에서의 문제가 자신만이 가진 문제가 아니라는 것을 깨닫고 안심하게 되고 프로그램에 참여하는 부모들끼리 상호 연민의 정을 가지고 공감대를 형성할 수 있게 된다.

(2) 2단계: 감수성 증진 단계

감수성 증진 단계에서는 부모들이 유아 중심으로 문제를 생각해 보고 유아 입장에서 문제를 해결할 수 있도록 한다. 인본주의 부모교육 프로그램의 기본이 되는 훈련 과정으로 부모역할을 잘못하는 것이 자녀의 감정을 수용하지 않고 부모로서 자녀의 행동에 대하여 잘못 반응하기 때문이라는 기본 가정에 근거한다. 부모교육자는 자녀가 잘못된 행동을 하는 이유를 부모가 자녀를 나쁘게 보고 잘못

이해하기 때문이라는 것을 인식시킨다. 그래서 부모가 자녀의 행동과 의사소통 과정에 숨겨진 뜻을 이해할 수 있게 된다.

부모교육자는 부모들이 겪고 있는 여러 가지 문제를 서로 이야기하고 충고를 나눔으로써 자녀에 대한 감수성을 향상시킬 수 있도록 안내한다. 부모들이 문제를 이야기할 때마다 적절한 반응과 평가를 해 주어 부모들이 자신의 행동을 수정할 수 있도록 한다. 이 단계에 참여하면서 부모는 자녀의 감정에 대한 감수성을 향상시키게 되고 그런 후에 자신의 잘못된 행동을 인식하게 되고 변화시키려는 의욕을 갖게 된다.

(3) 3단계: 개념 형성 단계

자녀에 대한 감수성이 향상된 상태의 부모는 점차 자신이 자녀의 문제 행동을 다루는 데 실패한 원인을 찾아보게 된다. 부모는 자신이 자녀와의 관계에서 잘못 행동했다는 것은 인정하고 스스로 자녀의 행동을 이해하고자 노력하게 된다. 이때 부모교육자는 부모가 자녀의 행동을 이해하는 능력을 개발하는 데 도움을 주며 질문을 통하여 부모들이 스스로 자신이 실패한 원인을 찾도록 한다.

부모교육자는 자녀에 대한 잘못된 행동을 인식한 부모들에게 인간 행동의 양면성을 이해할 수 있도록 도움을 준다. 즉, 누구나 분노와 좌절의 감정을 경험할 수 있고 표현할 수 있다는 것과 그러한 감정을 보다 건설적인 방법으로 표현할 수 있도록 부모로서 도움을 줄 수 있어야 함을 알려 준다.

이 과정에서 어떤 문제를 특별한 방법으로 해결한 사례가 있으면 발표하고 토론함으로써 문제 해결의 방법을 공유한다. 그리고 모든 문제에 공통적으로 적용할 수 있는 보편적인 방법보다는 특별한 경우에 적용할 수 있는 방법이나 기술을 찾아보도록 한다.

(4) 4단계: 기술 익히기 단계

개념 형성 단계를 거친 부모들은 기술 익히기 단계에서 각각의 상황에 맞는 적합한 양육 기술을 실제 문제 해결 상황에 적용해 본다. 이 단계에 들어선 부모들은 자녀와의 관계에서 벌어지는 문제 상황에 이제까지 배운 기술을 적용하고 토론하면서 다른 부모들과 그 경험을 나누고 더 나은 해결 방안을 모색해 본다. 많은 부모들이 자기 자신의 경우에는 해결하지 못할 일을 다른 부모들의 경우를 듣고 보다 객관적인 의견을 찾아볼 수 있다. 4단계를 거치는 동안에 부모들은 자신의 의사소통 방법을 변화시키고 적절한 방법으로 감정을 표현하고 직접 훈련을 통하여 자녀의 행동에 반응해 보는 과정을 익히고 이러한 부모의 변화는 자녀에게도 영향을 주어 자녀의 태도와 행동을 바람직한 방향으로 변화시키게 된다.

5) 평가

Ginott의 부모교육 프로그램에 참여한 부모들은 대체로 자신의 성장과 자녀 양육에 효과가 있었다고 보고하고 있으며, 특히 장애유아를 양육하는 부모는 많은 효과를 경험한 것으로 나타났다. 예를 들면, 부모로서의 자세와 역할면에서 보다 긍정적인 방향으로 변화되었고(Gabel, 1972), 정서 장애아의 부모들에게 효과가 있었다(Cowan, Geston, Orgel, Geston, & Wilson, 1979).

3. 부모 효율성 훈련이론

부모 효율성 훈련(Parent Effectiveness Training: PET)은 Gordon이 부모-자녀 간의 문제는 부모-자녀 간의 인간관계에서 발생한 것이며 양자의 관계를 개선시킬 수 있는 방법을 부모에게 교육해야 한다는 생각에서 개발한 부모교육 프로그램이다. 부모-자녀 간의 바람직한 인간관계를 형성하기 위해서는 언어 사용 능력을 향상시킴으로써 효율적인 수용 능력을 개발해야 한다. 이 프로그램에 참여하는 부모는 수용을 나타내는 언어 사용뿐만 아니라 자녀의 행동을 긍정적으로 받아들이는 비언어적 메시지를 효과적으로 활용하는 기법을 훈련받는다(김인

자, 1992; 이은화, 김영옥, 1999).

Gordon의 부모교육이론은 특정한 이론을 따른 것이 아니라 정신분석, 아동심리 및 발달에 관련된 여러 이론을 종합한 후 실제 인간관계에 적용한 것이다. PET 부모교육 프로그램은 1962년 처음 시작된 이래 1975년에는 언론에서 크게 다루어져 체계적인 부모교육의 하나로 주목을 받게 되었다. 특히, 『뉴욕타임스』가 '전국적 · 체계적인 운동'이라고 설명하고 부모교육에 효과가 있는 것으로 소개하기도 하였으며, 1970년 백악관 회의에서는 현대가정의 분열을 예방할 수 있는 효과적인 방법으로 제안되기도 하였다(이원영, 1994). Gordon이 출판한 『PET』는 『부모역할훈련』(이훈구, 2002, 양철북)으로 번역되어 출판되었고, 한국심리상담연구소에서 체계적으로 훈련을 실시하고 있다.

1) 부모-자녀 관계에 대한 견해

Gordon은 부모-자녀 관계에 대해 과거의 체벌, 비난 등의 훈육방법은 효과가 없으며 이들의 관계를 효과적으로 연결해 주는 다리가 필요한데 그것은 바로 대화라고 하였다(전남련 외, 2008). 부모-자녀 관계의 갈등은 효과적인 의사소통이 이루어지지 못하기 때문에 생기는데, 부모들의 효율적인 언어표현 능력부족으로 부모-자녀 관계를 불편하게 만들기 때문이다. 그러므로 감정이입이 이루어질 수 있는 생산적이고 긍정적인 대화기법을 장려하는 것이 바람직하다.

Gordon이 제시한 부모-자녀 관계를 악화시키는 장애요인적 언어표현을 살펴보면 다음과 같다(김명희, 1996; 전남련 외, 2008; Gordon, 1975).

부정적 언어표현	내용	실례
명령, 지시, 요구하기	자녀에게 어떻게 하거나 혹은 하지 말라고 명령, 지시하는 것이다.	숙제해라, 그만 좀 시끄럽게 해라, 네 방으로 가라, 말대꾸하지 마라, 당장 집으로 와라, 안 돼, 하지 마.
경고, 주의, 위협하기	자녀에게 어떤 행동을 했을 때의 결과를 이야기해 줌으로써 특정 행동을 중지시키는 것이다.	그만하지 않으면 매를 맞는다, 성적이 나쁘면 용돈을 안 주겠다, 한 번만 더 그러면 장난감을 안 사 줄 테다.
훈계, 설득, 설교하기	자녀에게 해야 할 일과 해서는 안 되는 일을 일일이 일러 주는 것이다.	웃어른을 공경해라, 자기 전에는 항상 양치질을 해라, 다른 사람이 이야기하고 있을 때 방해하면 안 된다.
강의, 가르치기, 논리적 논쟁하기	사실, 정보, 논리 또는 부모 자신의 의견 등으로 자녀의 판단에 영향을 주는 것이다.	어렸을 때 열심히 공부해야만 훌륭한 사람이 되는 법이다, 책은 던지라고 있는 게 아니라 읽으라고 있는 것이다.
충고, 해결책 주기, 제안하기	자녀에게 어떻게 하면 문제가 해결되는지 조언과 제안을 하는 것이다.	친구에게 사과하는 것이 좋겠다, 숙제를 잘 하려면 일정표를 짜야 한다, 친구네 집에 가서 놀면 어때?
비판, 비난, 판단하기	자녀에 대해서 부정적인 판단이나 평가를 내리는 것이다.	너는 항상 그 모양이야, 내 생각에 너에게는 어울리지 않을 거야, 너는 늘 부주의하구나.
해석, 진단, 심리분석하기	자녀의 행동에 대해 동기가 무엇인지, 자녀가 하는 말의 진의가 무엇인지 진단하고 분석하여 잘못을 지적하는 것이다.	공부에 자신이 없으니까 그런 생각을 하는구나, 친구가 미워서 그런 거니?, 잘못을 들킬까 봐 두렵구나.
욕설, 조롱, 수치감 주기	자녀에게 수치감을 주거나 욕설을 하는 것이다.	말썽꾸러기야, 돌대가리야, 네 머리에는 뭐가 들어 있니?, 네가 그럴 줄 알았다.
칭찬, 부추기기	자녀에 대해 무조건 긍정적인 평가나 판단을 내리고 동의하는 것이다.	너는 뭐든지 잘할 거야, 너는 항상 친절하구나, 그렇게 행동하는 것은 너답지 않구나.
퇴행, 주의돌림, 화제 바꾸기	자녀의 관심을 다른 데로 돌리려 하거나, 부모 자신이 문제에서 회피하거나 농담을 하며 피하려고 하는 것이다.	잊어버리자, 있을 수 있는 일이란다.
질문, 탐문, 심문하기	부모가 자신의 문제를 해결하기 위해 필요한 정보를 자녀에게서 얻으려 하거나 원인, 동기, 이유를 알고자 하는 것이다.	누가 너에게 그렇게 하라고 가르쳐 주었니?, 엄마와 아빠를 왜 싫어하는지 그 이유를 말해 봐.
격려, 동정, 위로, 지원, 안심시키기	자녀의 기분을 맞추려 애를 쓰거나 불쾌한 기분을 풀려고 하거나 자녀의 감정을 부정하려는 것이다.	괜찮아 다 잘될 거야, 별일 아니란다, 누구나 다 그런 경우가 있단다.

2) 부모 효율성 훈련의 목표

부모 효율성 훈련의 목표는 부모들이 자녀를 양육하는 데 필요한 기술을 교육하는 것으로 다음과 같다.

- 부모는 신이 아니라 한 인간이기 때문에 완벽한 부모 노릇을 할 수는 없다는 것을 인식한다.
- 부모는 부모-자녀 간의 인간관계에서 자녀 행동의 의미를 올바로 파악하고 부모 자신의 감정을 솔직히 표현할 수 있는 기술을 습득한다.
- 부모는 부모-자녀 간에 발생하는 문제를 효과적으로 해결하기 위하여 의사소통 기술을 터득한다.

3) 부모 효율성 훈련의 내용

부모 효율성 훈련에서 보는 부모-자녀 관계는 일정한 틀이 있을 수 없고 일관성이 없는 것이 당연하지만 신뢰와 애정을 바탕으로 한 온정적인 관계를 형성하는 것이 바람직하고 이러한 관계를 형성하기 위해서는 자녀에 대한 부모의 수용 능력과 태도가 변화되어야 하므로 이를 위해서 부모 훈련이 필요하다고 본다(Gordon, 1980). 이러한 부모 훈련 과정에서 배워야 하는 5가지 기술은 다음과 같다.

(1) 수용성의 수준 파악하기

자녀의 행동을 보는 부모의 견해는 부모에 따라 차이가 있다. 같은 행동을 어떤 부모는 아무 문제가 없다고 생각하는 반면, 다른 부모는 문제 행동이라고 본다. 따라서 자녀의 행동이 어떻다고 판단하기 전에 부모는 자신의 수용성 수준이 어느 정도인지를 파악할 필요가 있다.

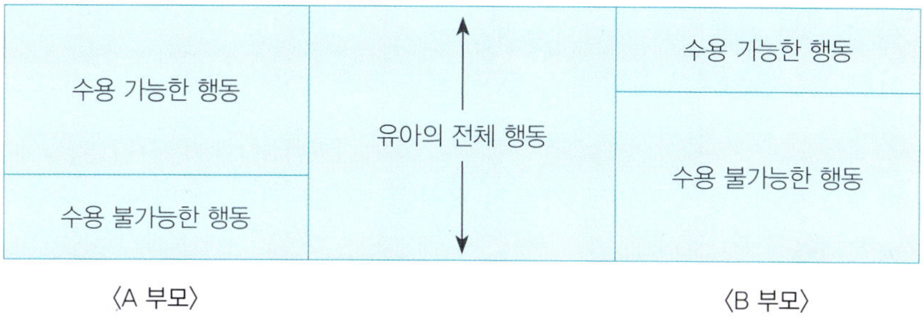

[그림 5-1] 유아의 행동에 대한 부모의 수용성 수준

위의 [그림 5-1]에서 두 유아의 행동이 비슷하다고 할 때 수용성 수준이 A형인 부모는 자신의 자녀를 정상적이라고 보지만 B형 부모는 비정상적인 문제 행동을 하고 있다고 본다. 수용성의 정도는 부모의 기분, 집안 사정, 주위 사정, 사회 분위기에 따라서 변하며 자녀의 출생 순위에 따라서도 달라진다. 예를 들어, 집안의 행사가 있을 때는 평소에는 수용되던 행동도 수용되지 않으며, 첫아이 때는 절대로 안 되던 일이 둘째 아이 때는 수용되는 경우가 있다. 부모는 자신이 어느 유형에 속하는 부모인지를 먼저 파악한 후 자녀의 행동에 대하여 판단을 내려야 한다.

(2) 문제의 소유자 파악하기

첫 번째 단계에서 부모의 수용성 정도를 파악한 후에는 부모와 자녀 중에서 누구에게 문제가 있는지를 파악해야 한다. 누구에게 문제가 있는지를 알아야 문제 해결을 위한 방법을 찾을 수 있다. Gordon에 의하면 유아의 문제는 다음과 같은 세 가지 유형으로 분류된다.

- 부모가 문제의 소유자인 경우: 유아의 행동이 부모의 권리나 행동을 방해하는 경우이다. 엄마가 전화로 통화를 하고 있는데 아이가 옆에서 칭얼거린다든지 손님이 있는데 떼를 쓰는 경우이다.
- 유아가 문제의 소유자인 경우: 유아가 자신의 문제 때문에 화를 내거나 좌절감을 느끼고 불행하다고 생각하는 경우이다. 친구가 같이 안 놀아 준다든

지, 열심히 만들기를 했는데도 한 번도 잘 만들지 못해서 속상하다든지, 열심히 공부했는데도 시험을 잘 볼 수 없다고 생각하는 경우이다.

- 문제의 소유자가 부모도 자녀도 아닌 경우: 부모가 자녀로 인하여 어떠한 방해도 받지 않고, 자녀도 자신의 욕구를 충족시키는 데 별 어려움이 없는 경우이다.

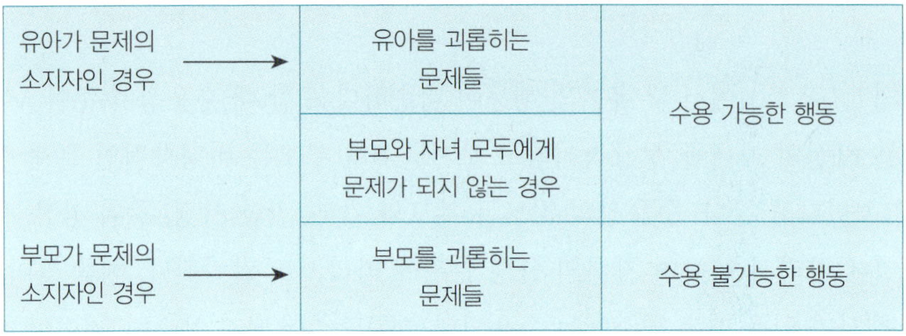

[그림 5-2] 문제의 소유자

Gordon은 자녀가 문제를 소유한 경우에는 자녀 자신이 스스로 문제를 해결하는 것이 가장 바람직하다고 제안한다. 자녀를 양육하는 부모들이 어려움을 느끼는 이유는 부모가 자녀들이 가지고 있는 모든 문제를 해결해 주고자 하기 때문이다. 타인이 가진 문제를 완벽하게 해결해 줄 수 있는 사람은 아무도 없다. 비록 자녀가 어린 유아지만 그들이 가진 문제는 그들 스스로 해결하는 것이 가장 바람직하다. 설혹 자녀의 문제를 해결해 줄 수 있다고 하더라도 자녀의 문제해결력을 저하시켜 자녀가 살아가면서 부딪히는 각종 문제를 해결하는 데 필요한 적응능력을 발달시키지 못하도록 한다. 대부분의 유아는 부모가 생각하는 것보다 더 많은 능력을 가지고 있다. 따라서 부모는 유아가 자신의 문제를 스스로 해결해 볼 수 있도록 기회를 부여하여 문제해결능력을 길러 주어야 한다.

(3) 적극적 경청

적극적 경청이란 자녀가 문제를 소지하고 그 문제에 관하여 부모에게 이야기할 때 부모가 사용하는 기술이다. 적극적 경청(active listening)은 침묵이나 조용히 듣는 수동적 경청(passive listening)과 달리 자녀로부터 들은 대화 내용을 이해하고 피드백을 하는 진지한 대화의 자세이다. 부모는 자녀가 문제 상황에 대하여 이야기할 때 비판하거나 판단하려 하지 말고 상호 존중을 바탕으로 자녀와 서로 마음을 터놓고 의사소통할 수 있는 분위기를 조성한 가운데 자녀의 의견에 동조하든 하지 않든 자녀의 감정을 받아들이고 수용한다는 것을 보여 주어야 한다. 그리고 부모 자신의 감정을 일시 중단하고 자녀의 수준에서 자녀의 문제를 이해하고자 노력할 필요가 있고 자녀가 스스로 문제에 책임을 지고 해결 방안을 찾도록 도움을 주어야 한다. 적극적 경청의 장점은 다음과 같다(오영희, 엄정애, 1999).

- 문제가 되는 감정의 정화 작용을 촉진한다.
- 부정적인 감정을 두려워하지 않도록 해 준다.
- 부모와 자녀 사이의 온정적인 관계를 증진시킨다.
- 자녀도 부모의 생각과 견해를 더 잘 경청하게 된다.
- 자녀 스스로 자신의 문제를 분석하고 해결책을 찾도록 격려하여 독립심을 길러 준다.

(4) 나-전달법(I-Message)

나-전달법은 부모에게 문제가 있는 경우 부모의 생각이나 감정을 효과적으로 자녀에게 전달하기 위하여 사용하는 방법이다. 부모에게 문제가 있는 경우에 부모는 자녀가 아니라 자신에게 도움이 되는 방법을 필요로 한다. 나-전달법은 너-전달법을 사용하는 경우와 달리 자녀의 행동을 판단하지 않으면서도 부모 자신의 감정 상태를 전달할 수 있기 때문에 부모-자녀 관계를 원만하게 이끌고 부모가 수용할 수 없는 자녀의 행동을 변화시키는 데 유용하게 활용할 수 있다. 나-전달법과 너-전달법을 비교하면 다음과 같다.

	나-전달법	너-전달법
부모	네가 연락도 없이 늦어서 엄마가 걱정을 많이 했어.	너는 왜 늦는다고 전화도 못 하니? 너는 꼭 생각 없이 엄마를 걱정시키는구나.
↓	↓ 해독과정	↓ 해독과정
자녀	엄마가 걱정을 많이 하셨구나.	나는 생각 없이 엄마를 걱정시키는구나.

[그림 5-3] 나-전달법과 너-전달법의 비교

(5) 무승부법(No – lose Method)

적극적 경청이나 나-전달법을 활용하고도 문제가 해결되지 않고 자녀가 자신의 방식대로 행동하려고 할 때 활용할 수 있는 방법이다. 부모-자녀 관계에서도 다른 인간관계와 마찬가지로 많은 갈등 상황이 발생한다. 그런데 이러한 갈등 상황을 해결하기 위하여 많은 부모와 자녀들이 힘겨루기를 하고 이기려고 하면서 갈등 상황이 해결되지 않는다. 즉, 부모는 부모대로 자녀는 자녀대로 자신의 의도대로 문제 상황을 해결하려고 하다 보니 어느 한쪽은 이기게 되고 어느 한쪽은 갈등 상황에서 지게 되는 것이다. 부모가 이기고 자녀가 지게 되는 경우 부모가 독재적 양육태도를 가지고 있다고 말할 수 있고, 반대로 부모가 지고 자녀가 이기는 경우에는 허용적인 양육태도를 가지고 있다고 볼 수 있다.

그런데 이러한 승부를 가르는 태도는 부모나 자녀들 중 지는 편은 패배감을 갖게 되고 만약 문제가 제대로 해결되지 않은 경우에는 자신의 뜻을 억지로 강요한 부모나 자녀가 모든 책임을 지게 된다. 따라서 어느 한편이 지고 다른 한 편이 이기는 이러한 문제해결방법보다는 양편이 함께 타협하거나 논의해서 문제를 해결할 수 있는 무승부법을 사용할 수 있다. 무승부법은 다음 6단계를 거친다.

■ 1단계: 갈등 확인 단계

부모와 자녀가 지금 이 상황에서 갈등을 일으키는 문제가 무엇인지를 확실히 알아야 한다. 갈등이 되는 문제를 확인한 후에는 명확하게 정리하여 부모와 자녀가 모두 같은 의미로 문제를 이해하고 있는지를 확인한다.

■ 2단계: 해결책 탐색 단계

부모-자녀 간에 갈등 상황을 일으키는 문제를 확인했으면 그 문제를 해결할 수 있는 방안을 탐색한다. 부모와 자녀가 동등한 입장에서 서로의 의견을 제기할 수 있는 분위기를 형성해야 한다. 가능하면 먼저 자녀의 입장에서 제안하는 해결 방안을 비판이나 판단 없이 들어 본 후 부모의 해결책을 제시하는 것이 좋다.

■ 3단계: 해결책 평가 단계

부모와 자녀가 함께 제시한 다양한 해결 방안을 검토하고 부모나 자녀의 입장에서 절대로 수용할 수 없는 해결 방안을 제거하고 양쪽에서 모두 수용 가능한 해결 방안을 찾아낸다. 이때 부모와 자녀는 모두 자신들의 입장에서 수용할 수 있는 방안과 그렇지 못한 방안에 관하여 솔직히 의견을 말할 수 있어야 한다. 이를 위하여 부모의 입장에서 수용적인 분위기를 조성할 필요가 있다.

■ 4단계: 최상의 해결책 결정 단계

부모-자녀 간의 갈등상태를 해결할 수 있는 최상의 해결책을 결정한다. 서로 수용적인 분위기에서 솔직하게 의사소통한 후 서로 합의하에 선택한 해결책에 대해서는 부모와 자녀가 모두 반드시 지켜야 할 책임이 있음을 인식해야 한다.

■ 5단계: 결정된 해결책 수행 방법 결정 단계

부모와 자녀가 합의하에 결정한 최선의 해결 방법을 어떻게 수행할 것인지에 대한 방법을 결정한다. 이제까지 해결책을 결정하기까지의 모든 단계가 부모와 자녀의 합의하에 이루어졌으므로 수행 방법을 결정하는 것도 비교적 용이하게 이루어진다. 이때 부모는 자녀의 수행 능력에 대하여 믿음을 가지고 자녀가 결정된 사항을 충실히 수행할 것을 믿는다. 만약 자녀가 약속한 것을 철저히 수행하지 못하는 경우에는 나-전달법을 사용하여 의사소통한다.

■ 6단계: 평가 단계

결정된 방법을 수행한 후에는 결정한 해결 방안과 해결 방안에 대한 수행 방법이 최선의 것이었는지를 평가한다. 갈등 상황에 대한 해결 방안과 결정된 해결 방안에 대한 수행 방법이 최선의 것이 아닌 것으로 평가되었다면 다시 합의하여 결정하는 과정을 되풀이한다.

무승부법을 사용하면서 부모의 권위에 의하여 자녀가 무조건 순종하거나 자녀의 요구에 부모가 굴복하는 것이 아니라, 부모도 자녀에게 영향을 미치고 자녀 또한, 부모에게 영향을 미치게 된다. 따라서 부모와 자녀는 모두 상대방의 자존감을 인정하고 서로 동등한 입장에서 상호작용을 통하여 문제를 해결할 수 있게 된다. Gordon은 부모-자녀 간의 갈등 해결 방법으로서 무승부법을 사용하는 것의 장점을 다음과 같이 제시하고 있다(이은화, 김영옥, 1999)

- 자녀와 함께 문제 해결 방안을 모색하는 과정에서 자녀의 인지 발달과 자율성을 촉진시킬 수 있다.
- 자녀에게 갈등 상황을 해결할 수 있는 선택권과 책임을 부여한다.
- 부모로서의 권위에 의존하려는 욕구를 억제할 수 있다.
- 대화를 통한 문제 해결 과정은 부모나 자녀의 심리적 상처를 배제할 수 있다.

4) 평가

부모를 대상으로 하는 PET 프로그램은 일반적으로 10명 정도의 집단을 구성하여 진행된다. PET 프로그램에 참여한 부모는 부모로서의 자아존중감과 자신감이 증가하고, 자녀를 신뢰하고 자녀의 권리를 존중하게 되었으며, 권위주의적인 양육태도가 감소하고 민주적 양육태도가 증가하였다. 또한 자녀에게 공감하고 이해하며 수용하고자 노력함으로써 부모-자녀 간 갈등 발생 빈도도 줄어든 것으로 나타났다. PET 프로그램에 참여한 부모의 자녀들은 자아존중감과 수용 능력이 증가하고 성취도와 도덕적 추론 능력이 향상된 효과가 나타났다(Gordon, 1976; 연미희, 1994; 이은화 · 김영옥, 1999).

4. 상호교류분석이론

1) 상호교류분석이론의 원리

상호교류분석이론(TA: Transactional Analysis)에서는 Berne의 상호교류분석 심리학을 부모들에게 적용하여 부모-자녀 관계를 개선시키고자 하였다. Berne은 정신과 의사로 훈련을 쌓던 중 Freud의 정신분석이론을 근거로 자신의 관심 분야인 사회적 상호작용 및 심리치료나 인간의 성격에 대한 연구를 발전시켰다. 그는 『사람들이 구사하는 게임(*Games people play*)』이라는 저서를 통하여 상호교류분석이론을 소개하기 시작하였고, 이후 부모-자녀 관계를 개선하고자 노력하는 사람들이 지속적으로 흥미를 가지고 발전시켜 오고 있다. Berne의 사후에 Harris(1969) 및 James와 Jongward(1971)가 『나는 옳다. 당신도 옳다(*I'm OK. You're OK*)』라는 책을 저술하여 Berne의 이론을 일반 대중에게 알려 부모-자녀 관계에 많은 영향을 끼치게 되었다(이원영, 1994, 재인용).

상호교류분석이론에서는 인간에 대한 긍정적 견해를 가지고 자기 자신과 타인의 사고와 감정, 행동을 조화롭게 통합하여 바람직한 인간관계를 가지게 하는 것을 목적으로 한다. Berne은 모든 인간에게는 태어나면서부터 누군가 만져 주기를 바라고, 타인으로부터 인정을 받고 싶어 하는 '자극에의 허기(stimulus hunger)'와 '인정에의 허기(recognition hunger)'가 있는데 이러한 허기는 '쓰다듬기(stroke)'에 의해 충족된다고 하였다. 쓰다듬기는 신체적 접촉, 눈길, 말, 몸짓 등 상대방의 존재를 인정하는 데 사용되는 모든 행동을 의미한다(이순형 외, 2010; 전남련 외,

2008). 자녀가 어릴 때 양육자로부터 받은 쓰다듬기는 이후에 자녀가 다른 사람과 쓰다듬기를 주고받는 방법을 정하는 데 영향을 미치고 나아가 인생의 태도에도 커다란 영향을 준다. 쓰다듬기는 여러 형태, 강도 등으로 이루어지며 나이, 상황 등에 따라 다르게 일어나며 부모마다 사용하는 방법이 다르다. 부모에게 긍정적인 쓰다듬기를 받은 자녀는 자신을 가치 있는 사람으로 여기게 될 것이고 그 반대의 경우에는 열등감이나 부적절감을 느끼게 된다.

유아는 성장과정에서 쓰다듬기가 어떻게 이루어졌는가에 따라서 자신과 외부세계에 대한 생활 자세를 형성한다. 유아가 형성하는 생활 자세는 자기 긍정과 타인 긍정, 자기 부정과 타인 긍정, 자기 긍정과 타인 부정, 자기 부정과 타인 부정의 네 가지 형태로 구분된다. 네 가지 생활 자세를 살펴보면 다음과 같다.

■ 자기 긍정－타인 긍정 (I'm OK, You're OK)

건강한 정신 위생 상태를 나타낸다. 이상적인 생활 자세로 자신과 다른 사람과의 관계를 편안하게 느끼고 만족한다. 자신의 가치와 타인의 가치를 인정하고 존중한다.

■ 자기 부정－타인 긍정 (I'm not OK, You're OK)

자기 자신에 대하여 열등감과 부적절감을 가지고 스스로를 무가치하게 여기는 생활 자세이다. 이러한 생활 자세를 가진 사람은 쉽게 낙심하고 생기가 없으며 우울증에 걸리기 쉽다. 다른 사람과 비교해서 자신은 열등하고 다른 사람은 모두 자신보다 잘났다고 생각한다.

■ 자기 긍정－타인 부정 (I'm OK, You're not OK)

타인 위에 군림하고자 하는 생활 자세로 지배적이고 의심이 많으며 자신의 마음에 들지 않으면 다른 사람을 배척한다. 주위의 다른 사람들을 무시하고 그들의 결점을 끌어내고자 한다.

■ 자기 부정－타인 부정 (I'm not OK, You're not OK)

삶을 무가치하게 여기는 상태로 절망적이고 허무적인 인생관을 가진 사람의 생활 자세이다. 이러한 생활 자세를 가진 사람은 타인이 주고자 하는 애정이나 관심을 거부하며 자기 자신 속에 침잠해 있다. 심한 경우 현실에서의 생활에 적응하지 못하고 조현병을 앓기도 한다.

한편 상호교류분석이론에서는 개인의 인성이 자아 상태(ego-state)로 구성되어 있는데, 자아 상태란 개인이 의식적으로 깨달을 수 있고 눈으로 볼 수 있는 행동, 가치, 느낌의 총체라고 할 수 있다(Sirridge, 1980, 전남련 외, 2008, 재인용). 상호교류분석이론에서 제시하고 있는 인간의 세 가지 자아 상태를 간략하게 설명하면 다음과 같다.

■ 아동 자아 상태

아동 자아 상태는 인성의 가장 중요한 부분으로 매력 있고 유쾌하며 창의적인 자아 상태를 말하는데, 인간으로 하여금 자신이 누구인지를 알게 하므로 인간 심리의 가장 핵심이라고 할 수 있다. 아동 자아 상태에는 두 가지 종류가 있다. 천성적 아동 자아 상태(natural ego state)는 좋은 감정과 나쁜 감정을 모두 자발적으로 표현할 수 있는 상태이고, 개작된 아동 자아 상태(adapted ego state)는 자신이 느끼는 것을 자연스럽게 표현하기보다는 부모가 원하는 것에 맞추어 표현하고자 하여 자연스럽지 못한 자아 상태이다. 개작된 자아 상태를 가진 사람은 부모의 영향에서 벗어나 자발적으로 자신을 표현함으로써 즐거움과 자유를 누릴 수 있어야 한다.

■ 성인 자아 상태

성인 자아 상태는 자료를 처리하고 외부 세상을 효과적으로 다루는 데 필요한 가능성을 계산해 냄으로써 부모 자아와 아동 자아의 활동을 조절하고 객관적으로 중재하는 생존에 필수적인 자아 상태이다. 성인 자아 상태가 부모 자아 상태에 오염되거나 봉쇄된 경우에는 자기 자신이나 타인을 심하게 통제하고 엄격하게 대하며, 아동 자아 상태에 오염된 경우에는 충동적이고 부적절한 결정을 하거나 유아와 같이 이기적인 행동을 하게 된다.

■ 부모 자아 상태

부모 자아 상태의 인성은 인생 초기에 부모와의 관계에서 경험한 격려, 명령, 훈계, 벌 등의 영향을 받아서 형성된다. 부모 자아 상태에는 두 가지 종류가 있는데 양육적 부모 자아와 비판적 부모 자아가 있다. 양육적 부모 자아(nurturing parent ego state)는 친절하게 도와주고 보살펴 주는 특징을 가진 인성을 의미하고 비판적 부모 자아(critical parent ego state)는 다른 사람에 대하여 비판하고 통제하고 처벌하는 경향을 많이 나타내게 된다. 양육적 부모 자아 상태가 잘 발달한 사람은 건전한 인성을 가진 사람이라고 볼 수 있고 반면에 비판적 부모 자아를 많이 가진 사람은 남에 대하여 관용을 베풀지 못하고 지나치게 간섭하고 지배하고자 하는 경향을 가지게 된다.

2) 자아 상태 간의 교류분석

교류분석에서는 사회적 의사소통의 기본단위를 교류(transaction)라고 하며, 어떤 사람의 자아 상태와 다른 사람의 자아 상태가 서로 자극과 반응을 주고받는 것이 교류이다. 우리가 어떤 사람과 의사소통을 할 때에 세 가지의 자아 상태 중 어느 한 상태에서 자극을 보내면 상대방도 자신의 세 가지 자아 상태 중 어느 한 상태에서 반응을 보내게 된다. 상호교류분석이론에서는 자아 상태의 교류가 원만하게 이루어지도록 함으로써 개인의 적응능력을 향상시키고 상호 간의 갈등을 감소시킬 수 있다고 생각한다(류왕효, 2008). 교류분석은 각 개인의 의사소통 유형과 문제를 발견하고, 성숙한 의사소통 기술을 발달시킬 수 있는 좋은 수단이 된다. 교류분석에서는 의사소통 유형을 다음의 세 가지 유형으로 구분하고 있다(이원영, 1994; 유효순, 2004; 한진원, 2011).

(1) 보완적 상호교류

보완적 교류(complementary transaction)는 상보적 교류라고도 하며, 보내는 메시지나 자극에 대해 기대했던 응답이나 반응을 받는 교류방법이다. 이 교류는 양자 간에 심리적 갈등이 없기 때문에 원만한 의사소통이 이루어진다. 보완적 상호교류의 예를 그림으로 제시하면 다음과 같다.

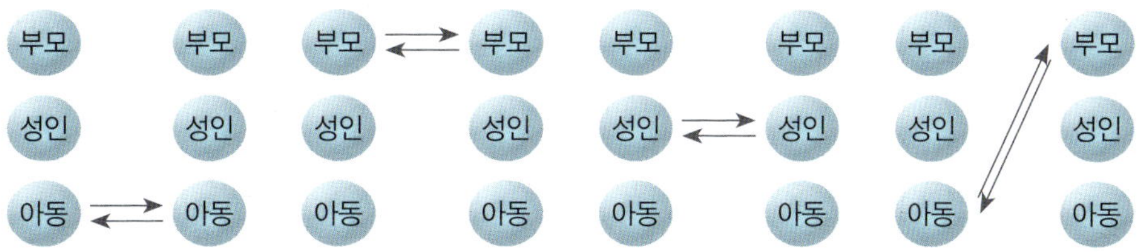

[그림 5-4] 보완적 상호교류의 예

(2) 교차적 상호교류

교차적 상호교류(crossed transaction)는 상호 간의 의사소통에서 기대하지 않은 자아 상태가 개입되어 자극과 반응이 교차를 이루는 형태를 의미한다. 두 사람이 의사소통할 때 서로 다른 자아 상태로 교류하기 때문에 갈등이나 문제가 발생한다. 예를 들어, 한 사람은 성인 자아 상태로 합리적인 문제 해결을 원하지만 상대방은 부모 자아 상태에 호소하여 모든 것을 다 알아서 해결해 주기를 바라는 경우이다. 일상생활에서 교차적 교류가 두 사람 관계에서 빈번하게 일어나면 두 사람 간의 관계가 원만하지 못하다는 것을 뜻한다. 교차적 상호교류의 예를 그림으로 제시하면 다음과 같다.

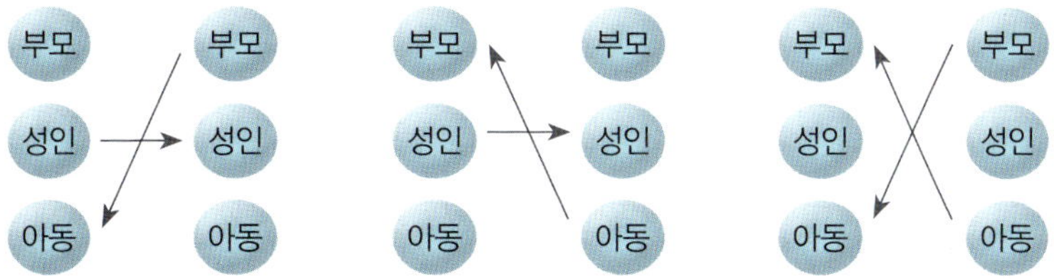

[그림 5-5] 교차적 상호교류의 예

(3) 잠재적 상호교류

잠재적 상호교류(ulterior transaction)는 이면적 상호교류라고도 하며, 두 종류 이상의 자아 상태가 동시에 작용하는 2차원적인 교류방법으로, 한 가지 자극을 가지고 두 가지 사실을 동시에 의미하는 복잡한 교류 방법이다. 이것은 상호작용에서 사회적 수준의 외면적인 것과 사실상 내면적으로 느끼고 요구하는 심리적 수준의 내용이 다른 것을 의미한다. Berne은 인간 간의 의사소통과정에는 늘 숨겨진 함정이 있게 마련인데 잠재적 상호교류에 의해서 일어난다고 하였다. 잠재적 상호교류가 나타나는 예를 그림으로 제시하면 다음과 같다.

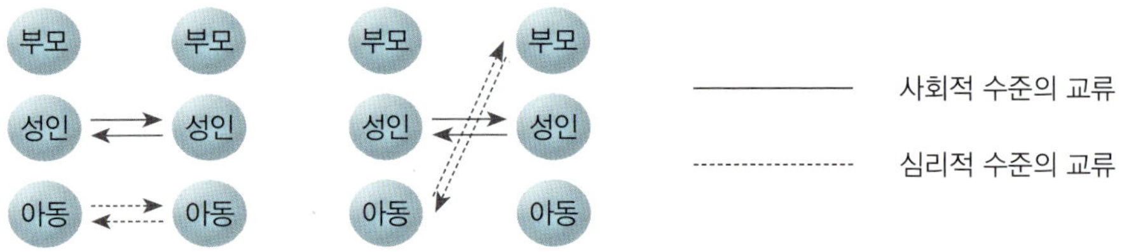

[그림 5-6] 잠재적 상호교류의 예

3) 부모교육 프로그램의 목적

교류분석이론에 근거한 부모교육 프로그램의 목적은 부모와 자녀가 모두 긍정적인 자아 상태를 자율적으로 선택하여 활용할 수 있는 능력을 향상시킴으로써 보다 긍정적인 생활 태도를 가질 수 있도록 하는 것이다.

- 부모가 자신의 자아 상태를 제대로 파악하여 성인 자아가 아동 자아와 부모 자아의 영향력에서 벗어나 독립적으로 기능할 수 있는 능력을 길러 주고자 한다.
- 부모가 세 가지 유형의 자아 상태를 자율적이고 융통성 있게 운용할 수 있도록 하여 자녀를 비롯한 다른 사람과의 관계를 원만히 유지할 수 있는 능력을 기른다.

- 부모와 유아가 모두 과거의 경험으로부터 형성한 부정적인 생활 자세를 버리고 자기 긍정과 타인 긍정의 생활 자세를 가지게 됨으로써 보다 바람직한 생활 태도를 형성할 수 있도록 한다.

4) 프로그램 및 평가

상호교류분석이론의 부모교육 프로그램은 훈련을 받은 지도자가 부모들을 집단화하고 이를 대상으로 프로그램을 작성하여 시도하게 된다. 지도자는 Berne의 이론에 따라서 체계적인 절차를 적용하여 각 부모-자녀의 인성 구조에 대한 분석과 인간관계의 교류분석, 심리적인 자아 상태에서의 게임, 그리고 부모-자녀의 생활자세를 분석한다. 교류분석과 관련된 많은 성과에도 불구하고 부모교육 전략으로서의 효율성을 구체적으로 평가하여 제시한 연구는 거의 없다(박성연 외, 2003).

5. 행동수정이론

행동주의 심리학자인 Skinner가 1948년에 발표한 심리학적 이상 사회에 관한 저서에서 유아발달, 부모-자녀 관계의 발달, 부모의 역할을 기능적으로 훈련시키는 기술의 개발에 관하여 언급한 이후로 행동수정이론이 부모교육에 광범위하게 적용되기 시작하였다. 이 저서는 유아발달이론과 부모-자녀 관계에 행동주의 이론을 적용시키는 활력소가 되었으며 이러한 이론적 발달은 부모로서의 기술을 훈련하는 행동 관리론적 견해를 확대시키는 계기가 되었다.

1) 부모교육의 기본 가정

행동수정이론을 부모교육에 적용시키는 기본 가정은 인간의 행동이 학습의 결과라는 것이다. 인간의 행동이 학습의 결과라면 학습된 과정을 잊게 하거나 다시 학습시켜 인간의 행동을 변화시킬 수 있다. 유아의 행동에 대한 가정도 마찬가지이다. 만일 유아의 어떤 행동을 변화시킬 필요가 있다면 바로 그 행동의 학습에 관하여 고려하는 것을 근본 해결책으로 하여야 한다.

부모교육에 있어서 행동수정이론의 또 다른 기본 가정은 인간의 학습은 개인과 환경과의 상호작용 결과라는 것이다. 인간의 행동은 환경과의 상호작용의 결과이므로 인간의 행동을 변화시키기 위해서는 우선 환경을 변화시켜야 한다. 유아의 행동을 변화시키기 위해서는 유아가 상호작용하는 주위 환경을 먼저 고려해야 한다.

2) 부모교육의 목적

행동주의이론을 적용한 부모교육 프로그램의 목적은 부모가 스스로를 유아의 환경에서 가장 중요한 영향을 미치는 요소로 보고 유아의 문제 행동을 변화시킬 책임을 가진 존재라는 것을 인식하도록 하는 것이다. 이러한 인식을 한 후에 유아의 행동을 평가하고 진단할 수 있는 훈련을 하여 궁극적으로는 유아의 바람직한 행동을 증가시키고 바람직하지 못한 행동을 하지 않도록 한다. 행동수정이론에 근거한 부모교육 프로그램의 일반적인 목적은 다음과 같다.

- 행동수정이론의 기본적인 원리를 배우고 훈련한다.
- 자녀의 행동을 관찰하는 기술과 평가하는 원리를 습득한다.
- 자녀의 행동에 행동수정의 원리를 적용하여 행동의 변화를 이루도록 한다.

3) 부모교육의 원리

행동수정의 원리는 객관적이고 과학적인 방법을 사용하여 자녀의 행동과 환경 자극 간의 조작적 조건 형성을 함으로써 자녀의 행동에 변화를 유도한다는 것이다. 조작적 조건 형성이란 행동이 발생한 장소, 시간, 사건 등의 자극을 조작적으로 형성하여 유아의 행동을 변화시키는 것이다. 유아의 행동은 선행 자극에 의하여 발생하고 발생한 행동은 후속 자극에 의하여 증가되거나 감소된다. 행동수정이론에서 활용하는 원리는 다음과 같다(유안진, 1995).

- 자녀는 부모의 행동을 모방하여 학습한다. 이러한 모방 학습의 이론에 의하면 자녀의 행동은 부모의 행동을 비추는 거울이므로 부모가 모범을 보이는 것이 자녀에게 바른 행동을 심어주는 데 중요하다는 것이다.
- 인위적으로 자극과 반응을 조절하여 유아의 행동을 변화시킬 수 있다. 이러한 조작적 조건형성이론에 의하면 보상이나 격려를 통해 자녀의 바람직한 행동은 강화시키고 바람직하지 못한 행동은 불쾌한 경험이나 회피 행동을 통하여 소거시킬 수 있다.
- 자극과 반응을 짝지어 반복적으로 제공함으로써 바람직한 행동은 조건형성을 통하여 행동화시키고 부정적인 행동은 소거시키는 고전적인 조건형성이론을 적용한다.

(1) 행동을 증가시키는 방법

■ 정적 강화(Positive Reinforcement)

유아의 어떤 행동을 더 자주 강하게 일어나도록 하기 위하여 물건이나 미소, 칭찬 등의 자극을 사용하는 것을 정적 강화라 한다.

- '네 방을 잘 치우면 만화 영화를 더 많이 볼 수 있도록 해 줄게.'
- '엄마가 시장에 다녀올 동안 동생을 잘 데리고 놀면 네가 좋아하는 과자를 줄게.'
- '학습지를 다 맞으면 로봇 장난감을 사 줄게.'
- 착한 행동을 해서 엄마가 뽀뽀해 주고 껴안아 주는 것
- 아주 어려운 퍼즐을 오랫동안 애써서 완성했을 때 대견하다는 듯이 바라보는 것

■ 부적 강화(Negative Reinforcement)

유아의 바람직한 행동을 증가시키기 위하여 유아가 싫어하는 어떤 자극을 제거해 주는 것을 부적 강화라 한다.

- '네가 수학 학습지를 아주 열심히 했으니까 오늘은 피아노 연습을 안 해도 된다.'
- '네가 책상을 깔끔히 정리했으니 설거지는 아빠가 해 줄게!'

■ 강화를 활용하는 데 유의할 점

- 강화의 효과를 높이기 위해서는 바람직한 행동이 발생한 즉시 강화가 이루어져야 한다. 한참 시간이 흐른 뒤 강화가 이루어지면 유아가 어떤 행동에 대하여 강화를 받았는지를 혼동할 수 있다.
- 긍정적인 행동의 강화는 목표한 결과를 성취할 때까지 계속하고 일단 그 목표를 성취하였으면 강화를 점차 감소시켜 궁극적으로는 강화가 없이도 긍정적인 행동을 할 수 있도록 하여야 한다.
- 바람직한 행동을 강화할 때는 바람직하지 않은 행동을 소거하는 행동과 동시에 이루어지는 것이 보다 높은 효과를 얻을 수 있다(이은화, 김영옥, 1999).

■ 행동 형성(Shaping)

행동 형성은 어떤 목표 행동을 설정해 놓고 계획적인 강화 기법을 사용하여 그 목표 행동을 습득하게 하는 방법이다. 대개 유아에게 전혀 발생하지 않거나 아주 가끔 발생해서 정적 강화의 방법을 사용할 수 없을 때 사용하는 방법이다. 예를 들어, 유아교육기관의 이야기 나누기 시간에 가만히 앉아서 교사의 이야기를 거의 듣지 않고 돌아다니는 유아의 행동을 변화시키고자 할 때 유아가 거의 앉아 있지 않다가 어느 때 잠깐 앉아서 교사의 이야기에 귀를 기울이는 경우 그 순간을 놓치지 않고 포착하여 칭찬이나 미소 등으로 강화시켜 준다면 앞으로 앉아서 교사의 이야기를 듣는 행동이 증가할 것이다. 따라서 잠깐이라도 앉아 있는 행동을 강화시켜 주기 시작하여 궁극적으로는 오랫동안 앉아서 교사의 이야기에 주의를 기울일 수 있도록 하는 것이다.

■ 행동 계약(Behavior Contract)

프리맥 원리(premack principle)라고도 하는 행동 계약은 빈도가 높은 행동이 빈도가 낮은 행동을 강화시킨다는 것이다. 유아는 자기가 좋아하는 행동은 오래 계속하려 하고 그렇지 않은 행동은 쉽게 싫증을 내고 지속하지 않으려고 한다. 예를 들어, 어떤 유아가 책 읽기는 싫어하고 만화 영화 보는 것은 좋아한다면 책 읽기 행동을 증가시키기 위하여 만화 영화 보는 행동을 강화 자극으로 사용할 수 있다. 즉, 책 읽기를 20분 동안 계속하면 만화 영화를 30분 동안 보게 해 준다고 약속하고 이를 지킨다면 유아의 책 읽기 행동이 증가할 것이다.

(2) 행동을 감소시키는 방법

■ 벌(Punishment)

유아의 바람직하지 않은 행동을 일어나지 않도록 하고 그 빈도를 줄이기 위하여 사용하는 방법이 벌이다. 벌은 일반적으로 강화의 기법을 사용하여 행동수정이 되지 않거나 효과가 없을 경우에 사용한다. 벌은 잘 사용하면 바람직한 행동을 감소시키는 데 가장 빠른 효과를 기대할 수 있으나 주의하여 사용하지 않을 경우 부작용이 수반될 가능성이 많다. 벌을 사용하는 데는 다음과 같은 문제점을 고려하여야 한다.

- 바람직하지 못한 행동을 벌준다고 해서 바람직한 행동이 학습되는 것은 아니다.
- 벌을 주는 부모나 교사 그리고 벌을 받는 유아 모두에게 바람직하지 못한 정서 반응이 일어날 가능성이 높다.
- 벌을 사용하는 경우 유아가 가지고 있던 좋은 행동까지 감소시킬 수도 있

고 오히려 바람직하지 못한 행동을 학습하게 될 우려도 있다.

- 벌을 받는 행동을 줄이는 대신 벌 받는 상황에서 도피하는 경우도 있다.
- 유아가 벌을 받게 되면 그 벌로 인해 벌을 주는 부모나 교사, 벌 받는 상황과 장소까지도 이차적 벌로 조건화될 수 있다.

■ 소멸(Extinction)

유아의 부정적인 행동을 감소시키고 싶을 때 이제까지 그 행동을 강화시켜 준 자극을 제거시키는 것을 소멸이라고 한다. 유아는 어떤 행동을 한 결과가 만족스럽다면 그 행동을 계속해서 반복할 것이고 만약 그 행동의 결과가 부정적이었다면 그 행동을 그만두게 될 것이다. 만약 유아가 부모가 바쁠 때마다 따라다니며 떼를 쓸 때 부모가 원하는 장난감을 사 주었다면 유아는 떼를 쓰는 행동을 계속할 것이다. 그러나 유아가 아무리 떼를 써도 전혀 관심을 보이지 않고 내버려 둔다면 유아는 앞으로는 그러한 행동을 하지 않을 것이다. 유아는 아무리 떼를 써도 원하는 결과를 얻을 수 없다는 것을 알았기 때문이다.

이러한 소멸의 방법은 단독으로 사용하는 것보다는 정적 강화와 함께 사용하는 것이 더 효과적이다. 예를 들어, 위의 경우 유아가 떼를 쓸 때 관심을 보이지 않는 것과 동시에 유아가 제 할 일을 찾아서 부모를 방해하지 않고 잘 놀 때 칭찬하고 많은 관심을 보여 준다면 유아의 떼를 쓰는 행동은 감소하고 바람직한 행동은 증가한다.

■ 상반 행동의 강화

유아의 바람직하지 못한 행동을 직접 고치려고 하는 대신에 그 행동과 상반되는 행동을 강화시킴으로써 바람직하지 못한 행동을 감소시킬 수 있다. 예를 들면, 유아교육기관에서 늘 어지럽히기만 하고 잘 치우지 않는 유아의 행동을 감소시키기 위하여 유아의 치우는 행동을 강화시켜 주면 유아의 어지럽히는 행동이 감소될 것이다.

(3) 행동수정의 절차

▪ 목표 행동의 선정과 관찰

자녀에게 문제가 되는 행동을 수정하고 싶은 경우 문제가 되는 행동을 보다 구체적으로 정의할 필요가 있다. 예를 들면, '남을 괴롭히는 행동'이라고 문제 행동을 정의하는 경우 어떤 종류의 행동을 관찰해야 할지를 정하는 것이 불분명하다. 이보다는 '남을 때리는 행동', '남을 미는 행동' 혹은 '다른 아이를 깨무는 행동' 등으로 정의한다면 목표 행동을 좀 더 분명히 알 수 있고 그에 따라 관찰하는 과정도 보다 분명하게 된다.

▪ 기초 자료 수집하기

목표 행동을 선정한 후 어떤 처치를 가하기 전에 그 행동을 정확히 관찰하여 기록하는 것은 그 행동을 이해하여 효과적으로 수정하기 위한 최선의 방법이다. 다양한 방법을 사용하여 목표 행동을 관찰하고 기록하는 데 부모들이 비교적 쉽게 사용할 수 있는 방법은 사건 중심 기록법이다. 유아의 목표 행동을 관찰하고 그 행동을 수정하기 위한 계획을 세우기 위해서는 목표 행동의 빈도, 지속성, 강도 등을 정확히 기록할 필요가 있다. 또한 어떤 상황에서 목표 행동이 일어나는지, 어떤 상황에서는 그 행동이 일어나지 않는지를 정확히 파악할 수 있도록 관찰하고 기록하는 것이 목표 행동을 수정하기 위한 처치 계획을 세우는 데 중요하다.

▪ 목표 행동의 지도 방법과 계획의 설정

목표 행동을 변화시키기 위하여 어떤 원리와 방법을 사용할 것인지를 정하는 과정이다. 만약에 유아의 부정적인 행동을 소거시키는 것이 목적이라면 벌과 소멸, 그리고 정적 강화 등의 방법을 사용할 수 있다. 예를 들어, 계획한 것을 실천하지 않는 행동을 고치고 싶다면 완성하지 않았을 때 어떤 벌을 줄지, 어떤 행동에는 관심을 기울이지 않을지, 그리고 참고 끝까지 일을 완성했을 때는 어떤 보상을 해 줄지를 구체적으로 결정한다.

■ 행동 지도의 실천과 결과의 평가

목표 행동을 수정하기 위한 계획을 실시할 때는 계획한 대로 철저히 시행해야 한다. 실천의 과정에서도 계속적으로 관찰할 필요가 있다. 관찰의 결과는 기초 자료와 비교하여 목표 행동의 수정을 위하여 사용한 방법이 효과가 있었는지를 평가하는 데 중요한 자료가 된다. 행동주의 원리에 근거한 부모교육 프로그램의 기본 전략을 정리하면 다음과 같다(Eimer & Aitchison, 1977; 김명희, 1996, 재인용).

- 부모가 칭찬의 효과를 높이기 위해서는 자녀와 신체적 접촉을 자주 하는 것이 좋다.
- 직접적인 눈짓을 통해 긴밀하고 개별적인 관계를 형성하는 것이 도움이 된다.
- 자녀에 대한 부모의 만족 정도를 자녀가 알 수 있도록 미소와 언어적 메시지를 활용할 필요가 있다.
- 자녀의 행동 자체에 대하여 구체적으로 언급해 주는 것이 효과적이다.
- 보상은 행동이 일어난 직후에 행해지는 것이 보다 효과적이다.
- 자녀의 긍정적인 행동에 대하여 나-전달법을 사용하여 즉각적으로 반응해 주는 것이 효과적이다.
- 자녀가 부모의 몸동작이나 음성을 통하여 애정과 친밀감을 느낄 수 있도록 한다.

4) 평가

행동수정원리에 근거한 부모교육 프로그램에 참여한 부모들이 자녀의 행동을 효과적으로 관리할 수 있다는 연구 결과가 있다. 잠자리에서 투정을 부리는 유아의 행동을 수정하는 데 효과가 있었으며(Williams, 1959), 정서장애유아의 행동을 수정하는 데도 효과가 있었다(Wolf, Risley, & Meese, 1964). 자해유아의 자해 행동의 빈도도 줄일 수 있었으며(Allen & Harris, 1966), 다양한 부모교육 프로그램의 유형에 대한 비교 연구에서 유아의 행동을 수정하기 위해서는 행동수정원리에 근거한 프로그램을 사용하는 것이 효과가 많았다(Pinsker & Geoffray, 1981).

O'Dell(1974)이 제안하는 행동수정원리에 근거한 부모교육 프로그램의 장점은 다음과 같다.

- 심리나 교육 분야에 대한 일반적인 지식이 없는 부모의 경우에도 짧은 시간 동안에 배워서 활용할 수 있다.
- 소수의 전문가가 있는 집단에서도 행동수정의 원리를 배워서 활용할 수 있다.
- 행동수정의 원리는 유아의 문제 행동을 병이라거나 부모가 효율적이지 못하다는 것을 가정하지 않음으로써 유아나 부모의 자존감에 상처를 주지 않는다.
- 유아기의 다양한 문제 행동을 수정하는 데 효과가 있음이 입증되었다.

6. 부모교육이론의 비교

1) 유사점

■ 부모의 권위를 감소시키기

전략 간의 가장 명백한 유사점은 행동수정을 제외하고는 유아의 요구와 느낌을 중요하게 여기고, 유아의 요구와 느낌이 그들의 행동과 높은 상관을 갖는다고 보고 존중하며 부모-자녀 사이의 민주적 관계를 강조한다는 것이다. 즉, 체벌, 소리 지르기, 협박하기, 비웃기, 약 올리기 등의 권력 지향적 방법은 지지하지 않는 반면에 감응적 기술과 발전적인 자기 통제 방법을 강조한다.

■ 부모-자녀 간의 의사소통 강조하기

모든 전략에서 의사소통은 긍정적인 부모-자녀 관계의 중요한 요소로 간주되었다. PET는 긍정적 상호작용을 위해 '나-전달법'과 '적극적 경청'을 강조하고, TA는 의사소통 상호작용의 분석을 강조하고, Ginott는 의사소통 및 부모들이 자녀의 느낌을 이해하는 것에 대한 중요성을 강조하였다. 행동수정 역시 의사소통을 강조하지만 이루어지는 방식이 약간 다르다. 즉, 유아의 행동을 다루기 위해 강화와 벌이라는 특별한 기제들이 사용된다.

■ 유아의 행동을 이해하기

행동수정을 제외한 모든 전략에서 유아의 행동에 있어 원인을 확인해 보는 것이 강조되었다. 특히, STEP[3]은 모든 잘못된 행동은 잘못된 신념에 근거한 목적을 갖고 있다고 강조하고, 부모는 자녀의 행동을 효율적으로 다룰 수 있기 전에 유아의 행동 목적을 확인하고 신념을 이해할 필요가 있음을 강조하였다. PET는 부모와 자녀의 행동을 이해하기 위해, 잘못된 행동을 다루는 데 있어 문제의 소유자 개념을 강조한다. TA도 부모-자녀 관계 개선에 있어서 인격의 자아 상태에 대한 이해 증진을 강조한다.

■ 유아의 책임감 증진시키기

모든 전략은 책임감 있는 유아를 양육하고자 하는 목적을 지녔다. 모든 전략의 절대적 목적인 다양한 방식으로 부모-자녀 사이의 갈등을 해결하도록 돕는 가운데 유아에게 보다 많은 선택의 기회를 제공하고, 의사 결정을 촉진해 주고, 유아뿐만 아니라 부모의 요구와 느낌도 강조함으로써 책임감 있는 유아를 양육하고자 하였다. 또한 유아를 위한 성인의 책임감에 대한 행동 모델은 유아에게 책임감을 길러 주는 방법으로써 지지되었다.

3) STEP(효율적인 부모역할 수행을 위한 체계적 훈련)은 6장 부모교육 프로그램에 소개되어 있다. 부모교육이론을 비교할 때 STEP을 함께 비교하는 경우가 많으므로 본서에서도 다른 부모교육이론과 함께 비교하여 제시한다.

2) 차이점

■ 자녀의 행동 변화에 대한 관심

전략 간의 중요한 차이점은 어떠한 원리에 대한 강조의 정도이다. 유일하게 행동수정은 유아의 행동 변화를 위해 명백한 보상과 벌을 이용하며, 이러한 기법은 유아의 행동을 통제하기 위해 보다 적극적인 부모의 역할을 요구한다. 한편, STEP은 자연적이고 논리적인 결과의 이용에 의한 유아의 행동 변화에 관심을 둔다.

■ 부모의 권위 · 칭찬 · 벌의 사용

부모가 힘을 사용하는 방법은 행동수정 전략과 다른 전략을 구별하는 방법이다. 다른 전략이 부모의 권력을 줄이고 보다 평등주의적인 관계를 만들고자 하는 반면에, 행동수정은 보다 강력한 권위를 지닌 모습으로써 부모를 과장하며, 다른 전략보다 더욱 강력하게 벌을 사용한다.

대부분의 전략은 벌보다는 칭찬을 지지하지만 그것을 사용하는 방식은 다양하다. Ginott는 부모가 자녀의 인성보다는 노력과 성취의 대가를 칭찬하도록 해야지, 그렇지 않으면 칭찬이 긴장과 잘못된 행동을 결과로 초래할 수도 있음을 지적하였다.

STEP은 칭찬과 격려를 구별하고 칭찬보다는 격려의 사용을 강조하였다. 칭찬이 단지 유아의 특별한 행동 결과에 대한 외적인 표시에 관심을 두는 것인 반면, 격려는 유아의 동기와 노력, 과정 등에 관심을 두기 때문이다.

TA는 칭찬을 '보풀이 있는 따뜻한 양말'로 생각하였고, PET는 칭찬을 위해 '나-전달법'을 더욱 선호한다. 행동수정 전략에서의 칭찬은 많은 경우에 행동에 대한 영향력 있는 강화로 사용된다. 그러나 자연스럽거나 돌발적으로 사용되기보다는 계획적으로 이용된다.

이상에서 살펴본 것과 같은 전략들의 유사점과 차이점은 어떤 상황에서는 부모의 행동을 약간 다르게, 다른 상황에서는 부모 행동을 비슷하게 유도할 수도 있다. 전략 사이의 유사점과 차이점, 전략에 따라 일정한 상황에서 부모들의 행동이 어떻게 다르게 나타나는지에 대한 예는 다음의 <표 5-1>과 같다.

〈표 5-1〉 전략에 따라 주어진 상황에서의 부모 행동

상황	Ginott	Gordon	Berne	STEP	행동수정
자녀가 약속한 시간까지 방 정리를 하지 않았다.	이유를 찾아 긍정적 비판	나-메시지, 무승부법	보충적 상호작용을 실시	나-메시지, 논리적 귀결, 가족회의	벌이나 강화를 이용
자녀가 학교에 체육복을 잊고 갔다.	자기가 기억하도록 돕기 위해 긍정적 방법을 제시	적극적 경청	보충적 상호작용을 실시	자연적 귀결	아동이 기억했을 때 강화
자녀가 어떤 선생님에 대해 불평을 한다.	아동의 느낌을 이해하고자 시도	적극적 경청	보충적 상호작용을 실시	반영적 경청	아무런 행동도 하지 않음
자녀가 할당된 집안일에 대해서 논쟁한다.	집안일 선택의 과정에 자녀의 결정을 포함	무승부법	보충적 상호작용을 실시	가족회의	무시
유아가 벽에 낙서를 한다.	결과를 지적(귀납적 접근)	나-메시지	보충적 상호작용을 실시	논리적 귀결	벌
자녀의 학교에서의 성과가 좋지 못하다.	노력을 북돋워 줌	나-메시지	보충적 상호작용을 실시	논리적 귀결	자녀가 잘했을 때 칭찬
자녀가 저녁 식사에 늦지 않기 위해서 먼 곳으로부터 왔다.	자녀의 노력을 칭찬	긍정적 나-메시지	온정적 태도를 보여 줌	장려	보상

출처: T. J. Hamner & P. H. Turner(1985). Parenting in contemporary society. p. 104. New Jersey: Prentice-Hall.

부모교육 프로그램

1. 효율적인 부모역할 수행을 위한 체계적 훈련(STEP)
2. 적극적 부모역할 훈련 프로그램
3. 자녀가 경청하도록 이야기하기 프로그램
4. 최초의 교사로서의 부모 프로그램
5. 총체적 부모교육 프로그램
6. 두란노 아버지학교 프로그램

다양한 부모교육의 이론에 근거하여 많은 부모교육 프로그램들이 개발되어 왔다. 체계적인 이론과 개념에 근거한 프로그램들은 현대사회의 부모와 영유아를 위해서 유용하게 활용될 수 있도록 구성되어 있다. 이러한 프로그램들은 현대사회의 변화 특성과 영유아와 부모들이 살아가고 있는 사회문화적 맥락 등을 고려하여 적절히 수정하여 활용한다면 긍정적인 측면의 효과를 기대할 수 있다. 본 장에서는 다양한 부모교육 프로그램들을 살펴보고자 한다.

1. 효율적인 부모역할 수행을 위한 체계적 훈련(STEP)

'효율적인 부모역할 수행을 위한 체계적 훈련 프로그램(STEP)'은 Adler와 그의 제자인 Dreikurs의 이론을 근거로 Dinkmeyer와 McKay(1989)에 의하여 개발되었다. Adler와 Dreikurs는 부모와 자녀 간에 격려하고 상호 존중하기, 자녀의 행동과 연관된 일관성 있는 훈육하기, 확고한 한계 제시하기, 선택의 자유 부여하기, 선택할 수 있는 가능성 제안하기, 그리고 부모와 자녀가 함께 결정하기 등에 초점을 맞춘 민주적인 가족 분위기를 형성할 것을 주장했다. 그들은 사회적으로 책임감 있는 역할을 할 수 있는 유능한 유아로 키우는 것에 부모역할 수행을 위한 훈련의 강조점을 두었다. 사회적으로 책임감 있는 유아로 키우기 위하여 필요한 기본적인 조건은 다음과 같다(박용아, 2014; Dinkmeyer & McKay, 1973).

- 부모-자녀 간에 상호 존중에 근거한 민주적인 관계를 형성한다. 자녀는 부모와의 상호작용에서 단호함과 친절함을 모두 느낄 수 있어야 한다.
- 자녀를 부모와 동등한 한 사람으로서 존중하고, 사랑하며, 지지해 주고 가치를 인정해 준다.
- 보상과 벌 대신에 자연적이고 논리적인 귀결의 방법을 사용한다. 자녀는 자연적 · 논리적 귀결을 활용하는 부모의 훈육을 통해 책임감, 자기규제능력, 그리고 사리에 맞는 현명한 판단을 할 수 있는 능력을 기르게 된다.
- 부모가 인간관계에 대한 일관성 있는 접근을 할 수 있도록 인간 행동에 대한 기본적인 이해를 도와준다.

1) STEP 프로그램의 원리

(1) 잘못된 행동의 목표

Adler의 이론에서는 인간의 행동은 모두 어떤 목적을 가지고 있고 그 행동은 특정 행동에 따라 결과에 의하여 발생하는 사회적 결과에 의해서 가장 잘 이해

된다고 한다(Dinkmeyer & McKay, 1989). Dreikurs는 잘못된 행동의 목적을 네 가지로 구분하여 이 개념을 설명하고 있다 – ① 관심 끌기, ② 힘 행사하기, ③ 보복, ④ 부적절한 행동. 잘못된 행동은 목적을 가지고 있기 때문에 그 행동을 가장 잘 이해하기 위해서는 잘못된 행동에 대한 부모의 반응을 관찰해야 한다. 잘못을 지적하는 부모의 시도에 대한 유아의 반응은 잘못된 행동의 목적을 나타내는데, 그 잘못된 행동은 대개 자녀의 생활에서의 가장 주된 목적인 소속감으로부터 파생된다. 잘못된 행동을 하는 유아는 부모로부터 기대했던 격려를 받지 못한다. 그럼으로써 자녀는 유용한 방법으로는 소속감을 느낄 수 없다고 믿게 된다. 적절하고 유용한 방법으로 소속감을 얻지 못한다고 생각하게 된 유아는 잘못된 행동을 함으로써 소속감을 얻고자 한다(Dinkmeyer & McKay, 1985, 1989).

① 관심 끌기

어린 유아들에게는 보편적으로 일어나는 행동이다. 유아는 건설적인 방법으로 부모의 관심을 끌 수 없다면 부정적인 방법으로라도 부모의 관심을 끌어 소속감을 느끼려고 한다. 이러한 행동이 나타난다면 부모는 그 잘못된 행동을 무시하거나 혹은 자녀가 기대하지 않은 긍정적인 방향으로 주의를 주어야 한다.

예 아기 동생을 본 유아가 조용히 장난감을 가지고 놀 때는 부모의 관심을 받지 못한다는 것을 알게 되자 자고 있는 동생을 깨우거나 괴롭혀서 울게 함으로써 부모의 관심을 받고 가족 구성원 중 한 사람으로 인정받으려고 한다. 이러한 행동이 일어날 때 부모는 자녀 행동의 목표를 인식하고 동생을 보살피고 스스로 놀이를 할 때 격려하고 관심을 표현해야 한다.

② 힘 행사하기

힘을 추구하는 유아는 자신이 주인공이 될 때만 스스로가 중요하다고 느낀다. 유아가 힘을 행사할 경우 부모는 화를 내지 말고 자녀와 힘겨루기를 하지 않아야 한다. 힘겨루기가 계속된다면 자녀는 그들의 희망 사항을 바꾸거나 다음 세 번째 목표를 향한 행동을 한다.

예 부모로부터 충분한 관심을 받지 못한다고 느낀 유아가 장난감 가게 앞에서 막무가내로 떼를 쓰며 발버둥 치고 울음을 그치지 않으며 원하는 것을 요구할 때 부모들이 원하는 장난감을 사 주거나 심한 꾸중을 하게 된다. 이렇게 되면 부모가 자녀의 힘 행사하기에 지거나 이기게 되는 것이다. 이러한 경우 자녀의 힘 행사하기가 진정될 때까지 기다렸다가 자녀의 떼쓰기가 가라앉으면 정말 원하는 것이 무엇인지를 차분하게 알아보아야 한다.

③ 보복하기

자신이 상처를 받았다고 믿고 다른 사람에게 상처를 입혀야 한다고 믿고 있는 유아는 보복하기를 시도한다. 그 유아는 잔인하고 다른 사람들이 싫어하는 행동을 함으로써 자신이 있을 곳을 찾고 소속감을 가지려 한다. 부모는 이러한 보복적인 행동이 낙담함으로써 생겨났다는 것을 인식하고 자녀에게 앙갚음하지 않아야 한다. 침착하게 행동하고 선한 의지를 보여 줌으로써 부모-자녀 관계를 향상시킬 수 있어야 한다.

예 힘 행사하기로도 소속감을 확인할 수 없는 유아는 동생을 괴롭히거나 애완동물에게 화풀이를 하는 등 일부러 부모를 힘들게 하는 행동을 해서 부모의 관심을 끌려고 한다. 이러한 경우 대부분의 부모도 화가 나게 되어 자녀에게 벌을 주고 자녀를 심하게 혼내게 된다. 이러한 부모의 행동은 부모의 관심을 끌고 소속감을 느끼려는 자녀가 원하는 행동이므로 부모도 마음을 가라앉히고 조금이라도 자녀가 바람직한 행동을 할 때를 기다려 칭찬해 주고 격려하며 부모가 자녀를 사랑한다는 것을 진정성 있게 표현할 필요가 있다. 부모의 참고 인내하는 노력이 필요한 경우이다.

④ 부적절함 나타내기

유아가 부모에게 보복하는 행동을 계속하다 보면 언젠가는 포기하고 부적절한 행동을 보임으로써 자신의 잘못된 행동에 대하여 용서받고자 한다. 이러한 유아는 지나치게 낙담하고 성취하고자 하는 희망을 포기하게 된다. 일반적으로 부모들도 이러한 자녀의 행동에 대하여 절망하게 되고 자녀는 부모에게 수동적으로 반응하거나 전혀 반응을 보이지 않게 된다. 일반적으로 부모는 자녀에게서 이러한 부적절한 행동이 나타나면 비난을 삼가고 자녀의 장점을 격려하며 조금이라도 나아지는 것이 보이면 격려해 주어야 한다.

예 보복하기로도 자신이 원하는 부모의 관심과 가족으로서의 만족스러운 소속감을 얻지 못한 자녀는 모든 것을 포기하고 아무것도 하기 싫어하면서 삶의 의욕을 상실한 듯한 모습을 보이게 된다. 부모들은 이러한 자녀를 보며 부모의 역할을 다하지 못하고 부모로서의 기본 자격을 갖추지 못한 것이 아닌가 하는 생각이 들어 힘들어한다. 이러한 경우 부모는 부모로서의 역할이 결코 쉽지 않다는 것과 자녀가 항상 부모가 원하는 대로 커 주는 것이 아님을 깨닫고 마음을 가라앉혀야 한다. 그리고 자녀의 장점이 보이거나 자녀가 무엇인가를 하려는 의지를 보일 때까지 기다려 주고 자녀를 격려할 수 있어야 한다.

일반적으로 유아들은 자신의 행동의 목표를 인식하지 못하고 행동하는 경우가 많으므로 부모를 향한 그들의 행동이나 의도는 부모가 자녀에 대한 접근 방법을 변경시켰을 때에만 변화될 수 있다. 부모는 부모-자녀 관계를 긍정적인 방향으로 변화시키기 위해서 부모 스스로와 자녀에 대하여 더 잘 이해할 필요가 있다. 예를 들면, STEP에서는 감정이 신념에 근거한다고 믿는다. 그리고 자녀는 부모와의 상호작용을 통해서 그들의 감정을 네 가지의 행동의 목표를 성취하기 위하여 사용할 수 있다는 것을 배우게 된다. 종종 경험을 잘못 해석하는 경우가 있으므로 신념 자체가 잘못될 수도 있다. 예를 들어, 떼를 써야지만 부모가 자신에게 관심을 보여 주거나 소속감을 느끼는 경험을 하는 경우 자녀는 이러한 행동만이 부모의 사랑을 받는다는 잘못된 신념을 가지게 되는 것이다.

신념에 영향을 주는 사실로는 가족의 분위기와 가치, 부모의 성역할 표현, 가족의 응집력, 그리고 자녀에 대한 부모의 태도와 행동 등이다. 일반적으로 자녀에 대한 부모의 태도와 행동은 자녀의 신념을 형성하는 데 중요하게 작용한다.

STEP에서는 자녀에게 부모의 모든 것을 투자하여 자녀를 위하여 모든 것을 해 주는 '희생적인 부모'와 자녀에게 선택의 자유를 주고 그들의 결정에 대한 결과를 경험할 수 있는 기회를 주는 '책임감 있는 부모'를 구별하고 있다. 자녀에게 모든 것을 제공해 줌으로써 결국에는 자녀의 삶을 통제하려는 의도를 가지고 자녀를 양육하는 것이 아니라 자녀를 독립된 인격으로 존중하고, 살아가는 순간순간 선택의 기회를 제공함으로써 자율성을 길러 주고 결과에 대한 책임을 질 수 있도록 격려하는 부모의 역할이 바람직한 부모의 역할이다.

(2) 반영적 경청

STEP에서는 효과적이고 반응적인 부모역할을 위하여 의사소통의 수용적인 측면과 표현적인 측면을 모두 강조하고 있다. 부모는 자녀와의 의사소통 과정을 통하여 자녀가 느끼는 것이 무엇인지를 확인하고자 한다. 반영적 경청을 통하여 부모는 자녀의 감정에 대한 메시지를 접하고 그 감정을 확인하는 단어를 사용하여 반응하게 된다. 예를 들면, 교사가 불공평하다고 불평하는 자녀의 말을 주의 깊게 듣고 교사의 불공평함과 자녀의 실망과 분노, 그리고 포기하고 싶은 자녀의 감정을 이해하고 그러한 자녀의 감정을 담아서 반응한다.

자녀의 감정을 수용하고 이해하고자 하는 마음이 없는 부모의 폐쇄된 반응은 자녀가 자신의 감정을 표현할 수 있는 권리를 행사할 수 없도록 한다. 반면에 개방적 반응은 부모가 자녀의 감정과 생각을 수용해 준다는 것을 나타냄으로써 자녀가 자신의 감정을 표현하도록 장려한다.

(3) 의사소통의 표현적 양상

STEP에서 강조하는 의사소통의 표현적 양상은 다음과 같다.

■ 문제의 소유자

PET(Gordon, 1975)에서는 유아의 행동을 다음과 같이 세 가지로 분류한다.

① 자녀의 행동이 부모의 권리를 방해하거나 부모의 일을 할 수 없도록 방해하기 때문에 부모가 수용할 수 없는 행동(부모에게 문제가 되는 경우)
② 자녀의 요구가 해결되지 못하거나 자녀가 불행하게 되는 행동, 혹은 자녀가 절망하게 되거나 문제 상황에 이르게 하는 행동(자녀에게 문제가 되는 경우)
③ 부모나 자녀 모두에게 문제가 되지 않는 행동(부모와 자녀 양쪽 모두에게 문제가 되지 않는 행동)

문제의 소유자가 누구인가에 따라 문제 해결 방식이 달라지기 때문에 문제의 소유자가 누구인가를 알아내는 것은 중요하다. 부모가 문제를 소유하고 있는 경우에는 그 해결을 위하여 '대처 기술'을 사용해야 한다. 그리고 자녀가 문제를 소유하고 있는 경우에 부모는 그 해결을 위하여 '도와주는 기술'을 활용해야 한다.

■ 나-전달법

자녀의 말을 효과적으로 듣는 것이 중요한 만큼 자녀에게 효과적으로 말하는 것도 중요하다. 대부분의 부모들은 '부모가 문제 해결을 지시하는 메시지'나 '자녀를 억압하고 명령하는 메시지' 등을 통한 비효율적인 의사소통 방법을 사용한다. 부모는 너-전달법보다 나-전달법을 사용하여 자녀에게 어떤 특정 상황에 대한 부모의 느낌을 객관적으로 전달함으로써 자녀의 반항이나 불복종이 일어날 가능성을 줄일 수 있다.

〈자녀의 어질러진 방을 보고〉

- 너-전달법: 너는 도대체 왜 이렇게 게으르니? 이 방 어질러진 것 좀 봐라. 치울 생각이 들지 않니? 빨리 정리해야 나갈 수 있어.
- 나-전달법: 엄마가 깜짝 놀랐어. 매우 당황스럽구나. 네 방이 이렇게 어질러져 있으니까. 손님이 오시는데 엄마가 치울 시간이 없어서 어떻게 하지?

나-전달법을 사용할 경우 자녀를 '나쁘다'라고 말하지 않고 자녀에게 책임감을 일깨워 줄 수 있다. 반면에 너-전달법은 자녀의 인격을 나쁘다고 말함으로써 자녀의 자존심에 상처를 입히고 반항하는 마음을 일으키게 된다. 나-전달법에는 ① 감정의 진술, ② 자녀의 행동에 대한 비판단적 서술, ③ 자녀의 행동으로 인하여 부모에게 미치는 영향 등 세 가지 요소가 나타나 있다. Gordon(1975)은 자녀가 문제를 소유한 경우에는 적극적 경청의 기법을 활용하고 부모가 문제를 소유한 경우에는 나-전달법을 활용할 것을 제안한다.

Burr(1990)는 Gordon(1975)이 제안한 나-전달법을 좀 더 확장시킨 개념으로 보다 긍정적인 감정을 표현할 수 있도록 부모와 자녀 모두의 문제에 대하여 '우리'라는 단어를 사용할 것을 제안하였다. 나-전달법은 개인이 문제를 가졌다는 것은 표현하고 있다. '우리'라는 말은 어떤 집단이나 사람들의 관계에 문제가 있음을 나타낸다.

〈요일에 집 청소를 가족이 함께해야 하는데 자녀가 참여하지 않는 경우〉

- 나-전달법: 엄마는 지금 매우 기분이 좋지 않아. 엄마 혼자 집을 다 청소하는 것은 너무 힘이 들거든.
- 우리-전달법: 오늘은 우리 가족이 함께 청소하면 좋겠어. 엄마 혼자 청소하려니까 많이 힘이 들거든. 엄마는 우리 가족이 서로 배려하고 함께 청소하면 좋겠는데… 각자 자기 방을 정리하고 청소할 수 있을까?

'우리'라는 단어를 사용하는 것은 한 개인에게가 아니라 한 집단 간의 관계에서 어떤 경향이나, 문제, 사고방식, 감정, 혹은 다른 경험에 관하여 이야기할 수 있는 기회를 제공한다. 그리고 협동적인 상호관계에 대하여 생각해 볼 수 있는 기회를 제공함으로써 나-전달법보다 방어적이지 않고 덜 반항적인 반응을 이끌어낸다. 우리-전달법과 나-전달법을 함께 적절히 사용함으로써 부모-자녀 간의 의사소통을 촉진할 수 있다.

■ 대안 찾기

반영적 경청이나 나-전달법, 혹은 우리-전달법으로 문제를 해결할 수 없는 경우가 있다. 이때 유아는 다양한 문제 해결 방안을 찾아보는 과정에서 부모의 도움을 필요로 한다. 이 과정을 부모가 충고를 해 주는 것과 혼동해서는 안 된다. STEP에서는 문제 해결을 위한 대안 찾기 과정을 다음과 같이 제안하고 있다.

- 자녀의 감정을 이해하고 명확히 하기 위하여 반영적 경청을 사용한다.
- 브레인스토밍을 통하여 대안을 탐색한다.
- 자녀가 해결책을 선택하는 것을 돕는다.
- 결정한 것의 가능한 결과에 대하여 논의한다.
- 실행에 옮기는 과정에 열심히 참여한다.
- 평가의 시간을 계획한다.

STEP에서는 대안 찾기 이외에 갈등 상황을 만났을 때 침착한 분위기에서 우호적인 대화를 나누는 것과 비꼬는 듯한 표현과 조롱하는 말, 압박하는 것, 그리고 자신감이 없는 것을 강조하는 듯한 표현을 자제하는 것이 중요함을 강조하고 있다. 그리고 말이나 몸짓, 목소리의 높낮이를 조절하여 자녀에 대하여 신뢰하고 있다는 느낌을 표현하는 것이 중요하다고 한다.

(4) 자연적 · 논리적 귀결

STEP에서는 보상과 벌 대신에 자연적 귀결과 논리적 귀결을 활용한다. 자연적 귀결이란 어떤 행동의 결과로 자연스럽게 일어나는 상황을 말한다. 예를 들면, 저녁을 먹지 않겠다고 한 아동은 밤에 배고픔을 경험하게 될 것이고, 추운 날씨에도 짧은 치마를 입겠다고 고집한 아동은 유치원에서 추위를 경험하게 될 것이다.

논리적 결과는 어떤 행동의 결과로써 부과되는 것들로 특정 행동과 논리적으로 연결된다. 논리적 결과는 사회적 힘의 순서나 상호 권리와 존중을 인식하게 한다. 예를 들면, 토요일 날 엄마가 빨래할 때 빨래할 옷을 내놓지 않은 유아는 일요일 저녁에 자신이 스스로 빨래를 해야 한다는 것이다. 세탁할 것을 내놓지 않은 것은 벌을 받거나 꾸중을 들을 일이 아니라 유아가 스스로 세탁을 하면 되는 일이다. 시험공부를 하지 않아 성적이 좋지 않은 것도 부모에게 매를 맞거나 혼날 일이 아니다. 낮은 점수를 받은 것은 자신이 노력하지 않았으므로 논리적으로 당연하다고 이해하고 다음 시험에서는 공부를 더 열심히 하면 되는 것이다. 물을 흘리면 닦으면 되고 음식을 쏟았으면 치우면 된다. 즉, 자신의 행동이 어떤 문제를 일으켰을 때 그 문제에 대처하여 책임감 있는 행동을 하면 되는 것이지 부모에게 혼이 날 필요가 없다는 것이다.

이렇게 자연적 · 논리적 귀결을 사용하는 것은 유아에게 단순히 복종을 강요하는 것이 아니라 책임 있는 결정을 하도록 격려한다(Dinkmeyer & McKay, 1989). 자연적 · 논리적 귀결을 사용하는 지침은 다음과 같다.

- 자녀 행동의 목표와 감정을 이해한다.
- 단호하게 행동하는 동시에 친절함을 느낄 수 있도록 행동한다.
- 책임감 있는 부모가 된다.
- 부모의 행동에 일관성이 있어야 한다.
- 자녀의 인격과 자녀의 행동을 분리해 생각한다.
- 독립심을 격려한다.
- 동정하지 않는다.
- 다른 사람이 어떻게 생각할지를 너무 신경 쓰지 않는다.
- 문제의 소유자가 누구인지를 인식한다.
- 투쟁하거나 포기하지 않는다.
- 유아가 책임감을 공유할 수 있도록 한다.

자연적 · 논리적 귀결에 따른 결과를 적용하는 세 가지 단계는 다음과 같다.

① 선택의 자유를 제안하고 유아의 결정을 수용한다.
② 결정을 시행하는 과정에서 유아가 나중에 그 결정을 변경할 수도 있음을 확인시킨다.
③ 유아가 잘못된 행동을 되풀이한다면 자녀가 다시 시도하기 전에 충분한 시간을 갖는다.

자연적 · 논리적 귀결을 적용하며 자녀가 선택하도록 할 때 부모가 수용할 수 있는 선택의 가능성을 제시하는 것이 중요하다. 추운 겨울 아침 어린이집에 갈 때 입고 갈 옷을 고르도록 할 때 노란색 스웨터를 고를 것인지 파란색 스웨터를 고를 것인지를 선택하도록 하는 것이지 추운 겨울 날씨에 얇은 천으로 된 드레스를 입고 가는 것까지 선택의 자유에 포함될 수는 없다.

논리적 귀결과 벌의 차이점은 다음과 같다(Dinkmeyer & McKay, 1989).

- 논리적 귀결은 사회적 힘의 비개인적인 실제를 표현하고 상호 간의 권리를 인정하고 존중한다. 반면에 벌은 개인적 권위에 따른 힘을 나타낸다.
- 논리적 귀결은 잘못된 행동과 논리적으로 관계되어 있는 반면에 벌은 그렇지 않다.
- 논리적 귀결은 도덕적 판단을 하지 않는다. 반면에 벌은 유아가 나쁘다고 도덕적 판단을 한다.
- 논리적 귀결은 현재와 미래의 행동에 초점을 맞춘다. 반면에 벌은 과거의 행동에 초점을 맞춘다.
- 논리적 귀결은 선한 의지를 기본으로 하여 이루어진다. 반면에 벌은 협박과 보복과 연관된다.
- 논리적 귀결은 선택을 허용한다. 반면에 벌은 순종할 것을 요구한다.

(5) 가족 모임

STEP에서 제안하고 있는 민주적인 가족 관계의 마지막 요소는 가족 모임이다. 가족 모임은 정기적으로 모든 가족 구성원이 모여서 신념, 가치, 희망, 불만, 계획, 질문, 그리고 제안에 대하여 논의하는 모임이다. 모든 가족 구성원은 동등한 자격으로 가족 모임에 참여한다. 부모의 의견이 더 큰 힘을 발휘하거나 자녀의 의견이 무시되는 경우는 없다. 가족 모임의 목적은 의사소통과 어떤 문제에 대하여 합의에 이르는 것이다. 가족 모임이 제대로 이루어진다면 문제 해결을 위한 자료를 제공하고, 가족 구성원의 문제 해결을 격려할 수 있다.

2) STEP 프로그램의 효과

STEP 프로그램에 참여한 후 부모들은 자녀의 행동을 보다 긍정적으로 받아들였고 자녀를 보다 더 많이 수용하였으며 신뢰하게 되었다. 참여 부모의 자녀들은 그들이 또래 친구들로부터 더 많이 수용된다고 인식하게 되었으며 사회적 상황에서 다른 사람을 더 잘 도울 수 있다고 인식하고 있었다(Dinkmeyer, 1979; Summerlin & Ward, 1978; Williams, Omizo, & Abrams, 1984). Hinkle, Arnold, Croake, 그리고 Keller(1980)의 연구에서는 STEP 프로그램에 참여한 부모가 참여하지 않은 부모들에 비하여 좀 더 민주적인 양육태도를 보여 주었고, 참여 부모의 자녀들은 8주 동안의 참여 후에 자아존중감이 향상되었다. STEP, 행동주의 프로그램, 그리고 부모교육 프로그램에 참여하지 않은 집단에 대한 비교 연구에서는 STEP에 참여한 부모들이 다른 두 집단에 비하여 자녀들에게 덜 제한적인 양육행동을 나타내었다. 그리고 STEP에 참여한 부모들은 통제 집단에 비하여 자녀의 잘못된 행동과 관련된 논리적 귀결과 훈육 방법을 더 많이 사용하였다(박용아, 2014; 양영희, 1987; 송주란, 1982; 황옥자, 1987; Frazier & Matthes, 1975).

2. 적극적 부모역할 훈련 프로그램

적극적 부모역할 훈련 프로그램(Active Parenting)은 Adler, Dreikurs, 그리고 Rogers의 이론을 근거로 1983년에 Popkin이 개발하였다. 프로그램은 비디오테이프, 지도자 지침서, 핸드북과 활동 지도서, 향상 기록서와 소책자, 그리고 포스터로 구성되어 있다. 적극적 부모역할 훈련 프로그램은 개념과 부모역할 기술을 40가지 상황으로 나누어 2시간씩 여섯 번의 모임을 통해서 실시할 수 있도록 구성되어 있다(류지후, 1998; Popkin, 1983, 1989).

1) 부모에 대한 목표

프로그램의 목표는 프로그램에 참여한 부모가 민주적인 자녀 양육 방법을 배우고 적극적인 부모역할하기와 자녀의 행동을 이해하게 되면서 가족 구성원 모두의 의사가 반영되는 민주적인 가정을 형성하는 것이다(Boccella, 1988). 적극적 부모역할 훈련 프로그램에서는 부모와 자녀를 동등한 존재로 보고 능력이나 성숙의 정도, 그리고 역할의 측면뿐만 아니라 부모와 자녀가 사회적으로 동등하며 동일한 존엄성을 갖는다고 본다. 자녀는 부모의 소유물이 아니므로 부모의 명령을 무조건 따르도록 요구해서는 안 되며 부모와 자녀가 사회적으로 동등한 존재라는 것을 인정한 가운데 자녀와 상호작용하여야 한다. 적극적 부모역할 훈련 프로그램에서는 민주적인 자녀 양육 방법으로 적극적인 부모되기, 자녀 행동 이해하기, 민주적 가정 형성하기 등을 제안하고 있다(Popkin, 1989).

(1) 적극적인 부모되기

대부분의 부모들은 자녀와 적극적인 관계를 갖기보다는 반응적인 관계를 가짐으로써 참을성이 한계에 부딪히면 좌절하고 분노하여 일관성을 잃게 된다. 이러한 관계가 계속되면 부모-자녀 관계에 문제가 발생한다. 그러므로 적극적인 부모역할 훈련 프로그램에서는 자녀에 대한 목표를 명확히 하여 부모들이 보다 적극적이고 지도적인 역할을 하도록 도움을 준다. 부모와 자녀를 동등한 입장에서 보고 서로 존중해 주고 민주적인 지도 방법으로 자녀와 상호작용하도록 격려한다. 내용은 적극적인 부모역할, 평등의 개념, 보상과 처벌의 오류, 긍정적인 관계 등이다.

(2) 자녀의 행동 이해하기

부모가 자녀의 행동을 이해하도록 돕기 위해서 유아의 발달, 성격 형성 과정, 격려받은 행동과 자신감 잃은 행동의 특성, 행동의 기본 모델, 부모역할과 분노, 자녀 스스로 분노를 다스리도록 돕기, 가족 협력 체계에 관한 내용 등이 제시되어 있다. 부모들은 이러한 내용을 통하여 자녀의 행동을 이해할 수 있게 된다.

(3) 민주적 가정

가족 구성원 모두의 의견이 반영되는 평등한 가정을 형성하기 위하여 가족회의 등을 계획한다. 가족회의는 부모와 자녀가 협동하여 가정의 여러 가지 문제를 해결하기 위하여 논의할 수 있는 기회가 된다. 가족회의를 시작하고 가족회의록을 작성하는 요령, 문제 해결하기, 의장과 서기의 역할 등이 제시되어 있으며 부모는 이러한 내용을 학습하면서 민주적인 가정을 형성하기 위한 가족회의의 중요성을 인식하게 된다.

2) 자녀에 대한 목표

적극적 부모역할 훈련 프로그램의 자녀를 대상으로 하는 목표는 민주 사회에서 생존할 수 있는 방법을 알려 주는 것이다. 이를 위하여 자신감을 갖도록 용기를 주는 방법, 책임감을 길러 주는 방법, 그리고 남과 더불어 살 수 있는 방법 등이 제시되어 있다.

(1) 용기 북돋우기

자녀는 부모가 자신을 수용한다고 생각하는지 혹은 그렇지 않다고 생각하는지에 따라 스스로를 가치 있는 존재로 여기기도 하고 그렇지 않기도 한다. 따라서 부모는 자녀양육의 과정에서 상호작용하면서 자녀들이 자신을 능력 있는 존재로 여길 수 있도록 격려해야 한다. 적극적 부모역할 훈련 프로그램에서는 격려란 무엇인가, 부모가 자녀의 용기를 잃게 하는 양육태도, 부정적인 성향을 긍정적인 성향으로 바꾸기, 신뢰 보이기, 장점 격려하기, 유아가 스스로 자신의 가치를 인식하도록 하기, 격려의 편지 보내기 등의 내용이 제시되어 있다.

(2) 책임감 기르기

책임감 있는 유아는 어떤 문제에 부딪혔을 때 선택할 수 있는 능력이 있고 그 결과에 대하여 기꺼이 책임을 질 수 있는 능력도 있다. 민주적 부모는 자녀의 연령과 능력에 적합한 제한과 선택의 자유를 주고 자녀들이 자연적 · 논리적 귀결에 따르는 행동의 결과를 경험할 수 있는 기회를 제공함으로써 자녀가 책임감을 갖도록 훈련시킨다. 이 프로그램에서는 자녀의 책임감을 길러 주기 위하여 나-전달법, 자유의 허용과 제한, 부모의 문제해결방법, 문제의 소유자 알기, 자연적 · 논리적 귀결, 상호 존중 등의 내용이 제시되어 있다.

(3) 협동심 기르기

문제 해결이 요구되는 상황에서 부모와 자녀가 서로 협력하면 보다 나은 방향으로 문제를 해결할 수 있다는 것을 배운다. 부모는 자녀의 이야기를 적극적으로 경청함으로써 자녀의 문제를 파악할 수 있게 된다. 이 프로그램에서는 협동하여 문제를 해결하기 위해서 문제 상황을 다루는 요령, 의사소통의 함정을 피하는 방법, 내용과 감정 연결하기, 대안과 결과 예상하기, 애정 표현하기 등에 관한 내용이 제시되어 있다.

3) 적극적 부모역할 훈련 프로그램의 주제(Popkin, 1983)

주제	부모교육의 내용	
적극적인 부모	• 자녀 양육 방식 • 기대하는 자녀의 모습은?	• 제한 속에서의 자유 • 가족 풍부화 활동
자녀 이해하기	• 행동을 이해하기 위한 방법 • 잘못된 행동의 네 가지 목표	• 부모역할과 분노 • 자아존중감 개발하기
용기 부여하기	• 자녀의 용기를 잃게 하는 부모 행동 하지 않기 • 격려의 네 가지 방법	• 격려의 원을 활용하는 활동
책임감 길러 주기	• 누가 문제의 소유자인가? • 나-전달법	• 자연적 · 논리적 귀결 • 상호 존중
협동심 기르기	• 의사소통의 장애 제거하기 • 적극적인 상호작용	• 감정에 대하여 경청하기 • 사랑을 표현하기
민주적인 가족	• 가족 위원회 모임 • 집단에서 부모역할 논의하기	• 가족 단위 강조하기 • '우리' 세대 기르기

3. 자녀가 경청하도록 이야기하기 프로그램

'자녀가 경청하도록 이야기하기 프로그램(How to talk so kids will listen)'은 부모가 스스로 실시할 수 있도록 개발된 독특한 부모교육 프로그램이다. 6~12명의 부모를 한 집단으로 구성하여 멀티미디어를 활용하여 진행하는 프로그램으로 7번 정도의 모임을 통하여 가족의 일상적인 문제들에 관하여 논의한다. Ginott의 이론에 근거하여 Faber와 Mazlish(1980)가 개발한 프로그램으로 주제는 다음과 같다.

- 자녀가 자신의 감정을 통제할 수 있도록 도움을 준다.
- 부모와 자녀가 협동한다.
- 벌에 대한 대안을 제시한다.
- 자율성을 격려한다.
- 칭찬을 효과적으로 사용한다.

- 자녀를 부여된 역할로부터 자유롭게 한다.

■ 자녀가 자신의 감정을 통제할 수 있도록 도움을 준다.

자녀가 감정을 표현할 때 계속해서 부정하는 것은 자녀로 하여금 혼란스럽고 화가 나게 만든다. 부모는 다음과 같이 반응하면서 자녀의 감정 표현을 거부한다.

부모의 반응	부모-유아 상호작용
자녀의 생각을 거부하는 반응	• 엄마, 배고파요. → 배고플 리 없어. 금방 간식 먹었잖아.
철학적 반응	• 엄마, 선영이가 나랑 안 논대. → 세상일이란 것이 다 그래. 받아들이는 것을 배워야지.
반대편을 드는 반응	• 엄마, 선생님이 나만 미워해. → 네가 그럴 일을 했겠지. 잘 생각해 봐.
동정하는 반응	• 엄마, 넘어져서 피가 나요. → 아이고, 이를 어째? 안됐구나.
초보 심리학자 같은 반응	• 엄마, 영이가 내 맘을 몰라줘서 속상해요. → 영이가 네 아빠 같기를 기대하는 것은 아니겠지?

부모는 자녀의 감정에 감정이입하여 반응해 주거나 공감하는 태도를 보여 줌으로써 자녀의 감정을 수용해 줄 수 있다. 자녀가 자신의 감정을 조절하는 것을 도와주기 위하여 부모가 해야 하는 중요한 일은 자녀의 말에 주의를 기울여 들어주는 것이다. "음, 그래?", "알았어." 등과 같은 몇 마디 말을 함으로써 자녀의 감정을 알고 있다는 것을 표현해 주는 것도 중요하다. 또한 "정말 마음이 아프겠구나!"와 같은 말을 사용함으로써 자녀의 감정이 상한 것을 부모가 마음속으로 정말로 이해하고 있다는 것을 표현해 주는 것도 중요하다. 혹은 지금 당장은 어렵더라도 언젠가 상황이 나아지면 자녀의 바람을 들어주고 싶다는 마음을 표현해 주는 것도 부모가 자녀의 감정에 공감한다는 것을 보여 주는 방법이다.

■ 부모와 자녀가 협동한다.

부모와 자녀 사이에 갈등이 있을 때 문제가 발생한다. 부모가 자녀와 상호작용하는 과정에서 자녀와의 협력을 방해하는 부적절한 방법을 살펴보면 다음과 같다(Faber & Mazlish, 1980).

부적절한 상호작용	내용
자녀의 잘못을 비난한다.	• 엄마가 깨끗이 청소해 놓았는데 또 이렇게 어질러 놓았구나. 너는 엄마가 얼마나 힘든지는 전혀 생각도 하지 않는구나.
자녀를 규정짓는다.	• 너는 세상에서 제일 게으른 아이야. 네 방 좀 봐라.
협박한다.	• 네가 제 할 일을 다 하지 않는다면 이번 주부터 네 용돈은 줄 수 없어.
명령한다.	• 빨리 방을 치워라. 엄마한테 말대꾸하지 말고.
강연하거나 도덕적 훈계를 한다.	• 네 친구에 대해서 그렇게 말해도 괜찮은 거니? • 네 친구가 네게 해 주었으면 하는 대로 너도 네 친구에게 해 주렴. 그러면 아무 문제가 없을 거야.
경고한다.	• 세 번까지만 용서해 줄 거야. 이번에는 제대로 해라!
순교자 같이 말한다.	• 너는 왜 이렇게 엄마를 힘들게 하니? 도대체 엄마가 얼마나 더 힘들어야 하겠니?
비교한다.	• 너는 왜 오빠만큼 뭐든지 열심히 하지 못하니?
빈정댄다.	• 내일 아침에 일찍 일어나야 된다는 것을 알고 있지? 하도 생각을 잘해서 오밤중까지 안 자고 있는 거니?
예견한다.	• 만일 네가 버릇을 고치지 않는다면 너는 아무것도 이루지 못할 거야.

Faber와 Mazlish(1980)는 자녀와 협조적인 관계를 유지하기 위한 적절하고 효과적인 다섯 가지 기술을 다음과 같이 설명하고 있다.

적절한 상호작용	내용
부모가 본 문제 상황을 있는 그대로 객관적으로 설명한다.	• 네 장난감이 방 한가득 널려 있구나.
정보를 제공한다.	• 네가 방에서 나올 때 스위치를 꺼 놓는다면 전기를 절약할 수 있단다.
한 단어로 말한다.	• (우유를 마시고 우유병을 냉장고 밖에 그냥 두었을 경우) 소영아, 우유!

적절한 상호작용	내용
부모의 감정을 이야기한다.	• 엄마가 할머니와 통화를 하고 있는데 네가 너무 큰 소리로 엄마를 불러서 전화 통화를 하기가 어렵네. 잘못 들은 것은 없는지 걱정스럽구나!
메모를 남긴다.	• (어질러진 책과 책꽂이 옆에 메모를 붙인다.) 소영아, 우리를 우리 집에 꽂아 줘. 내 자리에 있고 싶어.

■ 벌에 대한 대안을 제공한다.

벌은 자녀에게 증오감, 보복심, 죄책감, 반항, 무가치한 감정, 자기 동정 등의 감정을 가지게 한다. 벌은 자녀가 자신의 행동에 직면하여 매우 중요한 내적 과정을 경험할 수 있는 기회를 박탈함으로써 자녀의 내적 성찰의 과정을 방해한다. 벌에 대한 대안은 다음과 같다(Faber & Mazlish, 1980).

벌에 대한 대안	상호작용의 예
도움이 되는 방법을 알려 준다.	• 네가 저녁 식사 후 그릇을 치우면 엄마가 정리하는 데 매우 도움이 되겠는데….
자녀의 인격을 공격하지 않고 불만 사항을 확실하게 전달한다.	• 엄마는 네가 샤워한 후 목욕탕 정리를 깨끗이 하고 나오면 좋겠어. 다른 가족도 샤워를 해야 하거든.
기대를 설명한다.	• 엄마는 네가 꽃에 물을 주기로 약속한 것은 반드시 지킬 것으로 알고 있어.
보충해야 할 일을 분명히 알려 준다.	• 엄마가 아침에 청소를 했는데…. 이 방은 다시 깔끔하게 정리를 해야겠어.
선택할 수 있도록 한다.	• 오빠 색연필을 쓰고 싶으면 다 쓴 후에 제자리에 정리해 놓아야 해. 그렇지 않으면 오빠 색연필을 쓸 수 없어.
약속한 대로 실행에 옮긴다.	• 너는 네 색연필의 색이 부족해도 그것을 써야 해. 오빠 것을 쓴 다음에 제자리에 정리해 놓는 것을 잊어버리지 않을 때까지….
자녀가 자신의 잘못된 행동의 결과를 경험할 수 있도록 한다.	• 미안하지만 너는 네 학용품만을 사용해야겠어. 오빠는 학용품을 정리해 둔 제자리에서 찾기를 바라거든.

■ 자율성을 갖도록 격려한다.

부모는 자녀의 자율성을 다양한 방법으로 격려할 수 있다. 다음은 부모가 자녀의 자율성을 격려해 줄 수 있는 방법의 예이다.

자율성 격려 방법	내용
자녀에게 선택할 수 있는 자유를 준다.	• 그림 그리기를 배우겠니? 아니면 바이올린을 먼저 배우고 싶니?
자녀의 노력을 존중한다.	• 그렇게 긴 이야기를 다 읽었어? 정말 오랫동안 책을 읽었구나.
질문을 너무 많이 하지 않는다.	• 어디 갔었니? 누구를 만났니? 뭐 하고 지냈니? 대신에 "어서 와라."고 말한다.
질문에 빨리 대답하라고 재촉하지 않는다.	• 재미있는 질문이네. 너는 어떻게 생각하니?
외부의 다양한 자료를 활용할 수 있도록 격려하고 기회를 준다.	• 우리 집 옆에 있는 어린이 도서관에 가 보면 새에 관한 좋은 책이 분명히 있을 거야. 같이 가 보자.
자유롭게 생각할 수 있는 여지를 빼앗지 않는다.	• 재미있는 경험을 했구나. 네가 생각한 것에 대해 좀 더 이야기해 줄래?

■ 칭찬을 효과적으로 활용한다.

Ginott에 의하면 정말 좋은 뜻으로 하는 칭찬이 자녀들로부터 기대하지 않았던 부정적인 반응을 일으킬 수도 있다(Hamner & Turner, 1996). 예를 들면, 자녀의 입장에서 이해하기 어렵거나 받아들이기 힘든 칭찬은 칭찬하는 사람의 의도가 무엇인지를 의심하게 할 수도 있다. 자신을 정말로 잘생기지 않았다고 생각하고 힘들어하는 자녀에게 잘 생겼다고 칭찬할 경우 자녀에게 일어날 수 있는 반응을 알아보면 다음과 같다.

부적절한 칭찬에 대한 반응	내용
즉각적인 거부의 표시가 나타난다.	• 나는 내가 너무나 못생긴 것을 알고 있는데!
절망적인 반응이 나타난다.	• 나는 다음에도 예뻐질 수는 없나 봐. 엄마가 저렇게 거짓말을 하는 것을 보니….

부적절한 칭찬에 대한 반응	내용
자녀가 자신의 약점에 집착하게 만든다.	• 나는 정말로 예쁘게 생기지 않았어.
걱정하게 하여 열심히 다른 활동을 하는 것을 방해한다.	• 나는 앞으로 다른 일도 절대로 잘할 수 없을 거야.
부모의 의도에 대하여 의심하게 한다.	• 엄마가 나에게 원하는 것이 뭘까?

Faber와 Mazlish에 의하면 부모는 칭찬하는 대신에 보고 느낀 것에 대한 감정을 솔직하게 표현하는 것이 바람직하다(Hamner & Turner, 1996). 부모가 자신의 감정을 솔직하게 표현하는 것을 보면서 자라는 자녀는 자신이 한 일에 대하여 자부심을 가지고 솔직한 마음으로 스스로를 격려할 수 있게 된다.

▶ 네 방이 정말 잘 정돈되어 있네. 장난감들도 모두 제자리에 정돈되어 있고, 바닥도 깨끗이 닦았구나. 침대 정리도 잘 되어 있네. 이렇게 잘 정돈되어 있는 것을 보니 기분이 정말 좋구나.

- 내가 방을 깨끗이 정리한 것은 정말 잘한 일인 것 같아.

■ 자녀를 인위적으로 규격화하는 것에서 벗어난다.

부모가 자녀의 행동을 지속적으로 규정하면 자녀는 점차적으로 부모의 규정에 따라 자신의 모습을 맞춰 나가게 된다. 부모가 자녀를 규격화하는 것은 말로만 하는 것이 아니다. 자녀는 부모가 자신에 대하여 어떻게 느끼는지를 부모의 얼굴 표정을 보고, 목소리의 높낮이를 듣고, "정말이니?"라는 등의 질문을 듣고 추측한다. 부모가 자녀의 있는 그대로를 보지 않고 자녀의 모습을 규격화하는 것에서 벗어나기 위하여 활용할 수 있는 방법은 다음과 같다(Faber & Mazlish, 1980; Hamner & Turner, 1996).

▶ 자녀가 스스로에 대하여 새롭게 생각해 볼 수 있는 기회를 제공한다.

- 너는 책을 정말 소중히 다뤘구나. 마치 새 책 같네.

▶ 자녀가 자신을 다르게 볼 수 있는 상황을 마련한다.
- 엄마가 저녁에 모임이 있는데 네가 동생을 데리고 책을 읽어 주고 같이 놀아 줄 수 있겠니? 엄마 역할을 좀 해 주면 좋을 텐데.

▶ 자녀에 대하여 좋은 말을 하는 것을 일부러 들을 수 있게 한다.
- 여보, 당신은 진석이가 오늘 스스로 할 일을 계획해서 완전히 마무리 지은 것을 알아요? 우리 진석이가 아주 많이 컸어요.

▶ 자녀가 했으면 하는 행동에 대한 모델이 된다.
- 아빠는 오늘 온 힘을 다해서 달렸는데 너한테 달리기를 졌어. 네가 이긴 것을 축하한다. 자, 악수!

▶ 자녀의 특별한 순간을 기억한다.
- 아빠는 네가 한 살 때 처음으로 걷던 것을 기억하고 있어. 조심스럽게 첫발을 디디는 네가 정말 자랑스러웠어.

▶ 자녀가 과거와 같은 바람직하지 못한 행동을 했을 때는 부모의 느낌이나 기대를 솔직히 이야기한다.
- 엄마는 인영이가 만들기를 하고 난 다음에 풀, 가위, 색종이, 상자를 제자리에 잘 정리해 둘 수 있을 만큼 컸다고 생각해. 그렇지?

Ginott의 이론에 근거하여 구성된 이 부모교육 프로그램은 비교적 실시 비용이 적게 들고 자료를 활용할 수 있는 여유와 능력이 있으며 자녀에 대하여 많은 것을 알고자 하는 동기가 잘 되어 있는 중산층 부모들에게 적절한 프로그램이다. 부모교육 자료에는 중산층 부모들이 쉽게 이해할 수 있도록 부모교육의 내용과 개념이 잘 표현된 만화가 포함되어 있다(Hamner & Turner, 1996).

4. 최초의 교사로서의 부모 프로그램

'최초의 교사로서의 부모 프로그램(Parents as First Teachers)'은 부모를 유아 최초의 교사로 보고 부모가 유아에게 미치는 영향이 중요하다는 인식에 근거하여 개발된 부모교육 프로그램이다(Vartuli & Winter, 1989). 이 프로그램은 저소득층을 비롯한 위기 상태의 부모와 가족을 대상으로 그 가족이나 유아에게 문제가 발생한 이후 치료적 차원에서 부모교육 프로그램을 실시하는 것보다는 예방 차원에서 프로그램을 실시할 것을 제안하고 있다. 즉, 대부분의 부모교육 프로그램은 유아의 연령이 4~5세 때 실시하는 것이 보편적인데 부모교육의 효과를 높이기 위해서는 보다 일찍 부모교육을 실시하는 것이 중요하다고 하여 임신 3기부터 부모교육 프로그램을 시작하도록 되어 있다.

이 프로그램의 모델을 개발한 White에 의하면 부모교육이 한 사회의 교육적 노력의 초석이 되어야 하므로 교육 체제가 가정과 학교 간의 협동적 관계를 창출해야 하며 교육자는 유아에게 견고한 교육적 기반을 마련해 주기 위하여 유아의 가정을 준비시키고 지원해야 할 책임이 있다. White(1980)는 특히, 저소득층 부모를 대상으로 부모교육을 실시해야 하는 이유를 다음과 같이 제안하고 있다.

- 유아가 출생하기 전에 예비부모를 대상으로 자녀의 생의 초기 1년 동안의 교육적 발달에 관한 기본적인 지식을 학습할 부모교육의 기회를 제공할 필요가 있다.
- 유아의 출생 후 부모가 경험하는 일종의 우울증 같은 증상은 특정 부모가 부모로서의 자질이 부족하여 경험하는 것이 아니라 보편적이고 일반적인 것임을 알려 주어야 한다.
- 자녀 출생 후 최초의 6년, 특히 초기 3년 동안 부모를 위한 지원 프로그램이 제공되는 것은 자녀의 건강한 발달을 위하여 중요하다.
- 자녀의 심신의 건강한 발달을 위하여 필요하다고 판단되는 경우에는 위탁 서비스를 제공하여야 한다.

- 부모가 치료적 도움이 필요한 경우에는 사회적 차원에서 지원해야 한다.

1) 프로그램의 목적과 서비스

본 프로그램의 목적은 자녀의 첫 번째 교육을 담당하고 있는 가정의 능력을 강화시켜 학교와의 협력적 관계를 구축함으로써 유아가 최고의 교육적 출발을 할 수 있도록 돕는 것이다. 부모교육의 효과를 향상시키기 위하여 임신 3기부터 부모교육을 실시하여 유아가 접하는 생후 최초의 3년 동안의 가정환경을 바람직하게 형성할 수 있도록 부모역할과 유아발달에 관한 정보를 제공함으로써 도움을 준다. 이 모델의 주요 전제는 다음과 같다(White, 1980).

- 부모가 유아에게 제공하는 비형식적 교육은 유아의 전반적인 교육과 발달에 있어서 형식적인 교육 체제보다 더 많은 영향을 끼친다.
- 2세 이후는 교육적 서비스를 제공하기에 이미 너무 늦은 나이이다. 따라서 훨씬 더 일찍 부모를 위한 서비스를 제공하기 시작하여야 한다.

이 부모교육 프로그램은 부모가 자녀를 양육하면서 최상의 결과와 기쁨을 얻을 수 있도록 도움을 준다. 부모는 이 프로그램에서 제공하는 아이디어를 이용하면서 자녀 양육 과정에서 경험하게 되는 과도한 불안과 스트레스에 적절히 대처할 수 있는 능력을 기르게 되고, 부모가 스트레스 대처 능력을 갖게 되는 것은 가정생활을 원만하게 유지하는 데 도움이 된다. 가정에 제공되는 서비스는 가정 방문, 집단 모임, 유아를 위한 정기적인 의학적 · 교육적 검사, 장난감 대여, 도서관, 영화관 등을 포함하는 지역사회의 자원이나 기타 다양한 지원 기관을 활용하는 데 도움을 주는 것 등이 포함된다.

2) 프로그램의 구성 요소

(1) 가정 방문

가정 방문은 부모교육자가 가정에서 부모-자녀 간의 상호작용을 관찰하고 관찰한 행동에 관하여 전문가적 견지에서 자녀양육에 도움이 되는 의견이나 조언을 제공할 수 있는 기회가 된다. 보통 정해진 가정 방문자가 있지만 객관적인 정보를 제공하기 위하여 정기적으로 다른 부모교육자가 가정을 방문하기도 한다. 가정 방문의 빈도는 프로그램이 진행되는 3년의 기간 동안 다양하게 변화된다. 초기에는 영유아발달의 속도가 매우 빠르고 부모교육자와 가정 간에 래포(rapport)도 형성해야 하므로 방문의 횟수가 일정한 기간 동안 자주 이루어진다. 그러나 영유아발달의 속도가 완만해짐에 따라 방문의 빈도는 감소한다.

초기의 가정 방문 동안 부모교육자는 부모에게 프로그램의 목적을 소개하고 자녀 양육의 실제에 관하여 조언을 한다. 8~18개월 동안의 가정 방문 교육의 주된 교육 과정은 영유아의 호기심을 길러 주고 사회적 발달, 언어 발달, 인지적 발달을 촉진시킬 것을 목적으로 구성된다. 이 밖에도 영유아의 안전에 관한 문제, 배변훈련과 같은 실용적인 양육 실제와 자녀를 보낼 유아교육기관을 선정하는 기준 등에 관한 정보도 교육 과정의 내용에 포함된다.

위와 같은 역할을 하면서 부모는 스스로를 19~36개월 된 자녀의 모든 교육 문제를 주관하는 관리자로 보게 되고 스스로의 능력에 대하여 자신감을 가지게 되어 보다 효과적으로 부모역할을 수행할 수 있게 된다. 부모교육자들은 가정 방문을 하면서 획득한 여러 정보를 해당 가정의 교육적 목적 이외에는 사용하지 않아야 하며 비밀을 보장하여야 한다.

(2) 집단 모임

이 부모교육 프로그램에서는 개별적인 가정 방문 이외에 비슷한 연령의 자녀들을 양육하고 있는 약 20명 정도의 부모를 모아서 집단 부모교육 프로그램을 실시한다. 집단 부모교육 모임은 비슷한 연령의 자녀들의 행동에 관하여 공통의 관심을 나눌 수 있는 기회가 된다. 집단 부모교육 모임은 함께 모이는 부모들의 요구와 특성을 고려하는 것이 중요하므로 직업을 가지고 있는 어머니들이 많이 참여하는 모임은 저녁이나 주말을 모임 시간으로 활용하기도 한다. 집단 부모교육 모임도 임신기부터 자녀의 출생 후 18개월 동안은 자주 만나고 그 이후에는 모임의 횟수를 줄여 나간다.

집단 부모교육 모임의 주제는 일반적으로 자녀의 최근 성장 과정에 관한 내용이 주가 되며 비형식적인 강연이나 영화 등을 보고 그에 관하여 토론하기도 한다. 집단 모임의 출석 현황, 모임의 내용, 부모들이 제기한 문제들, 그리고 평가 내용은 다음 모임을 계획하는 데 사용될 수 있다.

(3) 진단 검사

유아발달의 각 영역에 관한 검사는 이 프로그램의 중요한 구성 요소 중의 한 가지이다. 시각 검사, 청각 검사, 언어능력 검사, 그리고 사회적 기술 등을 검사한다. 만약 검사 결과에 따라 유아가 추가적인 처치를 필요로 하는 경우에는 그 처치를 제공함으로써 유아가 능력이 부족한 상태에서 초등학교에 진학하게 되는 것을 미연에 방지한다. 부모와 부모교육자는 진단 검사의 결과를 함께 보고 특별한 도움이 필요하다고 판단되는 경우에는 자녀가 도움을 받을 수 있는 방안을 적극적으로 강구한다.

(4) 자료 센터

부모교육 프로그램에 참여하고 있는 부모와 자녀는 장난감, 도서, 비디오 자료를 대여할 수 있는 자료 센터를 활용할 수 있다. 자료 센터에 보관되어 있는 도서는 각 가정에 대여될 수 있으며 비디오 자료는 집단 부모교육 모임에서 활용할 수 있다. 자료 센터에는 각 연령 수준에 적합한 장난감도 수집되어 있고 부모들이 집단 모임에 참여하거나 도서관을 이용할 때 유아를 돌보아 주는 놀이실이 설치되어 있다. 이 놀이실에서는 지역사회의 자원봉사자들이 유아들을 돌보아 주면서 그 과정을 통해 부모와 자녀가 긍정적인 상호작용 방법을 배울 수 있도록 다양한 도움을 준다.

3) 평가

PFT 프로그램에 참여한 유아는 참여하지 않은 유아에 비하여 인지적 · 언어적 · 사회적 능력이 의미 있게 향상되었다. 일반적인 정보의 수준과 학업과 관련된 성공을 평가하는 측정 검사 결과, 프로그램에 참여한 유아들은 참여하지 않은 유아들에 비하여 평균 10점 이상 점수가 높은 것으로 나타났다.

PFT에 참여한 부모들도 자녀의 생후 3년 동안의 훈육과 유아발달에 관한 지식에서 비교 집단보다 높은 수준의 지식을 가지고 있는 것으로 평가되었다. 집단모임에 더 많이 참여한 부모들이 유아발달의 다양한 영역에서 더욱 많은 지식을 획득하였고, 가정 방문에 많이 참여한 경우 자녀들의 사회적 발달이 향상된 것으로 보고되었다(Vartuli & Winter, 1989).

5. 총체적 부모교육 프로그램

총체적 부모교육 프로그램은 어느 한 가지 철학이나 이론을 근거로 개발된 프로그램이 아니라 유아기 자녀를 둔 우리나라 부모들의 요구, 전문적인 연구 자료, 그리고 교육전문가의 의견 등을 총체적으로 고려하여 개발된 프로그램이다. 이 프로그램은 부모들에게 바람직한 부모역할을 위한 지식과 정보를 제공하고, 부모들이 이제까지 가지고 있던 자녀 양육에 대한 신념이나 통찰력을 변화시키며, 부모들에게 자녀 양육 기술이나 문제해결능력 등을 총체적으로 제공하는 것을 목표로 개발되었다(김정원, 1999).

1) 총체적 부모교육 프로그램의 교육 목표

▶ 부모-자녀 사이의 민주적인 인간관계를 성립한다.
- 자녀를 부모와 대등한 인격적인 존재로 인정하여 존중한다.
- 민주적인 양육태도를 갖는다.

▶ 올바른 자녀 교육관을 확립한다.
- 부모역할의 중요성을 인식하여 적극적으로 부모역할에 참여한다.
- 아동 중심 교육관을 갖는다.
- 자존감 · 책임감 · 창의성 · 도덕성 있는 어린이로 키우는 것이 중요함을 안다.

▶ 자녀에 대하여 올바로 이해한다.
- 자녀의 발달단계를 이해한다.
- 자녀 행동의 원인을 이해한다.

▶ 부모역할을 위한 바람직한 기술을 획득한다.
- 효과적인 의사소통의 방법을 익힌다.
- 자녀의 학습을 촉진시킬 수 있는 효과적인 방법을 안다.
- 민주적인 훈육 방법을 사용한다.

2) 총체적 부모교육 프로그램의 교육 내용

▶ 우리 자녀가 자라갈 미래사회는?
- 미래사회의 특징, 미래사회의 생활 양상, 자녀 교육의 방향

▶ 엄마, 아빠! 내가 크는 소리 듣고 있나요?
- 3~5세 유아의 발달 특징: 신체 및 운동 능력발달, 인지발달, 언어발달, 또래관계, 성역할의 발달, 주도성, 자율성(독립심), 자아개념

▶ 그림책! 신나고 멋진 경험!
- 그림책을 읽어 주는 이유, 좋은 그림책, 유아가 좋아하는 그림책, 그림책 읽어 주는 방법, 그림책 선택하는 방법, 그림책을 활용하는 방법, 연령에 맞는

좋은 그림책 소개

▶ 창의성을 이끌고 키워 주세요
- 창의성의 개념, 창의성의 구성 요소, 창의적 과정, 창의성 계발과 발달을 위한 부모의 지도 방법

▶ 읽기, 쓰기-문제없어요!
- 유아의 언어 특성, 연령에 따른 유아의 읽기와 쓰기 행동, 유아에게 읽기와 쓰기를 가르치는 바람직한 방법

▶ 평화로운 나날을 위하여
- 3~5세 유아가 갖기 쉬운 버릇, 버릇 고치기의 바람직한 방법과 바람직하지 못한 방법, 유아의 바람직하지 못한 버릇의 예와 지도 방법
- 자녀와 함께하는 효과적인 문제 해결 과정 6단계, 자녀와 의사소통하기(진정한 대화 방법 2가지), 격려하기, 자녀와의 문제 해결을 위한 바람직한 부모역할

▶ 놀면서 자라는 것 아세요?
- 놀이의 중요성 및 의의, 놀이 유형별 발달 과정, 좋은 놀잇감 선택하는 방법, 생활 주위에서 찾을 수 있는 다양한 놀잇감의 예

▶ 유아 미술: 아름답고도 독특한 상상과 표현의 세계
- 유아 미술의 중요성, 유아발달과 미술 교육, 유아 미술의 이론, 유아 그림의 발달단계, 유아 그림의 특징, 자녀의 미술 교육을 위한 부모역할

▶ 유아 음악: 감미롭고도 활기찬 소리의 세계
- 유아 음악에 대한 이해, 유아 음악의 중요성, 유아 음악의 발달단계, 유아 음악 교육, 함께해 볼 수 있는 활동

▶ 친구가 좋아요!
- 또래관계가 유아의 삶에서 중요한 이유, 친구들에게 환영받는 유아의 특징, 친구들에게 환영받는 아이로 키우는 방법

▶ 엄마! 저는 궁금한 게 너무 많아요.
- 유아기 성교육의 의미, 유아기 성교육의 필요성, 유아의 성 개념 발달에 영

향을 주는 요인, 성교육의 내용과 방법, 성교육에 관한 질의응답

▶ 정서적으로 안정된 어린이로 키우세요.

- 정서적으로 안정된 유아의 특징, 정서적으로 안정된 어린이로 키우는 방법, 스트레스의 증상, 유아가 스트레스를 받는 원인과 상황, 유아가 스트레스를 극복하게 도와주는 방법

▶ 엄마, 아빠와 함께하는 컴퓨터

- 컴퓨터의 정의, 유아기 컴퓨터 교육에 대한 연구 결과, 컴퓨터 활동의 교육적 효과, 컴퓨터 교수법, 컴퓨터 교육의 내용, 소프트웨어, 인터넷

3) 총체적 부모교육 프로그램의 대상

총체적 부모교육 프로그램의 대상은 3~5세의 유아를 둔 우리나라 부모이다. 3~5세는 유아가 다양한 전이의 경험을 하는 시기이다. 즉, 3세 유아는 처음으로 가정에서의 생활을 떠나 집단생활을 시작하게 되는 경우가 많고, 5세 유아는 곧 초등학교에 진학하게 되므로 이들 연령의 유아를 가진 부모는 자녀의 전이상황에 관한 부모교육을 필요로 한다. 그리고 아버지들의 자녀 교육에 대한 관심과 참여가 급속도로 증가하는 추세이므로 아버지들도 잠재적인 참여 대상에 포함시켰다.

4) 총체적 부모교육 프로그램의 부모교육자

총체적 부모교육 프로그램에서는 부모교육자로 전문가를 선정하고, 전문가와 부모 간의 상호협력의 개념(the notion of collaboration)을 도입하였다. 전문가와 부모의 상호 협력적 관계에 대한 개념은 전문가와 부모의 지식이 서로 배타적이거나 완전히 다른 것이 아니고, 또한, 한쪽의 지식이 다른 한쪽의 지식보다 더 뛰어난 것이 아니라 상호 보완적이라는 개념이다. 이러한 개념에 근거한 총체적 부모교육 프로그램은 개발의 전 과정에서 전문가의 역할을 강조하는 동시에 요구

평가, 과정 평가 등의 과정을 통하여 가능하면 많은 부모의 의견을 수용하고자 시도한다. 그리고 이 과정을 통하여 전문가가 가지고 있는 집단으로서의 아동에 대한 지식, 실험실 등의 특수한 상황에서의 아동에 대한 지식과 부모가 가지고 있는 자신의 자녀의 특수한 상황에서의 행동 등에 관한 많은 지식을 창조적으로 결합함으로써 부모교육 프로그램의 효과를 높이고자 시도하였다(Powell, 1986).

5) 실시 기간, 시간, 장소

총체적 부모교육 프로그램은 1주 1회, 1회 2시간의 모임을 12주 동안 총 24시간 실시하도록 계획되었다. 부모교육 프로그램의 실시 시간은 참여 부모들의 유형을 결정하는 중요한 요소이므로 부모교육 프로그램에 참여하는 부모의 특성을 고려하여 하루 중 어느 시간에 모임을 갖느냐를 정해야 한다. 낮 시간 동안 모임을 갖는 경우 대부분 직업이 없는 어머니들만 참여할 수 있고, 저녁 시간이나 주말에 모임을 갖는 경우는 자녀를 맡아 줄 곳이 있으면 부부나 아버지들도 부모교육에 참여할 수 있기 때문이다. 실시 장소를 결정하기 위해서도 부모교육 프로그램 대상의 특성을 고려하여 참여 대상이 너무 많은 시간과 노력을 들이지 않고 참여할 수 있는 편리한 장소를 선정해야 한다. 유치원이나 어린이집에 자녀를 보내고 있는 부모를 대상으로 하는 경우에는 기관의 빈 공간이나 기관에서 가능하면 가까워서 다른 교통수단을 사용하지 않고도 오고 갈 수 있는 곳으로 정하는 것이 좋다.

6) 교수-학습 활동

총체적 부모교육 프로그램에서의 학습 형태는 유사한 흥미와 관심거리를 가지고 있는 부모들로 조직된 집단이 되고, 강의나 집단 토론 등의 교수-학습 방법을 사용하며, 부모교육을 보다 효율적으로 실시하기 위하여 강의와 토론에 병행하여 오디오, 비디오, 유아용 도서, 부모용 도서, 유아의 그림, 실물 환등기, 투시

주제에 대한 부모와 부모교육자의 토론(의견 교환, 경험 등)

↓

강 의

↓

질의, 응답, 토론

↓

다양한 활동

↓

전문가의 피드백, 격려

[그림 6-1] 총체적 부모교육 프로그램의 교수-학습방법

물 환등기 등의 학습 장치를 활용한다. 이와 같은 학습 형태, 교수 기술, 학습 장치의 조화로운 사용은 학습자로 하여금 효율적으로 교육 내용을 경험하도록 함으로써 교육 목표의 효율적 성취를 이룰 수 있게 한다. 또한 교수-학습 활동을 계획할 때 특히, 학습 대상이 성인이라는 것을 고려하였다. 총체적 부모교육 프로그램의 일반적인 교수-학습 체계는 [그림 6-1]과 같다.

7) 평가

총체적 부모교육 프로그램은 부모의 양육태도와 행동을 긍정적인 방향으로 변화시켰으며, 평소에 갈등을 겪고 있던 자녀 문제에 도움을 주는 것으로 나타났다. 참여 부모들은 총체적 부모교육 프로그램의 운영 방안에 만족하였고 성인 학습자의 특성을 고려한 부모교육 운영에 대한 요구가 있었다. 또한 아버지들도 프로그램에 대하여 대체로 긍정적인 반응을 한 것으로 나타났다(김정원, 1999).

6. 두란노 아버지학교 프로그램

최근 영유아기 자녀에 대한 아버지의 영향력이 강조되면서 아버지를 대상으로 하는 부모교육 프로그램이 보다 적극적으로 계획되고 실시되어야 한다는 주장이 설득력을 얻고 있다. 아버지를 대상으로 하는 다양한 부모교육 프로그램들 중 1995년 개설된 '두란노 아버지학교'는 성공적인 아버지교육 프로그램으로 평가받고 있다. 두란노 아버지학교는 2023년까지 75개국 302개 도시에서 개설되어

약 425,568명이 수료했다(사단법인 두란노 아버지학교 운동본부, 2023). 기독교라는 특정 종교의 가르침에 기초한 부모교육 프로그램이기는 하지만 우리 사회의 아버지들의 존재를 부각시키고 가정과 사회에서 아버지 역할의 중요성을 인식시키는 데 의미 있는 효과를 나타내고 있으므로 두란노 아버지학교 프로그램의 내용을 소개하고자 한다.

두란노 아버지학교는 오늘날 우리 사회가 안고 있는 문제는 바로 가정의 문제이며 가정의 문제는 바로 아버지의 문제라는 인식에서 출발하여 실추된 아버지의 권위를 회복시키고, 잘못 행사되고 있는 아버지의 권위를 바로잡고, 아버지 부재의 가정에 아버지를 되돌려 보내자는 목적으로 두란노서원에서 개설되었다. 두란노 아버지학교는 '아버지가 살아야 가정이 산다'라는 슬로건 아래 5주 과정으로 매주 토요일 오후에 진행된다.

아버지학교는 프로그램에 참여하는 아버지들이 자신의 아버지, 자녀와 아내에게 편지 쓰기, 자녀와 아내와 데이트, 자녀와 아내를 사랑하는 이유 20가지 쓰기 등 과제물을 통해 프로그램의 내용을 실제적으로 가정에 적용할 수 있도록 한다. 아버지학교는 단순히 이론과 지식을 가르치고 배우는 것을 넘어서 여러 가지 숙제와 나눔을 통해 배운 것을 실천할 수 있는 기회를 갖고, 실천을 통해서 스스로 동기를 부여하고, 계속 실천할 수 있도록 격려하며, 함께 문화를 만들어 가는 삶의 실천운동으로 아버지학교를 먼저 경험한 아버지들이 모여 준비하고 진행해 가는 협력이 강조되는 프로그램이다.

두란노 아버지학교는 가정을 관심 밖에 두고 가정을 돌보는 역할보다는 가정 밖에서 돈을 벌어 오는 일에 더 많은 관심을 두며 생활하던 아버지를 가정 안으로 불러들여서 아버지와 어머니가 가정에서 조화로운 역할을 하는 것이 중요함을 인식하고 가정에서 좋은 아버지의 역할을 실천할 수 있도록 돕기 위한 내용으로 구성되어 있다. 두란노 아버지학교를 통해 가정과 직장에서 건강한 변화를 경험한 많은 아버지들의 자발적인 호응과 참여로 국내뿐만 아니라 해외 여러 나라의 가정으로 확산되고 있다.

아버지학교 프로그램은 아버지의 영향력, 아버지의 남성, 아버지의 사명, 아버지의 영성, 그리고 아버지와 가정이라는 다섯 가지 주제로 이루어져 있다. 아버지학교는 아버지라는 신분의 중요성을 자각하고, 아버지 역할이 얼마나 중요한지를 인식함으로써 가정을 원래의 순수한 모습으로 회복시키고자 한다. 이를 통해서 궁극적으로는 집단 이기주의와 도덕성의 타락으로 인한 혼란의 상태에 있는 우리 사회를 한층 성숙한 사회로 변모시키고자 한다. 구체적인 내용을 정리하면 다음의 <표 6-1>과 같다.

〈표 6-1〉 두란노 아버지학교 프로그램의 주제 및 내용

	주제	내용
첫 번째 만남	아버지의 영향력	1. 아버지의 영향력 2. 아버지의 4대 기능 • 나눔의 시간: 당신은 당신의 아버지로부터 어떤 영향력을 받으셨습니까? • 함께 생각하기: 나의 아버지는 어떤 분이셨으며, 나는 지금 어떤 아버지인가? • 나의 고백: 잊어버리고만 싶었던 아버지의 기억
두 번째 만남	아버지의 남성	1. 남성을 지탱하는 4가지 요소 2. 이 시대 남성 상실의 원인 3. 남성회복의 길 4. 남성의 모델 • 나눔의 시간: 당신이 살아온 남성문화는 어떠했습니까? • 함께 생각하기: 나는 과연 어떤 남성문화에 속해 있는가? • 나의 고백: 굿바이, 사이버사랑
세 번째 만남	아버지의 사명	1. 아버지가 되는 길 2. 남편의 사명 3. 아버지의 사명 • 나눔의 시간: 아버지로서 당신은 아내에게 어떤 남편이었습니까? • 함께 생각하기: 나는 지금 아내에게 어떻게 하고 있나? • 나의 고백: 아버지의 삶을 따라간 황폐한 가장
네 번째 만남	아버지의 영성	1. 아버지의 영성: 평안, 감사, 용서, 기쁨, 기도 2. 아버지의 영적 권세: 축복권, 말씀권, 훈육권, 신앙전수권 • 나눔의 시간: 아버지로서 영적 지도자 역할을 잘 감당하기 위해서, 구체적으로 나는 어떻게 해야 하는가? • 나의 고백: 신체장애를 딛고 진정한 아버지로
다섯 번째 만남	아버지와 가정	• 나의 고백 1: 가정이라는 하늘의 보물창고 • 나의 고백 2: 새로운 아버지로 거듭난 기쁨

PART 3

영유아교육기관과 가족 및 지역사회 공동체

CHAPTER 07

행복한 가족

1. 행복한 가족의 조건
2. 행복한 가족을 위한 제안
3. 가족의 스트레스와 위기
4. 행복한 가족과 마을 공동체

영유아가 행복한 삶을 살기 위해서는 행복한 가정에서 성장할 수 있어야 한다. 행복한 가정에서 성장하는 아이들은 즐겁고 행복한 삶이란 어떤 것인지를 온몸으로 체험하며 성장하고, 나중에 커서 행복한 가정을 꾸릴 수 있게 된다. 영유아교육기관에서는 영유아와 가족이 행복한 삶을 살 수 있도록 다양한 방안을 통하여 부모와 영유아를 효과적으로 지원할 수 있어야 한다. 본 절에서는 행복한 가족의 조건과 행복한 가족을 이루기 위한 제안을 알아보고자 한다. 그리고 행복한 가족을 이루는 것을 방해하는 가족의 스트레스와 위기 상황에 관하여 살펴보고 마을 공동체의 의미를 제안하고자 한다.

함께 생각해 봅시다.

행복한 가족은 어떤 가족일까요? 행복한 가족의 모습을 떠올려 보세요. 행복한 가족의 특성이나 조건에 대해서 생각해 볼까요? 행복한 가족의 특성에 관하여 토론해 보세요.

- 행복한 가족이란 (   )이다.
- 행복한 가족에 관하여 기억나는 이야기를 공유해 보세요.

1. 행복한 가족의 조건

행복한 가족은 태어나는 것이 아니라 만들어지는 것이다(Stinett & DeFrain, 1989). 행복한 가족이 갖추고 있는 공통된 요소를 안다면 부모들은 행복한 가족을 이루기 위해서 노력할 수 있고, 영유아교육기관에서는 다양한 방법으로 이러한 부모를 지원할 수 있을 것이다. 부모와의 적극적인 소통과 다양한 가정연계활동 및 프로그램 등을 통해서 부모에게 알려 줄 필요가 있는 행복한 가족의 조건을 살펴보고자 한다. 가족에 따라서 다른 조건이 충족되어야 하는 경우도 있으므로 영유아교육기관에서는 영유아의 가족의 특성을 세심히 살펴보고 적절한 지원을 할 수 있어야 한다. Stinett과 DeFrain(1989), 박민자(2006) 등이 제안한 행복한 가족의 조건을 알아보면 다음과 같다.

1) 헌신

헌신은 행복한 가족을 이루기 위하여 매우 중요한 요소이다. 헌신은 가족을 보이지 않는 끈으로 묶어 주는 요소이다. 행복한 가족은 무엇보다도 서로에게 헌신한다. 그들은 가족을 우리 사회의 근본이 되는 중요한 요소라고 생각하고 있으며, 가족의 행복이 가족 구성원들의 복지를 위한 가장 중요한 요소라고 인식하고 있다. 행복한 가족에게 있어서 가장 중요한 것은 가족이다. 그들은 "내 아내와 아이들이 내 생활에서 가장 중요한 부분입니다." 혹은 "우리가 가족으로서 함께 한다는 것 자체가 바로 보물입니다."라고 말한다.

그렇다고 헌신이 가족 구성원들을 질식시키지는 않는다. 행복한 가족은 서로에게 헌신하는 동시에 서로에게 자유를 주고 개인적인 목적을 추구할 수 있도록 격려한다. 그러나 가족 구성원이 반대하는 일을 무리해서 행하지는 않는다. 그들은 서로를 존중하며 서로의 자유를 허락한다(김용태, 2003; 박민자, 2006). 그러나 가족이 모두 함께해야 하는 것을 자신만을 위하여 가볍게 여기거나 희생시키지는 않는다.

2) 감사

서로 사랑하고 서로에 대하여 염려해 주는 가족은 서로에게 항상 감사하는 마음을 표현한다. 어떤 사람들은 사랑하는 가족에게 함께 있어서 얼마나 감사한지를 일부러 말로 표현할 필요는 없다고 한다. 그러나 감사하다는 아주 작은 표현이 감사를 받은 가족의 자존감을 높여 주고 감사하는 사람과 감사하다는 인사를 받은 가족 구성원 사이에 긍정적인 관계를 형성하게 한다.

제대로 기능하지 못하는 행복하지 않은 가족은 부정적인 측면에 초점을 맞추고 다른 가족 구성원의 자존감을 갉아먹으면서 에너지를 얻는다. 이러한 가족에서 일반적으로 일어나는 일은 각 가족 구성원에게 내재되어 있는 좋은 점들은 재빨리 사라지고 파괴적인 감정만을 남기게 된다.

3) 의사소통

행복한 가족은 가족 구성원들과 대화를 많이 한다. 그들은 중요한 일과 사소한 일에 관해서도 서로 이야기하는 것을 즐긴다. 의사소통은 가족의 문제를 해결하는 데 유용하고 가족 구성원들에게 단순히 함께 있다는 것만으로도 즐겁게 한다(한주리, 허경호, 2005; Lewis, 1979).

문제가 있는 가족은 두 가지 유형으로 볼 수 있다. 하나는 항상 서로 다투는 유형이고 다른 하나는 전혀 다툼이 없는 유형이다. 그러나 행복한 가족은 이와 다르다. 이들은 산다는 것이 다른 사람들과의 갈등을 경험하는 것임을 안다. 행복한 가족은 서로 간의 다른 점을 인정하고 피할 수 없는 문제는 부딪쳐서 해결하고자 한다. 그럼으로써 양극단 중의 어느 한쪽으로 가는 것을 미연에 방지한다(Lewis, 1979). 행복한 가족도 어느 정도의 의견 충돌은 경험한다. 이들은 문제를 해결하기 위하여 매우 직설적이고 정직하게 이야기하지만 다른 가족 구성원을 비난하거나 적의를 쏟아 놓지는 않는다. 건강한 가족의 구성원들도 인간이기 때문에 서로에 대한 미운 감정을 가질 수 있다. 그러나 이러한 감정이 극단으로 치달아 적대감이 되게 하지는 않는다.

행복한 가족은 상호작용할 때 다른 사람을 배려하는 방법을 사용한다. 만약 다른 가족 구성원에 대하여 건설적인 비판을 할 일이 있다면 1:10의 규칙을 지킨다. 비판할 필요가 있을 때는 비판을 한다. 그러나 친절하게 한다. 그리고 한 번 비판을 하면 반드시 그 가족 구성원의 긍정적인 면을 열 번 이상 칭찬한다. 긍정적인 측면을 강조하는 것은 가족 구성원들 사이에 좋은 감정을 형성하게 하여 행복한 분위기를 만든다. 이렇게 해서 형성된 가족의 긍정적인 에너지는 가족 구성원 개개인의 최대한의 성취를 이루게 하는 데 도움이 된다(Lewis, 1979). 반면에 제대로 기능하지 않는 가족의 경우에는 사소한 불만을 말하는 것이 잘못된 일이라고 생각하여 쌓였던 불만이 폭발할 때까지 참는다. 가족 구성원들 사이에 쌓이고 쌓인 불만은 드디어 어느 순간 폭발하게 되고 걷잡을 수 없는 상황으로 치닫게 되는 경우가 많다. 행복한 가족의 의사소통 특징을 정리하면 다음과 같다.

- 삶과 인간에 대한 긍정적인 관점을 가지고 있다. 좋은 일을 이루기 위해서는 어느 정도의 시간이 필요하다는 것을 알고 있으므로 가족 간의 긍정적인 의사소통을 위해서도 시간이 필요하다고 생각한다.
- 잘 들을 수 있는 능력이 있고 다른 가족에게 설교하지 않는다. 의사소통을 잘하기 위해서는 상대방의 말을 잘 듣고 다양한 질문을 하면서 다른 가족의 근황을 묻는다.
- 다른 가족의 마음을 읽으려고 시도하지 않는다. 많은 사람들이 종종 사랑하는 사람들의 마음을 안다고 생각한다. 그러나 행복한 가족은 다른 가족에 대하여 알고 있다고 생각하는 것이 틀릴 수도 있음을 안다. 그래서 다른 사람의 마음을 추측하려고 하지 않고 솔직히 묻는다.
- 다른 가족 구성원들의 세계에 기꺼이 들어가 그들을 이해하고자 한다. 이것은 다른 사람의 이야기를 잘 들을 수 있어야 가능하다. 이러한 과정을 거쳐 서로 간에 감정 이입하게 되면 가족 구성원들 간의 유대 관계는 보다 든든해진다.
- 많은 사람들, 특히 남성들은 자신의 두려움이나 좌절을 표현하는 것을 어려워한다. 그러나 행복한 가족의 구성원들은 서로에 대하여 염려하고 배려하는 분위기를 형성함으로써 모든 가족 구성원들이 자신의 두려움, 절망감, 그리고 승리감을 아무 망설임 없이 표현할 수 있다.
- 비난하기, 평가하기, 분석하기, 그리고 자신이 더 잘났다고 표현하지 않는다. 이러한 모든 요소들은 긍정적인 의사소통을 방해한다.
- 행복한 가족은 항상 정직하다. 그러므로 정직하고 개방적으로 의사소통한다. 그러나 이들은 잔인할 정도의 정직함은 피한다. 정직을 가장하여 사랑하는 가족에게 파괴적인 비판을 가하고 상처를 주지 않으려고 노력한다. 정직함과 정신적인 잔인함은 분명한 차이가 있다.
- 행복한 가족의 구성원들은 그들 사이에 존재하는 차이를 수용하고 극복하고자 노력한다. 그들은 차이점에 대한 불만을 너무나 오랫동안 참음으로써 해결할 수 없는 상태까지 이르도록 하지 않는다. 또한 가족 구성원들 중 누

군가가 제어할 수 없을 정도로 화가 난 경우에는 얼마간의 시간을 두고 그가 어느 정도 평온을 되찾을 수 있을 때까지 기다린다.

- 한 번에 한 가지 문제씩 해결하고자 한다. 모든 문제를 단계적으로 처리하지 못하고 한꺼번에 모아 놓고 해결하려는 것은 가족에게 좌절감을 주기 때문이다. 가족 구성원들은 서로 문제 해결을 위해 협력하고 노력한다. 문제로 인해서 다른 가족 구성원을 비난하거나 공격하지 않는다.
- 문제를 해결할 수 있을 만큼 작게 나누어 너무 큰 어려움 없이 해결하고자 한다. 너무 큰 문제는 단계별로 나누어 점차적으로 해결하고자 하며 만약 너무 힘든 문제여서 가족들이 아무리 해도 해결할 수 없을 것 같으면 과감히 포기한다.
- 행복한 가족 구성원들은 서로에게 결정적인 상처를 줄 수 있는 약점을 절대로 사용하지 않는다. 누구나 피하고 싶고 생각하고 싶지 않은 약점을 가지고 있으며 이러한 것들을 사용하여 상대방을 공격하는 것은 그에게 지울 수 없는 상처를 입힌다는 것을 잘 알고 있기 때문이다.
- 행복한 가족의 가장 중요한 특징은 가족의 어려움이나 문제를 창조적으로 해결하고자 시도한다. 이러한 과정을 거쳐 행복한 가족은 계속 발전할 수 있다.

4) 함께 시간 보내기

행복한 가족을 이루기 위하여 가장 중요한 것이 무엇이냐는 질문에 많은 사람들이 가족과 함께 시간을 보내는 것이라고 말한다. 어떤 사람들은 가족과 함께 지낼 수 있는 시간이 많지 않기 때문에 질적인 측면에 신경을 쓴다고 한다. 그러나 질적으로 우수한 시간을 보내기 위해서도 최소한 어느 정도의 시간은 함께 보낼 필요가 있다(Otto, 1962).

가족 구성원이 공통으로 가지고 있는 기억이 얼마나 되는가를 생각해 보아야 한다. 행복한 가족은 함께 기억할 수 있는 많은 추억들을 가지고 있고 그것을 생각하면서 행복할 수 있다. 그리고 대부분의 이러한 추억거리들은 많은 비용을 들이기보다는 가족들이 얼마나 행복한 시간을 함께 보냈느냐에 달려 있다. 행복한 가족은 가족 구성원들이 함께하는 시간과 각자가 개별적으로 가지는 시간이 적절하게 조화를 이루고 있다. 함께하는 시간만 너무 많은 것도 가족 구성원 모두를 지치게 한다.

많은 부모들은 부부간에 시간을 함께 보내고 서로에 대하여 염려하는 것보다는 자녀들에게 더 많은 신경을 쓴다. 그러나 자녀가 생각하는 가장 소중한 것은 행복한 가정이고 그 가정의 행복은 부부관계에 달려 있다고 해도 과언이 아니다(Lewis, 1979). 한 연구에서 많은 아버지들이 자녀들에게 줄 수 있는 가장 중요한 것으로 말한 것은 행복한 결혼 생활이었다(Simon, 1986). 행복한 결혼 관계는 자녀들의 미래를 위한 좋은 모델이 되는 동시에 현재의 가정생활을 유지하기 위한 든든한 밑바탕이 된다(Erel & Burman, 1995).

5) 정신건강

행복한 가족은 정서적인 유대감과 지지감을 공유한다. 이들은 어려울 때 혼자가 아니라는 것을 잘 알고 있다. 행복한 가족은 공유하는 가치가 있어서 어려울 때 힘이 된다. 행복한 가족이 가지고 있는 정신적 풍요는 그들을 서로 묶는 힘이 되고 가족 구성원들이 모든 것을 함께 나누고 서로에 대하여 강한 사랑의 감정을 유지할 수 있도록 하는 원동력이 된다(Otto, 1962).

행복한 가족이 가지는 정신적 풍요로움은 종교를 가짐으로써 얻을 수도 있고 가족이 대대로 중요하게 여기고 있는 어떤 가치나 가족 구성원 모두가 깊이 몰두할 수 있는 일이기도 하다(홍종관, 2012). 이들이 가지고 있는 믿음은 가족 구성원들에게 삶의 목표가 되기도 하고 삶의 의미가 되기도 한다. 그리고 이러한 믿음은 삶에 대하여 긍정적이고 자신감 있는 태도를 부여한다. 어떤 초월적인 존재에 대한 믿음은 생활의 작은 것에 집착하지 않게 함으로써 모든 사람들이 겪고 있는 생활에서의 어려움을 이겨나갈 수 있도록 한다. 그럼으로써 행복하고 건강한 가족을 이룰 수 있게 되는 것이다(Lewis, 1979).

6) 스트레스와 위기 대처 능력

행복한 가족은 매우 적응력이 뛰어나고 문제를 해결하기 위해서 여러 가지 방법을 적극적으로 활용한다. 행복한 가족도 다른 가족과 마찬가지로 많은 스트레스와 위기 상황을 경험한다. 그러나 이들이 제대로 기능하지 못하는 가족들과 다른 점은 위기 상황과 스트레스를 잘 극복하고 더 나은 방향으로 나아갈 수 있다는 것이다. 스트레스와 위기 상황에 대처하는 행복한 가족의 특징을 살펴보면 다음과 같다(Otto, 1962).

- 가족 구성원들 모두가 공동으로 어려움에 대처한다.
- 스트레스와 위기 상황이 닥쳤을 때 도움이 필요하면 기꺼이 도움을 구한다. 이들은 자신이 알고 있는 것이 무엇인지를 아는 동시에 자신이 모르는 것이 무엇인지도 알고 있다.
- 정신적 지주를 활용한다. 기도를 하고, 숲속을 걷고, 종교 지도자와 대화를 함으로써 그들 자신보다 훨씬 더 큰 어떤 존재로부터 도움을 얻는다.
- 개방적인 대화를 한다. 어려움이 있을 때 함께 터놓고 이야기할 수 있는 가족이 있다는 것을 알고 비난받을 염려 없이 자신을 터놓고 이야기한다.
- 삶의 흐름과 함께한다. 새로운 스트레스 상황에 대처하기 위하여 옛것에 대한 집착을 버리고 새로운 방법을 찾을 수 있을 만큼 창조적이다.
- 마음 놓고 웃을 수 있고 마음 놓고 울 수 있다. 너무나 힘든 상황이 닥쳐서 단지 웃거나 울어버릴 수밖에 없을 때 마음 놓고 웃거나 울 수 있는 가족이 있음을 안다.
- 한 번에 한 단계씩 문제를 해결한다. 삶을 살면서 한 번에 해결할 수 없는 힘든 문제들이 너무나 많다는 것을 알기 때문에 모든 위기 상황을 단 한 번에 끝내려고 시도하지 않는다.
- 해결할 수 있는 것과 해결할 수 없는 것을 명확히 구분하여 문제 해결의 때를 기다린다.

- 사소한 것에 집착하여 자칫 더 큰 문제를 만드는 어리석은 행동을 하지 않는다. 사소한 문제들은 그저 시간이 가면 해결될 수 있는 경우가 많기 때문이다. 행복한 가족은 일상에서 부딪치게 되는 사소한 스트레스를 해소할 수 있는 다양한 방법을 터득하고 있다.
- 신체적 운동도 행복한 가족의 삶에서 중요한 부분을 차지한다. 땀을 흘리면서 운동하는 것은 세상에서 가장 확실한 안정제의 역할을 한다.
- 중요한 것을 위하여 사소한 일은 최소화한다. 건강하고 행복한 가정을 유지하는 것이 가장 중요한 일이므로 별로 중요하지 않은 일은 포기할 수도 있는 지혜가 있다.
- 매일의 삶에 압도당하지 않기 위해서 좀 더 크고 의미 있는 삶의 목표를 갖는다. 마음속에 좀 더 큰 그림을 그리고 사소한 걱정거리로부터 벗어난다. 자녀의 학교생활을 개선하기 위하여 학교 일에 열성을 가지고 참여하고, 어려운 사람들을 위하여 자원봉사를 한다. 건강하고 행복한 가족은 이 세상을 좀 더 살기 좋은 곳으로 만들기 위하여 노력한다.

2. 행복한 가족을 위한 제안

가족과 좋은 관계를 맺는 것은 한 사람이 행복한 삶을 살아가는 데 기본이 되는 가장 중요한 요인이다. 따라서 영유아교육기관에서는 부모들이 가족 간에 친밀한 관계를 형성하고 유지하는 데 도움이 되는 지원을 할 수 있어야 한다. 영유아와 부모가 가족 구성원 서로에게 진정으로 관심을 가지도록 격려하고, 혹시 실수를 하거나 오해로 인하여 가족 간의 관계가 좋지 않게 될 경우에 서로 노력하여 좋은 관계를 회복할 수 있는 다양한 방안을 알려 줄 수 있어야 한다.

영유아기 자녀가 행복하게 성장할 수 있는 건강하고 행복한 가정을 이루기 위해서는 부모 자신이 행복한 삶을 살 수 있어야 한다. 부모가 행복하면 어린 영유아기 자녀도 행복하다고 한다(김도란, 김정원, 2008). 어머니가 행복하면 영아기 자녀가 긍정적인 사회정서행동을 많이 하고(김유미, 김정원, 2011), 행복한 어머니와 함께 지내는 유아기 자녀는 애착안정성이 높고 보다 유능한 또래관계를 형성할 수 있다고 한다(김민정, 김정원, 2010). 행복한 부모가 행복한 가정을 이루고, 행복한 가정에서 성장하는 자녀는 행복한 삶을 살 수 있게 된다. 행복심리학에서 제안하는 행복한 가정을 이룰 수 있는 조건은 다음과 같다(Hoggard, 2006).

■ 가족 구성원 개개인의 목표와 가족 공동의 목표 추구

행복한 가족은 가족 구성원 각자가 추구하는 목표를 인정하고 존중하는 동시에 가족 모두가 함께 의미 있는 삶의 목표를 공유하고 그 목표를 이루기 위해 협력한다. 목표를 이루기 위하여 가족들의 의견을 존중하고 모두에게 최선의 결과를 이루어 내기 위하여 적극적으로 의사소통하며 노력한다.

■ 확대가족과의 관계 회복

확대가족과의 유대가 점차로 소멸되어 가는 현대사회에서 사촌 형제나 이모, 고모 등과 함께한 추억은 삶의 의미 있는 순간으로 기억될 수 있다. 부담스럽지 않을 정도와 횟수로 모임을 가지면서 더 넓은 범위의 가족과 함께 시간을 보내며 즐거운 시간을 갖는 것은 소외와 외로움을 특징으로 하는 현대사회에서 따뜻한 추억이 되고 행복한 삶을 사는 데 도움이 된다.

■ 갈등 해결과 평화로운 관계 형성

가족은 무조건 받아 주고 결코 관계를 깨뜨리지 않을 것이라는 생각으로 가족들의 감정을 생각하지 않고 깊은 상처를 주는 말이나 행동을 하는 사람들이 있다. 그러나 가족관계도 다른 친구나 동료 관계 못지않게 예의를 갖추고 존중해야 지켜질 수 있다. 가족들 간에 갈등이나 다툼이 생겼다면 문제를 솔직하게 인정하고 사과하고 관계의 회복을 위해서 노력해야 한다. 너그러운 마음으로 사랑의 감정을 표현하면서 평화로운 관계를 유지하는 것은 사람들이 행복한 삶을 살아가는 데 기본이 되는 조건이다.

■ 형제자매와의 긍정적인 관계 형성

형제자매는 한 사람의 행복한 삶에서 매우 큰 비중을 차지하는 존재이다. 형제자매는 서로에게 정신적 지주가 될 수 있는 의미 있는 존재이며, 사회적 자극을 제공하고 인간관계에 꼭 필요한 여러 가지 기술을 배울 수 있는 존재이다. 형제자매는 함께 성장하면서 협력하고, 갈등 상황에서 화해하고, 나누고 보살피는 기술 등을 서로 배운다. 형제자매 간에 좋은 관계를 맺기 위해 가장 중요한 조건은 부모의 사랑이다. 부모는 자녀를 키우면서 공정하게 대하고 자녀들에게 골고루 사랑을 주면서 형제자매가 사랑의 관계를 맺도록 양육해야 한다. 형제자매는 가족관계에서 잠재적인 경쟁자가 될 수도 있으므로 부모는 이러한 경쟁심을 긍정적인 에너지로 분출할 수 있도록 도와주어야 한다. 형제자매 간의 관계가 서로 단점을 지적하고 부모의 사랑에 대하여 경쟁하며 서로 상처를 주면서 상실감, 질투, 심지어 증오로 이어진다면 가족의 행복을 지키고 누리기에 큰 어려움이 된다.

■ 가족 간의 유대를 강화하는 방법

■ 가족 모두에게 의미 있는 가족 행사 만들기

가족들이 부모나 형제들의 생일, 크리스마스 등의 종교 축일, 혹은 한 달에 한 번 만나서 요리를 해서 먹거나 영화를 보는 등의 모임을 가질 수 있다. 이러한 크고 작은 가족 모임을 통해 가족이라는 울타리의 존재를 알고 어려운 일을 만났을 때 이겨낼 수 있는 든든한 지원군이 있음을 알고 안심하고 일상을 살아갈 수 있는 힘을 얻게 된다.

■ TV 없애기(영상물 시청 시간 줄이기)

TV를 없애는 것은 가족 간에 함께하는 시간과 대화의 시간을 가지게 하는 가장 좋은 방법 중 하나이다. 요즈음은 특히 유튜브 등을 통해 다양한 영상물을 접하기가 쉬우므로 이러한 영상물에 너무 많은 시간을 쏟아붓지 않도록 부모와 가족들의 세심한 관심이 필요하다.

■ 가족들과 추억을 공유하기

가족이 형성되고 성장하는 과정을 다양한 기록으로 남기고 공유하는 것은 가족 구성원이 서로에게 어떤 의미를 갖는 존재인지를 알 수 있게 하는 데 도움이 된다. 가족과의 추억을 공유하는 것은 삶을 살아가는 과정에서 어려움을 겪을 때 이겨낼 수 있는 힘이 되고 위로가 된다.

자녀를 행복하게 만드는 방법

- 하루 중 집중하여 놀이에 몰입할 수 있는 시간을 넉넉히 제공하기
- 어렸을 때부터 돈이면 다 된다는 과도한 물질주의를 경계하는 태도를 가지도록 돕기
- 긴장을 풀고 편안한 마음으로 지낼 수 있도록 격려하기
- 실수를 할 때 야단치지 말고 누구나 실수를 할 수 있음을 알도록 상호작용하기
- 아주 어린 자녀라도 투정을 무조건 받아 주지 않기
- 자녀의 대표 강점을 찾아 키워 주기
- '노'보다 '예스'를 더 많이 말하기
- 형제 사이의 과도한 경쟁을 부추기지 않기
- 부모와 자녀가 서로에 대해서 알고 싶은 것에 대해서 이야기 나누기
- 아이가 선택할 수 있도록 격려하기
- 평화로운 식사 시간 갖기
- TV 시청 시간을 제한하기
- 충분히 자고 운동하도록 하기
- 하루일과에 대하여 편안한 마음으로 공유하는 시간 가지기

출처: Hoggard, L. (2006). 행복. pp. 230-233. 예담.

[그림 7-1] 부모-자녀 같은 곳 바라보기

[그림 7-2] 부모-자녀 마주 보기

3. 가족의 스트레스와 위기

현대사회의 대부분의 가족은 다양한 스트레스를 경험하고 있다. 그리고 모든 가족은 서로 다른 방법으로 스트레스에 대처한다. 스트레스에 적절하게 대처하여 행복한 생활을 유지하는 가족도 있고 과도한 스트레스에 적절하게 대처하지 못하여 가족의 행복한 삶이 무너지는 경우도 있다. 일반적으로 다양한 지원체계를 가지고 있는 가족이 스트레스에 적절하게 대처하는 힘이 더 큰 것으로 알려지고 있다. 모든 가족들은 가족주기를 거치며 예상할 수 있는 어려움이나 예상하지 못한 위기 상황을 겪으며 가족생활을 유지한다. 이러한 위기 상황에서 적절한 지원을 받을 수 있는 지원체계를 얼마나 잘 갖추고 있느냐는 가족이 스트레스를 극복하고 다시금 행복한 삶을 회복하는 데 많은 영향을 미친다. 우리 사회의 가족들이 스트레스와 위기 상황을 극복하는 데 영향을 미치는 지원체계를 예로 들면 다음과 같다(김정원, 전선옥, 2016; 정혜정, 2015).

- 가족 구성원들이 느끼는 각자의 삶에 대한 만족의 정도
- 가족 구성원들 간의 존중과 수용의 태도
- 가족 구성원들 간의 응집성 정도
- 가족의 경제적 상황과 재정 관리 능력
- 확대가족(영유아의 조부모, 형제자매 등)의 물질적 · 심리적 지원
- 친구와 동료들과의 친밀함과 지원을 받을 수 있는 가능성

가족의 스트레스 대처 능력은 가족 구성원들 중 누구에게도 해로운 영향을 끼치지 않고 가족 전체가 주체가 되어 스트레스를 일으키는 사건이나 상황을 관리하는 능력을 의미한다(Boss, 1988). 스트레스를 받을 때 대처하는 모습은 가족에 따라 다르다. 스트레스에 적절히 대처하는 가족과 그렇지 못한 가족의 특성은 다음과 같다.

■ 스트레스에 적절히 대처하는 가족

- 스트레스 요인을 부정하지 않고 정확하게 인식하고 인정함
- 스트레스 상황에 대한 능동적이고 적극적인 대처 방안을 강구함
- 스트레스에 만족스럽게 대처하지 못하더라도 그 상황을 받아들임
- 스트레스 대처의 실패로 인한 상황을 인정하고 실패를 딛고 일어서려고 노력함
- 실패로 인하여 도전함으로써 가족의 행복을 회복할 수 있음

■ 스트레스에 적절히 대처하지 못하는 가족

- 스트레스 상황을 부정하고 가족의 위기 상황을 인정하지 않음
- 스트레스 요인에 수동적으로 대처함으로써 위기 상황을 극복하지 못함
- 해결되지 못한 스트레스가 지속적으로 누적됨으로써 결국은 가족해체라는 극단적 상황에까지 이를 수 있음

결국 스트레스에 적절히 대처하는 가족은 가족이 맞닥뜨린 위기의 상황에서 문제를 적극적으로 해결하려고 노력함으로써 가족의 건강성을 회복하게 된다. 이러한 가족은 특히 가족 구성원들 간의 효율적인 의사소통을 통해 서로 협력하여 스트레스 상황을 극복하고 행복한 가족으로서의 삶을 살아갈 수 있다.

영유아기 자녀를 둔 가족이 경험하는 스트레스 요인에는 가족주기에 따라 자연스럽게 만나게 되는 예측 가능한 일반적인 스트레스 요인과 예측하지 못한 상황에서 갑작스럽게 발생하는 스트레스 요인이 있다. 일반적인 스트레스 요인은 예측이 가능하므로 어느 정도 준비를 할 수 있고, 대부분의 가족들이 대체로 잘 극복하고 다음 단계로 넘어가게 된다. 그러나 예측하지 못한 스트레스 요인은 전혀 준비하지 못한 가운데 경험하게 되므로 가족의 건강성을 무너뜨리고 행복한 가정생활을 유지하는 것을 어렵게 할 수 있다.

■ 영유아 자녀를 둔 가족의 일반적인 스트레스 요인

- 부모기로의 전이과정에서 겪게 되는 스트레스
- 좋은 영유아교육기관 선정 시 겪는 스트레스
- 동생을 보게 됨으로써 겪게 되는 영유아와 부모의 스트레스
- 조부모나 다른 확대가족들과의 관계에서 겪는 스트레스

■ 영유아 자녀를 둔 가족의 예측하지 못한 스트레스 요인

- 부부간의 갈등으로 인한 이혼, 별거 등과 관련된 스트레스
- 한부모가족, 재혼가족의 자녀양육의 어려움으로 인한 스트레스
- 장애유아를 갖게 되어 겪는 스트레스
- 가정폭력이나 아동학대 등으로 인한 스트레스

아동학대는 영유아기 자녀를 둔 가족과 관련하여 현재 우리 사회에서 가장 심각한 현상으로 나타나고 있다. 아동학대란 보호자를 포함한 성인이 아동의 건강과 복지를 해치거나 정상적 발달을 저해할 수 있는 신체적 · 정신적 · 성적 폭력이나 가혹행위를 하는 것과 아동의 보호자가 아동을 유기하거나 방임하는 것을 의미한다(「아동복지법」 제3조). 아동학대는 가정폭력의 한 유형으로 행복한 가정을 무너뜨리는 데 그치는 것이 아니라 우리 사회 전체의 건강성에도 심각한 악영향을 미치는 위험 요인이다(류정희, 2017).

부모와 관련된 아동학대의 요인으로는 부모의 미성숙, 아동양육에 대한 지식 부족, 지나친 기대, 잦은 가정의 위기, 정서적 욕구불만, 사회적 고립, 어릴 적 학대받은 경험, 알코올 중독과 약물중독, 부모의 그릇된 아동관 및 양육관, 부모의 낮은 자아존중감, 감성과 공감능력의 부족, 의기소침, 부모의 분노, 좌절, 혹은 성적 욕구와 같은 충동과 감정조절의 무능력, 원하지 않았던 자녀, 부모의 불안과 우울, 기타 정신질환 등이 있다(장화정, 강미경, 신소현, 2000; 중앙아동보호전문기관 홈페이지, 2016).

아동학대와 방임은 학대받는 아동의 정신 · 신체적인 면에 치명적이고 영구한

손상을 입힌다. 학대와 방임의 피해를 입은 유아들은 교육기관에서 활동할 때도 영향을 받는다. 따라서 아동학대를 야기하는 요인을 미연에 방지하고 적절히 대처함으로써 유아의 복지를 향상시키고 정상적인 교육을 실시하기 위하여 다양한 지역사회기관의 연계와 지원이 필요하다(류정희, 2017). 그리고 이와 관련된 역할을 수행하는 것도 영유아교사의 중요한 책임이라고 할 수 있다.

영유아교육기관에서는 영유아 가족의 정신적 건강을 지키는 데 도움이 되는 다양한 가정연계 프로그램을 적극적으로 개발하고 실시해야 한다. 또한 자녀에 대한 신체적 처벌을 대신할 수 있는 올바른 훈육의 방안을 부모의 상황에 적절한 효과적이고 적절한 방법을 통하여 적극적으로 안내하는 것도 중요하다. 특히, 어린 영유아의 부모에게 학대와 방임이 무엇인지, 그리고 이런 일들이 일어나지 않도록 자녀를 어떻게 양육해야 하는지 등에 관하여 적극적으로 알리는 것은 현재 영유아의 안녕뿐만 아니라 이후 자라서 행복한 가족생활을 하는 데 많은 도움이 된다. 영유아교사가 인지하고 있어야 하는 아동학대와 방임의 증상을 간략히 살펴보고, 아동학대 예방을 위한 부모와 교사의 역할을 제시하면 다음과 같다.

〈표 7-1〉 아동학대와 방임의 증상

발달단계	아동학대와 방임의 증상	
영아와 걸음마기 유아	• 불안정한 애착 • 또래와 교사에 대한 공격적 행동	• 다정한 표현에 대한 무반응
유아기	• 신체적 · 언어적 공격성 • 파괴적 행동 • 분노의 폭발	• 사회성 발달 측면에서의 미성숙 • 다른 유아들의 놀이를 지켜보고 혼자 놀이함
학동기	• 분노 • 공격성	• 활동적이지 못함

아동학대 예방을 위한 부모의 역할
• 사랑이 많은 안전하고 행복한 가정을 만든다. • 자녀에게 관심을 가지고 상세한 질문을 통해 아이의 일상생활을 파악한다. • 긍정적인 신체적 접촉을 많이 해 주어 거짓되고 가장된 애정을 구별할 수 있도록 한다. • 자녀와 진심 어린 의사소통을 통해 자녀의 이야기를 듣는다.

아동학대 예방을 위한 교사의 역할

- 영유아의 이야기를 귀 기울여 들어 주고 반응을 잘해 준다.
- 영유아에게 관심을 가지고 영유아의 특성을 파악하려고 노력한다.
- 영유아와 진심 어린 대화를 많이 한다.
- 영유아의 자존감을 키우고 높여 줄 수 있는 활동을 많이 한다.

4. 행복한 가족과 마을 공동체

최근 우리 사회에서 자녀를 양육하기 위해서는 한 가족만이 아니라 마을 공동체 전체의 협력이 필요하다는 주장이 더욱 강조되고 있다. 이러한 경향은 '한 아이를 기르기 위해서는 마을 전체가 필요하다(It takes a whole village to raise a child)'는 생각과 부합하는 것이다. 이는 고립되고 외로운 현대인들의 삶의 모습에서 벗어나 마을 공동체, 즉 이웃과 지역사회, 지자체와 국가기관까지 모두 함께 협력해서 다음 세대를 양육하자는 뜻이다. 특히, 개인주의화 된 현대사회에서 그 존재가 희미해져 가는 지역사회의 마을 공동체를 회복하고 아이들이 행복한 삶을 살 수 있도록 돌보고 키워야 한다는 의미이다(김기영, 2016; 이재민, 2019).

공동체에 대한 관심은 최근 행복한 삶에 대한 우리 사회의 구성원들의 관심과도 연관된다. 행복한 삶은 즐거운 삶, 만족스러운 삶, 그리고 의미 있는 삶으로 이루어지는데 이 중 나보다 더 큰 일에 내 역량을 쏟아붓는 것, 예를 들면 정치, 종교, 지역사회 활동 등에 보다 적극적으로 참여하면서 의견을 개진하고 보다 더 나은 사회를 이루기 위해 노력하는 의미 있는 삶은 사회구성원들의 행복을 지속시키는 데 많은 영향을 미친다고 한다(Hoggard, 2006). 따라서 마을 공동체인 지역사회에의 참여와 다음 세대 양육을 위한 친구와 이웃들이 포함된 공동체 구성원들과의 협력은 한 사회의 건강성 회복과 행복을 위해서도 고려되어야 하는 주요 요인이라고 할 수 있다.

지역사회 공동체에 대한 관심은 어린이집이나 유치원, 부모와 지역사회가 공동체 의식을 가지고 어린 자녀를 보다 행복하게 키우기 위해 함께 노력할 수 있는 가능성을 제시한다(조유성, 한창근, 2019). 즉, 지역사회와 영유아교육기관, 그리고 영유아의 가족들은 다양한 사회적 활동, 예를 들면 지역사회의 도서관 구성하기, 꽃밭 가꾸기, 마을회관 관리하기, 협동조합을 만들어 유기농 식재료를 합리적인 가격으로 공급하는 데 참여하기 등 다양한 자원봉사활동에 참여하면서 영유아들이 자라는 마을 공동체를 보다 살기 좋은 곳으로 만들어 갈 수 있다.

참고 **여성가족부 공식 블로그: 공동육아나눔터로 가족이 행복한 육아공동체 만들기**

지역사회 중심 돌봄공동체를 조성하기 위하여 여성가족부는 공동육아나눔터를 운영하고 있다. 공동육아나눔터란 일 · 생활 균형과 안정적인 양육환경 조성을 위해 지역사회 중심의 돌봄공동체 활성화가 필요하다는 판단으로 국가에서 지속적으로 확대 · 운영하려고 계획하는 육아공동체의 한 유형이다. 2018년 확대 계획이 발표된 이후 200개소 이상이 운영되고 있으며 그 수가 지속적으로 증가하고 있다. 공동육아나눔터는 대한민국 부모들이 육아에 대한 고충을 덜고 아이와 부모가 모두 만족하면서 행복한 삶을 살아갈 수 있도록 지원하려는 목표를 가지고 있다. 여성가족부 공식 블로그를 참고할 수 있다(https://blog.naver.com/mogefkorea/221380231346).

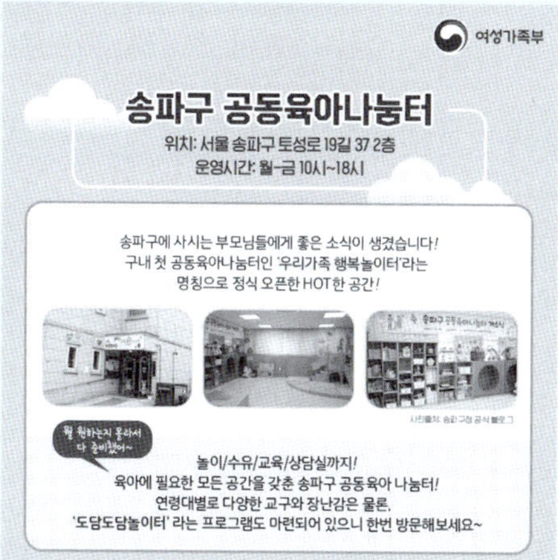

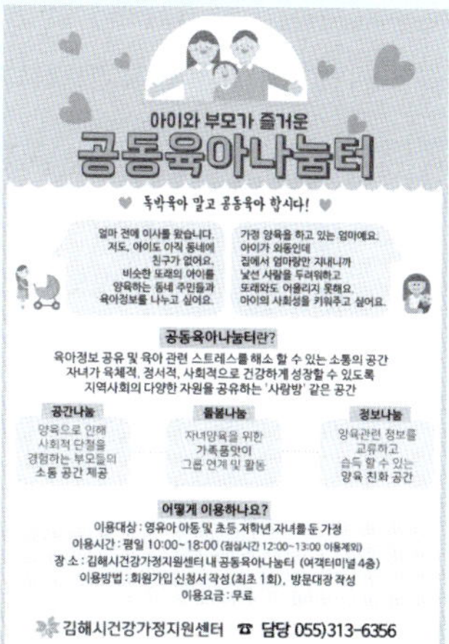

수원시 공동육아나눔터에서는 다문화(2), 한부모(2), 맞벌이(2), 4남매 다둥이(1), 군인 가족(1) 이렇게 다양한 환경의 여덟 가족이 모여 3년째 가족품앗이 활동을 이어오고 있다. 각기 처한 환경이 다른 여덟 가족을 하나로 묶는 힘은 '가족의 어려움을 극복하기 위해서는 다른 가족의 도움이 필요하다'는 것! 내가 바쁠 때 나 대신 아이들을 돌봐 줄 사람, 아이에게 없는 든든한 아빠 노릇을 해 줄 사람, 국어가 힘겨운 나 대신 소통해 주는 친한 지인, 홀로서기가 두려운 나에게 조언을 해 줄 선배, 언제든 차 없는 우리 가족을 같이 태워 줄 사람, 내 아이와 스스럼없이 놀아 줄 친구, 이들이 모두 이 안에 있음을 느낀다.

(공동육아나눔터 이용 수기 최우수상 사례요약)

3세 자녀를 키우고 있는 워킹맘 김ㅇㅇ(36세)는 얼마 전 새로 이사 온 아파트에 대단히 만족하고 있다. 무엇보다 아파트 커뮤니티 공간에 '공동육아나눔터'가 있기 때문이다. 육아휴직을 해 하루 종일 아이를 돌보노라면 몸도 마음도 지칠 때가 많았는데, 공동육아나눔터를 이용하면서 자연스럽게 이웃들도 알게 되고 아이도 동네 친구들이 생겼다. 특히, 멀리 있는 문화센터까지 가지 않아도 아파트 내에서 아이와 함께 놀이 프로그램에 참여할 수 있고, 오랫동안 품앗이 활동을 해 온 부모들끼리는 급한 일이 있을 때 자연스럽게 서로 아이를 봐 주기도 한다고 해서, 품앗이 활동에도 적극 참여할 생각이다.

(천안시 ㅇㅇㅇ공동육아나눔터 이용 사례)

▣ 수업 후 활동

- 영유아 가족을 통해 자녀와의 즐겁고 행복했던 경험을 조사해 보세요. 부모들이 알려 준 자녀와의 행복했던 추억을 사진과 함께 게시하여 아이들이 즐거웠던 경험을 떠올려 보는 행복한 시간을 갖도록 지원해 줄 수 있어요.

- 영유아와 가족의 행복감 향상에 도움이 되는 영유아 가족과 함께하는 연계활동의 아이디어를 생각해 보세요.

CHAPTER 08 영유아교육기관과 가족 및 지역사회의 관계

1. 생태학적 이론(Ecological Theory)
2. 협력적인 영유아교육기관과 가족 및 지역사회의 특성
3. 영유아교육기관의 부모 및 가족지원
4. 좋은 영유아교육기관의 조건

영유아교육기관과 가정, 그리고 지역사회는 모두 영유아의 행복한 삶을 위해서 중요한 역할을 담당하는 주체이다. 그러므로 부모와 교사, 그리고 이웃은 최선의 영유아교육을 위해서 서로를 지원하는 동반자적 협력관계를 형성하고 유아들의 성장과 발달을 지원할 수 있어야 한다. 본 절에서는 영유아교육기관과 가족 및 지역사회의 관계를 이해하는 데 도움이 되는 이론적 근거로 생태학적 이론에 대해서 알아보고 협력적인 영유아교육기관과 가족 및 지역사회의 관계, 그리고 유아교사의 역할 등을 살펴보고자 한다.

함께 생각해 봅시다.

다음의 사례를 읽고 예비부모 · 예비유아교사로서 어떤 생각이 들었는지 토론해 보세요.

"우리는 이사를 가려고 집을 알아볼 때 주위에 학교가 있는 곳을 찾아요. 학교가 있는 동네에는 어린 아이들이 있고, 동네를 거닐다 보면 아이들의 깔깔거리는 웃음소리를 들을 수 있거든요. 학교가 끝나고 아이들이 놀이터에 모여 놀이를 할 때면 젊은 엄마 아빠들도 삼삼오오 모여 서로 사는 이야기를 나누는 모습이 정겨워요. 젊은 사람들과 어린 아이들이 있는 활기찬 모습의 동네에서 어른으로서 나의 역할을 찾아 봉사하다 보면 삶의 에너지가 채워지는 것 같아서 좋아요."

"아이들이 견학을 가려고 모여서 선생님과 모여 있을 때 아파트에 사시는 어르신이 시끄럽다고 큰 소리로 아이들을 혼내는 거예요. 아이들에게 이 상황을 설명하기도 어려웠고 섭섭하고 속상했어요. 누구나 어린 시절이 있고 그때는 또래와 어울려 마음껏 소리 내어 웃고 떠들며 크는 건데... 물론 그 어르신의 고등학생 손녀가 공부를 한다고 하셔서 방해가 되긴 했나 봐요. 시끄럽다고 무서운 얼굴 표정을 짓고 나와서 조용히 하라고 하시는 어르신을 보고 아이들이 무섭다고 울고... 참 난감했던 상황이었어요. 이런 분위기에서 아이들을 더 낳고 기르라고 하는 것이 수긍이 될까요? 참 어려운 시절인 것 같아요."

1. 생태학적 이론(Ecological Theory)

생태학적 이론은 인간을 둘러싼 환경의 내적 요인과 외적 요인 등 전체 체계와 그 영향을 통해 인간의 행동을 이해하고자 하는 이론이다(김예리, 2009; 김희선, 2014). 생태학적 이론은 다양한 환경적 체계 안에서 태어나고 성장하는 영유아와 가족, 그리고 지역사회의 관계를 이해하는 데 도움이 된다.

생태학적 이론에 의하면 영유아와 부모, 그리고 가족에 대한 이해는 영유아가 살고 있는 사회문화적 맥락에서 이루어져야 한다(Bronfenbrenner, 1979). 영유아기 자녀를 둔 가족은 주위의 인접한 구조로부터 차츰 확산되고 있는 다양한 생태체계 속에서 살아가고 있는데 이 구조는 미시체계, 중간체계, 외체계, 거시체계, 시간체계 등의 5가지 체계로 구성된다. 영유아와 가족은 이러한 사회문화적 체계들 간에 끊임없이 얽혀 있는 상호관계에 의해서 직접적, 혹은 간접적으로 영향을 받는다. 영유아들이 영향을 받는 이러한 각종 체계들은 역동적이고 지속적으로 변화하면서 영유아기 자녀를 둔 가족의 삶에 영향을 미친다(황혜정, 김경회, 이혜경, 어주경, 나유미, 2003; Kim, Kim, & Jung, 2011).

그러나 환경만이 유아에게 영향을 미치는 것은 아니다. 유아는 자신의 주위 환경과 경험을 선택하고 수정하며 창조함으로써 환경의 산물이면서 동시에 산출자로서의 역할을 수행한다. 이렇게 환경과 유아는 서로 상호의존적인 영향을 주고받으며 끊임없이 변화한다(이기숙 외, 2021). 영유아와 가족의 삶에 영향을 미치는 다양한 사회문화적 체계를 정리하면 다음과 같다.

■ 미시체계(microsystem)

미시체계는 개인이 독특한 특성을 가진 환경 내에서 경험하는 활동, 역할 및 대인관계의 유형으로, 영유아가 속한 가장 직접적인 환경인 가족, 교사, 또래, 유아교육기관, 지역사회, 각종 대중매체 등이 이에 속한다. 미시체계의 부모, 교사, 또래 등은 능동적으로 행동하는 영유아와 직접적으로 밀접하게 상호작용하면서 서로 영향을 주고받는다. 특히, 부모는 가족의 정서적 분위기를 조성하고 다양한 유형의 양육태도를 통해 영유아에게 영향을 미치는 가장 중요한 미시체계이다.

■ 중간체계(mesosystem)

중간체계는 개인이 적극적으로 참여하는 둘 이상의 환경들 간의 상호작용, 즉 두 가지 이상의 미시체계들 간의 관계로 구성된다. 예를 들면, 영유아와 어린이집이나 유치원 교사와의 관계, 유아와 또래의 관계 등이 서로 영향을 미치며 영유아와 부모, 그리고 가족의 생활에 영향을 미치게 된다.

■ 외체계(exosystem)

외체계란 유아와 가족에게 비개인적이고 간접적이며 일방적인 영향을 미치는 사회체계로, 부모의 직장, 지역사회의 각종 문화시설, 지방자치단체 등이 포함된다. 예를 들어, 부모가 근무하는 직장의 가족친화적인 정책이나 분위기는 부모의 스트레스 정도에 영향을 미치고 이는 다시 가정에서 자녀와의 상호작용에 영향을 미침으로써 결국에는 영유아의 삶의 질에까지 많은 영향을 미치게 된다.

■ 거시체계(macrosystem)

거시체계에는 미시체계, 중간체계, 외체계를 비롯하여 영유아와 그 가족이 살고 있는 사회의 다양한 사회문화적인 환경이 모두 포함된다. 거시체계는 하위문화수준이나 문화 전반의 수준에서 현재 존재하고 있거나 존재할 수 있는 요인이다. 예를 들면, 대학입시제도, 각종 규제와 법을 비롯하여 우리 사회만의 독특한 가치체계와 신념, 관습 등이 거시체계에 속한다. 우리 사회의 학벌이나 학연 등을 중시하는 분위기와 외국어 교육 열풍 등은 모두 영유아와 가족에게 영향을 미치는 거시체계이다. 정치적 격변, 만성적 가난, 가족구조의 변화 등도 영유아에게 부정적인 영향을 미칠 수 있는 거시체계로 볼 수 있다.

■ 시간체계(chronosystem)

영유아는 어떤 시기에 태어나서 성장하느냐에 따라 삶의 양상에 많은 영향을 받는다. 남아를 소중히 여기는 시대에 태어나서 성장하는지, 학문적 성취를 중요하게 여기는 시기에 성장하는지, 혹은 자유로운 놀이를 통한 학습을 중요하게 여기는 시기에 태어나서 성장하는지, 전 세계가 경제적으로 어려운 시기에 아동기와 청소년기를 거치는지 등 특정 시기의 사회문화적인 상황은 한 사람의 전 생애에 걸쳐 많은 영향을 미치는 시간체계이다.

생태학적 이론에 의하면 가족의 사회문화적 환경은 영유아의 삶에 절대적으로 중요한 영향을 미치는 요인이다(Bronfenbrenner, 1990). 이 이론에서는 특히 장

기간에 걸쳐 제공되는 지속적인 양육자와의 상호작용이 영유아에게 미치는 영향력의 중요성을 강조하고 있다. 유아는 한두 명 이상의 주된 양육자와 지속적으로 상호작용을 하면서 강하고 무조건적인 정서적 애착을 형성하게 되고, 이렇게 형성된 정서적 유대관계는 유아의 전 생애에 걸친 발달과 복지에 긍정적인 영향을 미치게 된다. 가정에서 이루어지는 비형식적 교육은 초등학교 이후 학교교육에서의 성취를 위한 필수적인 전제 조건이기도 하므로 생태학적 이론에서는 인생 초기인 영유아기에 가정에서 부모를 비롯한 양육자와의 비형식적인 상호작용을 매우 중요하게 여긴다.

이와 같이 가정에서 이루어지는 양육자와의 상호작용과 가정의 환경과 더불어 유아와 부모를 도와주는 또 다른 성인들의 존재도 생태학적 이론에서 중요하게 여기는 요인이다. 조부모, 친척, 친구, 그리고 이웃들은 유아와 가족에게 도움을 주고, 가족이 어려움을 극복할 수 있도록 지원하며, 사랑으로 지켜봐 줌으로써 영유아와 영유아 가족에게 큰 힘이 된다. 가족을 둘러싸고 있는 이러한 인적 자원들은 영유아와 가족이 행복한 삶을 영위하는 데 많은 힘이 되는 중요한 환경 요인이다(Luster & Okagaki, 1993).

이 밖에도 유아가 대부분의 시간을 보내는 가정과 유아교육기관 사이의 개방적이고 효과적인 의사소통 및 상호 신뢰는 그 정도에 따라 유아와 가족의 평안한 삶에 많은 영향을 미치는 환경적 요소이다. 그리고 부모들의 직장에서의 스트레스도 유아의 가정생활에 영향을 미치는 주된 요인이 된다. 부모의 직장 생활의 조건은 부모가 제공하는 가정환경의 질에 영향을 미치고 이러한 가정환경은 유아들의 인지적 · 사회적 발달 등 전반적인 발달에 많은 영향을 미치게 된다(Parcel & Menaghan, 1994). 또한 공공 정책의 입안 및 실현과 같은 사회 체계도 유아와 가족에게 영향을 미치는 요인이다. 유아와 가족이 살고 있는 이러한 사회 체계는 가정 내에서의 영유아 양육에 영향을 미치고 다시 영유아의 발달에 많은 영향을 미치는 환경적 요인이다.

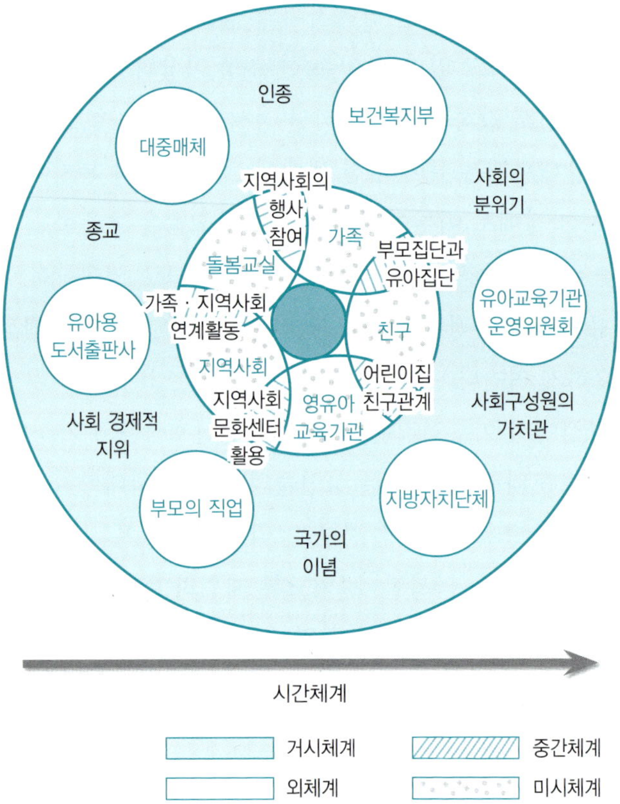

[그림 8-1] 생태학적 체계

출처: 김정원, 전선옥(2016). 영유아교육기관의 부모교육. p.116, 서울: 창지사.

COVID-19 시기 레지오 에밀리아 유아교육기관의 가족 및 지역사회 연계

레지오 에밀리아 유아교육기관에서는 COVID-19 팬데믹 시기에 가정에서 생활하고 있는 어린이와 가족들을 위하여 온라인 플랫폼을 통한 교육 프로그램을 제공하였다. '집에서 레지오 에밀리아 접근법'으로 불리는 이 플랫폼은 레지오 에밀리아 지역의 유아교육기관과 교사들이 설계하였다. 코로나 팬데믹으로 인하여 대면 수업이 불가능한 시기에도 레지오 에밀리아 교육자들은 가족 및 지역사회와의 연계를 통해 어린이들을 위한 최선의 교육을 실시하기 위하여 노력하였다.

이야기, 요리, 창의적인 아이디어 등으로 구성된 이 원격수업자료(Reggio Kit 2.0)는 레지오 에밀리아의 0~6세 어린이들에게 교육기회를 제공하는 지역사회 프로젝트로 가족의 참여를 지원하는 방법이다. 팬데믹 시대에 집에서 생활할 수밖에 없는 아이들을 위한 다양한 활동을 지원하는 이 프로젝트에서는 건축과 상상력, 창의성, 놀이와 학습, 맛과 건강한 삶 등 4가지 영역에서 새로운 콘텐츠를 개발하여 제공하고 있다. 또한 레지오 에밀리아에서는 교육기관을 직접 방문하지 못하는 교육자들을 위한 'E-Learning' 서비스도 제공한다. 이 서비스를 통해 교육자들은 실시간으로 레지오 에밀리아 접근법의 다양한 주제와 목표에 관한 온라인 교사 연수에 참여하면서 교사로서의 전문성을 향상시킬 수 있다.

가족 및 지역사회 연계를 통한 최선의 교육적 상과를 창출하고 있는 레지오 에밀리아에서는 팬데믹 시기에도 가족 및 지역사회와의 연계를 통해 어린이들을 위한 최선의 교육 프로그램을 실시하기 위하여 노력하였고, 이러한 노력은 레지오 에밀리아의 교육적 성과를 지속적으로 향상시키고 있는 주요 요인이다.

출처: https://medium.com/pallikkoodam-coimbatore/the-reggio-emilia-approach-to-early-childhood-education-during-the-covid-pandemic-the-story-76dca10b4787
https://www.reggiochildren.it/en/reggio-emilia-approach/risultati?s=home+program

2. 협력적인 영유아교육기관과 가족 및 지역사회의 특성

우리 사회에서 영유아교육기관과 부모 및 가족의 관계는 더 이상 전문가와 비전문가의 입장에서 일방적으로 가르치고 배우는 관계가 아니라 서로 협력하고 지원하는 관계가 되어야 한다. 어린이집과 유치원 등의 영유아교육기관과 영유아의 부모 및 가족, 그리고 지역사회는 상호 협력하는 동반자 관계가 되어 영유아를 위한 최선의 교육과 환경을 제공해 주기 위해 함께 노력해야 한다. 협력적인 영유아교육기관과 가정, 그리고 지역사회는 다음과 같은 특성을 가지고 있다(Epstein, 1995).

■ 가정 같은 영유아교육기관

가정과 협력적인 동반자 관계를 맺고 있는 유치원과 어린이집은 기본적으로 가정과 같은 따뜻하고 수용적인 분위기를 가지고 있다. 따뜻하고 사랑 넘치는 분위기의 행복한 가정에서 모든 가족 구성원들이 존중받고 수용되는 것처럼 어린이집이나 유치원에서도 영유아와 가족의 문화와 가치관을 존중하고 수용하고자 노력한다. 이러한 교육기관에 다니는 영유아는 편안한 마음으로 자신의 역량을 마음껏 발휘하며 배우고 성장할 수 있고, 영유아의 부모도 교사와 마음을 터놓고 소통하며 행복하게 어린 자녀를 양육할 수 있다.

■ 영유아교육기관 같은 가정

영유아교육기관과 진정한 의미의 동반자적 협력관계를 유지하는 영유아의 부모와 가족은 교육기관과 같은 특성을 갖추고 있는 가정환경을 마련한다. 이러한 가정에서는 유능한 교사가 영유아들과 상호작용하는 것과 유사한 방법으로 어린 자녀들과 상호작용한다. 자녀를 능력 있고 자존감 있는 존재로 인정하고 있는 그대로의 모습으로 존중한다. 이러한 가정에서는 자녀를 부모의 소유물로 여겨 부모의 요구를 강요하거나 부적절한 양육태도로 자녀를 함부로 대하지 않는다. 이러한 가정의 부모와 가족은 유아교육기관의 부모교육 및 다양한 모임에 적극적으로 참여하여 영유아기 자녀의 발달에 적절한 효과적인 상호작용 방법을 적극적으로 배우고 실행하고자 노력한다. 영유아는 이러한 부모와 상호작용하며 편안한 어린 시절을 보내고 유능하고 행복한 사람으로 성장하게 된다.

■ 지역사회와 함께하는 가정

영유아와 가족이 우리 사회에서 행복한 삶을 살아가기 위해서는 영유아와 부모·가족, 영유아교육기관의 교사, 그리고 지역사회의 기관이나 관계자들이 서로 간에 우호적이고 친밀한 관계를 유지한다. 영유아의 부모와 교육기관은 지역사회의 다양한 기관으로부터 적극적인 지원을 받는 동시에 도움이 필요한 공동체의 기관이나 구성원들을 위해서 자원봉사나 기부 등의 물질적인 지원을 통해 최선의 지원을 다함으로써 서로 협력하는 바람직한 분위기의 공동체를 유지할 수 있다. 이러한 공동체에서 배우고 성장하는 영유아는 서로 지원하고 협력하는 조화로운 공동체의 의미를 어린 시절부터 터득함으로써 선한 공동체의 의미와 가치를 실현할 수 있는 우리 사회에 유익이 되는 사회구성원으로 성장하게 된다.

■ 영유아의 부모와 가족에 대해서 우호적인 영유아교육기관과 지역사회

영유아교육기관과 지역사회는 영유아와 가족에 대해서 우호적인 태도에 기초하여 영유아와 어린 자녀를 양육하는 젊은 부모들이 지역사회 공동체에서 행복하고 평화로운 삶을 살아갈 수 있도록 지원해야 한다. 이를 위해서 교육기관과 지역사회에서는 현대사회의 특성에 따라 변화하는 가족의 요구를 알고 고려할 수 있어야 한다. 과거에 일반적으로 받아들여졌던 전형적인 가족의 유형만을 인정하고 그에 맞는 지원방안이나 부모교육 등을 제안하는 것이 아니라 현대사회의 다양한 가족의 유형과 특성을 이해하고자 노력하고 이들이 각 지역사회 공동체의 일원으로 자리를 잡고 살아갈 수 있도록 다양한 가족의 이야기를 적극적으로 경청하고 필요한 것을 지원해야 한다.

3. 영유아교육기관의 부모 및 가족지원

영유아교육에서 부모와 가족의 영향력이 강조되면서 부모와 가족은 영유아의 성장과 발달, 그리고 교육에 있어서 가장 중요한 역할을 하는 존재로 인식되고 있다. 부모 및 가족이 유아를 위한 최선의 환경을 제공해 준다면 유아가 행복한 어린 시절을 보내고 성장하면서 성공할 가능성은 그렇지 않은 경우보다 훨씬 더 높아진다. 그러나 만약 유아가 가난이나 질병, 혹은 폭력 등으로 인하여 어려움을 겪는 가족과 살고 있다면 유아는 부모로부터 발달적 요구에 부합하는 지원을 받을 수 없고 당연히 어려운 어린 시절을 보내게 되어 이후 학교에서의 성취와 전반적인 삶의 질에도 부정적인 영향을 받게 된다. 따라서 유아교육기관의 원

장과 교사는 영유아의 부모 및 가족과 협력적인 관계를 형성하고 가정과의 연계를 통하여 적절한 지원을 제공할 수 있어야 한다.

1) 영유아교육기관의 부모 및 가족지원의 원칙

영유아교육기관의 원장과 교사는 교육과정을 실행하는 과정에서 가정과의 적극적인 연계를 통해 부모 및 가족과 협력하고 지원해야 한다. 영유아교육기관에서 이루어지는 부모지원의 원칙을 살펴보면 다음과 같다(Couchenour & Chrisman, 2000; Kagan & Weissbourd, 1994; Weissbourd, 1994).

■ 영유아의 부모 및 가족을 전문가로 인정하기

영유아교사는 부모를 지원하는 과정에서 자녀를 양육하는 부모들이 기본적으로 많은 능력을 가지고 있다는 사실을 인정할 필요가 있다. 과거에는 영유아교육기관의 교사와 부모가 상호작용을 할 때 교사는 영유아의 발달을 잘 아는 전문가로서의 역할을 하고 부모는 전문지식이 없는 존재로 인식되곤 하였다. 그러나 현재는 영유아를 교육기관에 보내는 부모를 전문가로서 인정하고 격려하는 경향이 증가하고 있다. 교사는 일반적인 영유아의 발달 및 교육에 관해서는 부모보다 많은 지식을 가지고 있으나 특정 유아의 개인적인 사항에 대해서는 해당 유아의 부모가 가장 정확한 정보를 많이 가지고 있기 때문이다. 부모와 교사는 서로에 대하여 존중하고 적절한 방법으로 의사소통함으로써 영유아의 발달을 위한 최상의 조건을 마련할 수 있어야 한다.

■ 영유아의 부모 및 가족의 자녀양육 가치관 존중하기

영유아교사는 각 유아가 속해 있는 가정의 자녀 양육에 관한 가치관을 존중하고 기꺼이 수용할 준비가 되어있어야 한다. 그러나 아직까지 많은 교사들은 부모의 자녀 양육에 관한 생각이나 각 가정의 자녀 양육 가치관에 대하여 비판하고 교사가 생각하기에 더 나은 방향으로 가르치고 변화시키고자 시도하는 경향이 있다. 영유아의 삶의 기본은 영유아교육기관이라기보다는 각 영유아가 속한 가정이다. 따라서 교사는 영유아 부모의 자녀양육에 대한 믿음과 가치를 인정하고 존중할 필요가 있다. 부모는 자신이 가지고 있는 삶에 대한 가치관, 그리고 자녀를 양육하는 방식을 존중받을 때 자아존중감이 발달하고, 그렇게 되면 보다 긍정적인 방향으로 부모역할을 수행할 수 있는 자신감을 갖게 된다.

■ 자녀양육에 관한 정확한 정보 공유하기

영유아교육기관에서의 부모지원은 영유아의 발달 및 교육에 필요한 정확한 지식을 제공하고 발달에 적합한 교육적 가치관을 수용하도록 격려하는 방향으로 이루어져야 한다. 현대사회에서 생활하는 부모들은 자녀양육과 관련된 과도한 정보의 홍수 속에서 어떠한 정보가 과연 자신의 자녀에게 가장 적합한지를 가려내느라 어려움을 겪고 있다. 따라서 영유아교사들은 다양한 부모지원의 방안을 통하여 영유아가 속해 있는 가정과 지역사회의 특성에 가장 적합한 정보를 제공해 줄 필요가 있다. 특히, 계산 기술 훈련을 위한 질이 검증되지 않은 학습지나 영유아에게 심각한 스트레스를 유발하는 조기 외국어교육, 과도한 체육 훈련 등에 관한 잘못된 정보를 가려내고 자녀들이 정말로 건강하고 행복하게 자라는 데 도움이 되는 조건이 무엇인지를 정확히 알려 주는 것은 부모를 지원하는 영유아교사의 가장 중요한 책임이라고 볼 수 있다.

■ 교사와 부모 · 가족 간 신뢰관계 형성하기

영유아교사와 부모 및 가족들 간에 함께 만날 수 있는 기회를 통해 서로에 대한 기본적인 신뢰를 쌓을 수 있어야 한다. 부모가 원할 때는 언제나 영유아교육기관에서 지내는 자녀를 편안한 마음으로 관찰할 수 있도록 하고, 의문점이 있으면 교사와 함께 의견을 교환할 수 있는 기회를 마련할 필요가 있다. 부모들끼리 마음 편히 이야기를 나눌 수 있도록 편안한 분위기의 장소를 마련해 놓고 서로의 자녀 문제와 일상생활에서의 고충에 관하여 생각과 의견을 나눌 수 있도록 격려하는 것도 중요하다. 영유아의 부모가 다른 부모들도 자신과 비슷한 어려움을 가지고 있다는 것을 알게 되면 자신이 겪는 어려움이 특별한 것이 아님을 알고 안심하게 된다. 그렇게 되면 자녀와의 상호작용도 한결 편안한 마음으로 하게 되고 이는 결국 자녀의 성장과 발달을 위하여 긍정적인 조건이 될 수 있다.

2) 부모 및 가족과의 협력관계 유지를 위한 유아교사의 역할

영유아교사는 매일의 일상에서 다양한 경로로 부모들과 상호작용한다. 아침 저녁으로 자녀를 데리고 오가는 부모와 만나면서, 혹은 전화와 메시지를 주고받으면서 부모들과 대화를 나눈다. 이렇게 부모의 입장에서 볼 때 자녀와 관련된 많은 이야기를 주고받는 대상인 교사는 부모가 삶 속에서 만나게 되는 다른 여러 가지 문제를 해결하는 과정에서도 가장 먼저 생각하게 되는 믿을만한 조력자가 되기도 한다. 이러한 경우에 교사는 영유아와 그들의 부모에 대한 강한 책임감을 가지고 신뢰받을 수 있도록 행동할 필요가 있다. 부모와의 상호작용 과정에서 항상 기억할 것은 전문가로서의 자세이다. 유아교사들은 영유아의 부모를 지원하는 과정에서 다음과 같은 사항을 기억해야 한다(Couchenour & Chrisman, 1998).

■ 교사-부모 간 신뢰관계 형성

영유아교사는 부모가 가족과 관계된 어떤 문제를 공유할 때 항상 신뢰할 수 있는 대상이 되어야 한다. 복잡하고 바쁜 현대사회의 특성상 가족이나 친구와 자주 만나지 못하는 부모들에게 있어서 유아교사는 자녀를 맡기며 매일 만나게 되는 가장 가깝고도 친근한 존재가 될 수도 있다. 이런 이유로 인하여 자녀와 관련된 문제만이 아닌 다른 사적인 이야기를 하는 경우도 있다. 이때 교사들이 반드시 명심해야 할 것은 부모들이 말한 내용을 다른 사람들과 공유해서는 안 된다는 것이다. 여러 부모들과 일상적으로 접촉하는 교사가 무심코 별다른 생각 없이 한 이야기가 영유아와 부모에게 깊은 상처로 남을 사건으로 불러올 수도 있기 때문이다. 그리고 한 번 이런 일이 벌어지면 그 순간부터 교사에 대한 부모의 신뢰는 사라지고 교사와 부모 사이에 깊이 있는 상호작용이 이루어질 수 없게 된다. 유아교사는 부모들에게 신뢰를 줄 수 있는 존재가 되어야 한다.

■ 교사로서의 역할과 한계에 관한 명확한 인식

부모 및 가족지원의 과정에서 영유아교사는 자신의 역할과 한계를 반드시 명확하게 인식하고 있어야 한다. 교사로서 영유아의 부모와 상호작용을 할 때 공적인 일이기보다는 보다 사적이고 개인적인 차원에서 일이 이루어지는 경우도 많다. 이러한 경우 유아교사들이 개인적인 인정이나 사사로운 감정에 이끌려 교사로서보다는 사적인 관계에서 행동하는 경우도 있을 수 있다. 문제의 성격이나 교사, 그리고 부모의 특성에 따라서 달라질 수는 있겠지만 대부분의 경우 유아교사들은 전문가임을 잊지 않고 부모의 사적인 부분까지는 관여하지 않는 것이 바람직하다. 영유아와 부모에 관하여 염려하고 있다는 사실을 알리는 동시에 전문가로서의 한계를 명확히 하는 것이 지혜로운 교사로서의 태도이다. 교사는 전문가이다. 전문가로서의 부모를 지원하는 과정에서 고려할 지침은 다음과 같다.

- 유아교사로서 자신이 해야 할 일이 무엇이고 어느 정도의 깊이까지 부모들과 상호작용해야 할지를 명확히 인식한다.
- 영유아교육기관의 부모지원 과정에 관한 정책을 숙지하고 이에 근거하여 부모와 상호작용한다.
- 영유아교육기관에 자녀를 보내고 있는 부모들 간에 분쟁이 발생했을 때 어느 한쪽 편을 들지 않는다.
- 부모와의 의사소통 과정에서 사용할 수 있는 다양한 기법을 익힌다.
- 교사로서의 책무를 넘는 문제에 관해서는 원장 등에게 권한을 위임한다.

■ 부모지원 관련 자료의 기록과 보관

영유아교육기관에서 이루어진 다양한 부모지원 사례들에 관한 정확한 정보를 기록하여 보관할 필요가 있다. 영유아와 가족에 대한 정확한 정보는 부모를 지원하는 과정에서 도움이 될 뿐만 아니라 영유아를 위한 교육과정을 구성할 때도 도움이 된다. 정보를 보관할 때는 영유아와 부모에 관한 비밀을 지켜야 한다. 정확히 기록되고 잘 보관된 자료는 영유아교사들의 부모지원 과정에서 유용하게 활용할 수 있다.

4. 좋은 영유아교육기관의 조건

함께 생각해 봅시다.

영유아기 자녀를 둔 부모로서 좋은 어린이집이나 유치원을 선택하는 기준은 무엇일까요? 어떤 조건을 갖춘 영유아교육기관에 자녀를 보내고 싶은지를 토론해 보세요. 가장 중요하게 고려하는 조건을 적어 보세요. 영유아 자녀를 둔 부모를 만나서 직접 이야기를 들어 보아도 좋습니다. 어떤 기준으로 지금 보내고 있는 어린이집이나 유치원을 선택하였는지 인터뷰해 보세요.

영유아기 자녀를 양육하고 있는 부모들이 자녀 양육의 과정에서 많이 고민하고 어려워하는 것이 질 높은 교육과정을 운영하면서도 교육비가 부담되지 않는 유치원이나 어린이집을 찾는 것이다. 특히, 별다른 지원 수단이 없고 경제적으로도 아직 여유가 없는 젊은 취업부모들에게는 가정이나 직장과 가까운 곳에 만족할 만한 질적 수준을 인정받은 영유아교육기관이 위치한다는 것은 가족 전체의 삶의 질과 연결되는 중요한 문제이다. 본 절에서는 영유아교육기관 선택 시 고려할 조건과 이 과정에서 겪게 되는 부모의 어려움을 살펴보고 가족과 협력하고 적절한 지원이 이루어지는 가족중심 영유아교육기관의 특성을 알아보고자 한다.

1) 영유아교육기관 선택의 조건

질 높은 영유아교육기관을 선택하고자 하는 부모들에게 도움을 줄 수 있는 직접적인 방안은 다음과 같은 조건을 고려하도록 안내하는 것이다. 자녀를 위하여 질 높은 교육기관을 찾으려는 부모들도 막상 교육기관의 질적 수준에 대하여 판단할 수 있는 지식은 충분하지 못하기 때문이다.

■ 교사와 영유아 간 상호작용의 질적 수준

교사와 영유아 간 상호작용의 질을 고려해야 한다. 영유아교육 현장에서 영유아의 발달에 가장 큰 영향을 미치는 조건이 교사와 영유아 간 상호작용의 질이다. 영유아에 대한 사랑과 배려의 마음으로 이루어지는 진정성 있는 교사-영유아 간의 상호작용은 영유아의 발달을 위한 중요한 조건이다. 질 높은 상호작용을 위해서는 교사 대 영유아 비율이 적절해야 하므로 이에 관한 정보도 제공한다.

■ 영유아발달에 적합한 교육과정과 평가

영유아의 발달에 적합한 교육과정과 평가가 이루어지고 있는지를 살펴보아야 한다. 영유아에게 부담이 되는 지나친 학문적 기술 위주의 교육은 유아들의 발달에 도움이 되지 않는다. 발달특성상 지나치게 읽기, 쓰기, 셈하기 등에 편중되어 있는 교육과정과 정답과 오답을 구분하여 이루어지는 절대적인 평가는 영유아의 발달 가능성과 잠재력을 방해한다는 것을 이해하고, 어린 자녀가 자율적이고 행복한 가운데 적극적으로 스스로 탐구하는 자세를 형성할 수 있도록 격려하는 교육기관을 선정하는 것이 중요하다.

■ 부모교육 및 참여의 기회 제공

유아교사와 영유아의 부모 및 가족들 간에 동반자적 협력 관계 형성을 가능하게 하는 다양한 부모교육 및 참여 프로그램들이 제공되고 있는지를 확인할 필요가 있다. 영유아의 부모와 영유아교육기관의 교사 및 행정가들은 서로의 입장에 대한 이해와 신뢰를 바탕으로 영유아의 최적의 발달을 성취하기 위하여 서로 협력해야 한다. 이 과정에서 영유아교육기관의 교사들이 부모 및 가족의 가치관 및 상황을 진정으로 존중하고 이를 지원하는 다양한 프로그램들을 제공할 필요가 있다.

■ 행정 업무의 체계적 조직

영유아교육기관의 모든 행정 업무가 규정에 따라 일정한 양식에 의하여 관리되는지를 확인할 필요가 있다. 일과 운영, 교육비, 휴일, 교육비의 환불이나 퇴원 조치 사항, 그리고 영유아 개인 파일(건강검진 결과, 예방주사 접종 현황, 비상시 연락처, 영유아를 데리고 오고 가는 사람, 지속적인 건강관리 정보) 등에 대한 서류가 구비되어 있어야 한다. 더불어 교육의 질에 절대적으로 영향을 미치는 유아교사들의 처우에 대해서도 명확한 근거 규정과 서류가 마련되어 있는 교육기관이 질 높은 영유아교육을 실시할 가능성이 많다. 또한 교사와 부모 등 영유아교육기관의 모든 관계자들이 참여하여 교육 프로그램 등의 질에 대하여 논의하고 평가하는 유아교육기관이 질 관리가 잘되고 있다고 볼 수 있으므로 이러한 기관을 선택하도록 안내한다.

■ 우수한 교사 및 기타 인력 구비

영유아교육의 질에 가장 중요한 영향을 미치는 요인은 교사이다. 따라서 교사의 질에 관한 정보를 반드시 확인할 필요가 있다. 교사들이 영유아교육 및 보육, 아동학 등 관련된 전공의 학사학위를 소지하고 있는지를 확인하고 교사들이 지속적으로 현직교육을 받고 있는지도 확인한다. 능력 있는 교사들이 근무하는 교육기관은 가장 질 높은 교육의 조건을 갖춘 기관이라고 보아도 과언이 아니다. 또한 영유아교육기관이 영유아의 요구에 부합하고 동시에 영유아들의 신체적 · 사회적 · 정서적 · 인지적 발달을 촉진시킬 수 있는 적절한 인력, 예를 들면 간호사, 조리사 등에 의하여 운영되고 있는지를 확인할 필요가 있다.

■ 실내 · 외 공간 및 환경

영유아들이 마음껏 활동할 수 있는 충분한 실내 · 외 공간이 확보되어 있는지를 확인할 필요가 있다. 특히, 하루 종일을 어린이집이나 유치원에서 생활하는 종일반 영유아들을 위해서는 자유롭게 뛰어놀며 스트레스를 해소할 수 있는 아름다운 실외 놀이터가 마련되어 있어야 한다. 또한 실내 · 외에 영유아의 발달에 적합한 질 높은 설비들이 마련되어 있는지도 확인해야 한다.

■ 영유아의 식생활 관리

영유아에게 적절한 식사와 간식이 제공되는지를 확인해야 한다. 영유아기는 한 사람의 일생의 건강 상태를 좌우할 수 있는 중요한 시기이다. 따라서 이 시기에 필요한 충분한 영양을 섭취할 수 있도록 자격 있는 영양사에 의하여 식사와 간식이 계획되는지를 확인하고 계획과 동일하게 식사와 간식이 실제 제공되고 있는지도 부모와 다른 관계자들이 확인할 수 있는 제도가 마련되어 있다면 보다 질 관리가 잘 되고 있는 교육기관이라고 할 수 있다.

이상과 같은 조건에 맞추어 유아교육기관의 질을 적정 수준 이상으로 유지하기 위해서는 유아교육기관에 대한 인준 기준이 반드시 필요하다. 우리나라의 경우 대표적인 유아교육기관인 유치원과 어린이집의 질적 수준을 담보하기 위하여 유치원 평가와 어린이집 평가제 등을 통해 국가수준의 평가가 이루어지고 있다. 국가수준의 평가는 영유아교육기관의 질을 일정 수준 이상으로 유지하는 역할을 함으로써 어린 자녀를 둔 가족의 자녀양육의 우려를 상당 부분 해소시키는 데 도움이 된다. 국가 수준 평가의 결과는 대부분의 경우 유치원과 어린이집의 홈페이지나 교육부나 각 지자체를 통해 공지되어 있으므로 확인 가능하다.

참고 여성가족부: 유아교육기관 어디로 보내야 할까요?

영유아기 자녀를 둔 부모는 부모와 가족의 상황을 고려하여 어린이집과 유치원을 선택할 수 있다. 여성가족부에서는 유치원과 어린이집의 특성과 선택기준을 다음과 같이 제시하고 있다(https://blog.naver.com/mogefkorea/221623548024).

유치원과 어린이집 특성

구분	어린이집	유치원
법	「영유아보육법」	「유아교육법」
행정기관	보건복지부	교육부
목적	보육	교육
이용연령	만 0~5세	만 3~5세
유형	국공립, 법인, 법인단체, 직장, 민간, 가정, 협동	국립, 공립, 사립
운영시간	종일반, 맞춤반, 시간연장	반일제, 방과후, 종일제
교육과정	표준보육과정/누리과정	누리과정
교사자격	보육교사	유치원 정교사

유아교육기관 선택기준

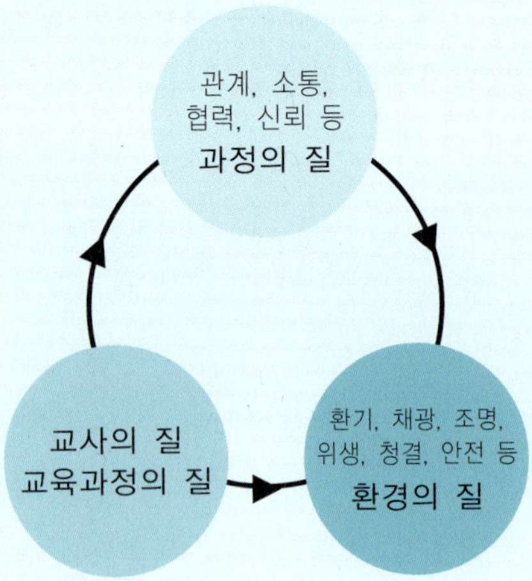

■ 어린이집 & 유치원 통합정보 홈페이지(http://info.childcare.go.kr/info/main.jsp)

통합정보 홈페이지를 통해 어린이집과 유치원 이름으로 여러 가지 정보 검색이 가능하다. 영유아의 부모는 환경의 질, 교사 및 교육과정의 질, 그리고 관계·소통·협력·신뢰 등과 관련된 과정의 질적 수준을 확인하고 영유아교육기관을 선택할 수 있다.

- 어린이집: 기본현황, 영유아 및 보육교직원에 관한 사항, 보육과정에 관한 사항, 보육료와 필요경비에 관한 사항, 예산, 결산 등 회계에 관한 사항, 건강 영양 및 안전관리에 관한 사항, 그 밖의 보육여건 및 운영상태 등에 관한 사항, 어린이집 평가인증(평가제) 관련 정보
- 유치원: 기본현황, 유아 및 유치원 교원 등에 관한 사항, 교육과정에 관한 사항, 유치원 원비 및 예결산 등 회계에 관한 사항, 보건, 위생 및 안전에 관한 사항, 「유아교육법」 관련 위반 내용 및 조치 결과 사항, 그 밖의 교육여건 및 운영상태 등에 관한 사항

2) 가족중심 영유아교육

영유아교육의 전문가들은 영유아의 요구에 가장 효율적으로 부합하는 교육을 실시하기 위해서는 영유아의 부모 및 가족을 고려해야 한다고 제안한다(김정원, 전선옥, 2016; 김희진, 2014). 가족중심 영유아교육의 실현되어야 하는 이유는 다음과 같다.

- 가족은 영유아의 발달을 극대화시켜야 할 주된 책임을 가지고 있다. 영유아의 발달은 가족체계 내에서 시작되고 이러한 체계는 영유아의 발달에 긍정적이든 혹은 부정적이든 지속적인 영향을 미치는 강력한 결정인자이다. 그러므로 영유아의 부모와 가족들이 영유아의 발달과 학습적 요구에 부합하는 적절한 경험을 제공할 수 있도록 지원하는 것은 영유아교육 전문가, 영유아, 영유아의 부모와 가족 모두에게 도움이 된다.
- 영유아교육의 효과를 높이기 위해서는 영유아의 부모와 가족들이 당면하고 있는 문제가 먼저 해결되어야 한다. 영유아기 자녀를 둔 가족이 직면하고 있는 경제적 문제와 건강 관련 문제들을 해결할 수 있도록 국가적 차원에서 지원하는 것은 영유아를 포함한 가족 구성원 모두의 문제를 해결하는데 도움이 되는 기본 조건이다.
- 영유아교육기관의 교사는 담당하고 있는 영유아들에 대한 질 높은 교육을 제공하는 과정에서 영유아의 부모를 비롯한 가족 구성원들의 요구에 부합하는 서비스를 제공할 수 있어야 한다. 영유아의 발달과 성취를 극대화하기 위하여 다양한 교육 서비스의 제공을 모색하는 과정에서 가정연계 활동이나 프로그램 등을 통해 부모와 가족을 포함시키는 것은 가정에서 어린 자녀를 위한 질 높은 교육 활동을 제공하는 능력을 향상시킨다.

가족중심 영유아 교육 체크리스트

- 부모를 위한 오리엔테이션은 부모가 편리한 시간에 실시한다.
- 영유아교육기관에 부모들이 함께 모일 수 있는 장소를 제공한다.
- 부모용 게시판을 마련한다.
- 일 년에 한 번씩 부모의 참여에 대하여 감사장을 수여한다.
- 부모 운영위원회를 구성한다.
- 부모들이 영유아교육기관의 정책에 참여하도록 허용한다.
- 영유아교육기관의 부모참여 행사를 저녁과 주말 시간에 계획한다.
- 부모참여 모임에 자녀를 위한 보육 서비스를 제공한다.
- 도서나 장난감 대여 프로그램을 계획한다.
- 영유아의 성취에 관하여 부모들과 비공식적으로 자주 통화한다.
- 양육권이 없는 부모(이혼한 부모 등)에게 영유아에 관한 적법한 정보를 제공한다.
- 부모의 흥미나 요구를 알아보기 위한 설문지를 실시한다.
- 의료와 사회적 지원 서비스를 연결시킬 수 있는 연결고리를 개발한다.
- 영유아교육기관 소식지를 정기적으로 간행한다.
- 필요한 경우(다른 언어를 사용하는 부모가 있는 경우) 여러 언어로 된 서식을 제공한다.
- 영유아의 가족과 부모를 지원하는 데 헌신할 수 있는 교사를 채용한다.
- 교사들에게 부모와 함께 일하는 데 필요한 기술을 훈련받을 기회를 제공한다.
- 부모의 사회적 · 민족적 · 종교적 배경을 존중하는 교사를 채용한다.
- 영유아와 가족의 문화적 배경에 반응적인 교직원을 채용한다.
- 부모와 교사 간에 정기적으로 계획된 면담 시간을 갖는다.
- 다양한 가족지원 프로그램을 제공한다.
- 부모가 자원봉사할 수 있는 기회를 가능한 한 많이 제공한다.
- 부모가 자신의 관심사를 털어놓을 수 있는 기회를 자주 제공한다.
- 부모들이 영유아교육기관의 교사들에게 질문하고, 방문하고, 전화를 하도록 격려한다.
- 부모들이 교실에서 무슨 일이 진행되고 있는지를 알도록 격려한다.
- 부모로부터 부모참여 행사에 관한 피드백을 받는다.
- 부모들이 지역사회 행사에 참여하도록 격려한다.
- 교사의 가정방문을 격려한다.

출처: 김정원, 이경화, 이연규, 전선옥, 조순옥, 조화연, 최일선(2018). 보육학개론. 경기: 양서원.

▣ 수업 후 활동

'No Kids Zone'에 대해 어떻게 생각하세요? 조별로 토론해 보세요.

PART 4

영유아교육기관의 부모교육 및 지원의 실제

CHAPTER 09

영유아교육기관의 부모교육 및 지원의 기초

1. 현대사회 부모교육 및 지원의 변화 경향
2. 영유아 부모의 학습 특성과 교육적 요구

현대사회의 영유아 부모와 교사는 영유아의 교육에 대한 책임을 공유하며 함께 노력해야 하는 교육의 주체이다. 부모와 교사는 자녀의 행복한 삶을 위한 교육공동체 구축을 위하여 소통하고 협력하는 동반자 관계를 형성해야 한다. 따라서 어린이집이나 유치원에서의 부모교육 및 지원을 통해 영유아의 전반적인 발달과 교육적 성취를 높이기 위해 노력하는 것은 매우 중요하다. 본 장에서는 4차 산업혁명 시대의 부모교육 및 지원의 변화 경향과 영유아 부모의 학습 특성 및 교육적 요구를 알아보고자 한다.

함께 생각해 봅시다.

현시대를 살아가는 영유아 부모가 가장 필요로 하는 부모교육 및 지원 프로그램에 대해서 조별 토론하고 공유해 보세요.

1. 현대사회 부모교육 및 지원의 변화 경향

현대사회의 급격한 변화와 더불어 어린이집과 유치원의 부모와 교사의 관계에서도 패러다임적 변화가 이루어지고 있다. 과거 유아교육에서의 부모는 영유아기 자녀의 양육이나 교육에 대한 지식과 능력이 부족하여 바람직한 부모역할에 관한 전문가의 부모교육을 필요로 하는 대상으로 인식되었다(김정원, 전선옥, 2016; 김정원, 최소린, 2023). 그러나 최근에는 이러한 관점에서 벗어나 부모와 교사 모두를 영유아의 교육에 대한 책임을 공유하고 함께 노력해야 하는 교육의 주체로 보는 관점으로 변화되고 있다. 영유아의 부모를 자녀양육에 관하여 전문가의 도움이 필요한 존재로만 보는 것이 아니라 행복한 교육공동체 구축을 위하여 교사와 협력하고 소통해야 하는 동반자로 보는 관점으로 변화되고 있는 것이다(방유선 · 권귀염, 2019; Epstein, 2018; Powell & Diamond, 1995).

유아교육현장에서 부모와 교사의 관계에 대한 이러한 관점의 변화는 어린이집이나 유치원의 부모교육 및 지원을 통해 자연스럽게 상호작용함으로써 부모와 교사가 협력적인 관계를 형성하고 영유아의 교육적 효과를 높이기 위해 노력해야 할 필요가 있음을 의미한다(박민경, 2017). 유아교육현장에서 부모와 교사가 긴밀하게 상호작용하고 성공적으로 협력하며 서로에게 교육적 지원과 이해를 구하는 것은 영유아의 전반적인 발달과 교육적 성취를 높이는 데 효과적이기 때문이다(Whyte & Karabon, 2016; Winship, et al., 2021). 본 절에서는 4차 산업혁명으로 특징지어지는 현시대의 특성에 따른 현대사회 부모교육 및 가족지원의 변화 경향에 관하여 생각해 보고자 한다.

영유아교육기관의 부모교육에서 고려해야 할 현시대의 특성

현시대의 영유아 부모는 4차 산업혁명 시대를 살아가고 있다. 영유아교육기관의 부모교육을 실행할 때 고려해야 할 4차 산업혁명 시대의 초연결성(Hyper-connected)과 초지능화(Hyper-intelligent)의 특성은 다음과 같다(미래창조과학부 미래창조준비위원회·KISTEP·KAIST, 2017; 정재승, 2016; 최혜순, 2017; Schwab, 2016; World Economic Forum, 2016).

- 초연결성(Hyper-connected): 세상에 존재하는 모든 것들이 인터넷을 통해 상호 연결되는 현상을 의미한다. 전화기와 휴대전화를 거쳐 현재는 모바일 기기를 통해 사람과 사람, 사람과 사물이 연결되어 정보를 유통하고 소통한다.
- 초지능화(Hyper-intelligent): 빅 데이터와 인공지능(AI: Artificial Intelligence)을 기반으로 기계 스스로 대량의 데이터를 분석하고 처리하는 과정에서 의미 있는 결과물을 산출하고 학습하며, 이들의 연계와 융합으로 기술 및 산업구조가 변화된다. 인간만 가지고 있던 지능을 사물이나 기계가 갖게 되어 기계가 주체적으로 정보를 수집하고 전달하거나 저장 및 분석하며 자율적으로 진화가 가능하다.

이러한 특성에 의하여 이 시대의 사람들은 인공지능이 장착된 기계와 함께 살아가고, 게임이나 관계 맺기, 연애, 쇼핑 등을 모두 앱 하나로 연결된 상태에서 경험한다. 가정에서도 컴퓨터나 네트워크를 통해 서로 연결되고 소통하는 것이 일반적인 모습이 될 수도 있다. 이렇게 기계와 공존하는 앱 세대인 현시대를 살아가는 사람들의 특성을 고려할 때 다양한 역량을 가진 학습자의 창의성과 각기 다른 가치를 존중하고, 협력하고, 배려하며, 인간성이 강조되는 교육시스템이 필요하다.

1) 디지털 역량을 갖춘 부모 세대의 특성을 반영하는 부모교육 및 지원

영유아교육기관에서의 부모교육은 국가수준 교육과정과 지역사회의 문화, 부모의 특성에 따라 다양한 형태로 이루어질 수 있다. 전통적으로 부모교육은 가정통신문을 보내거나 대집단 강의, 면담, 참관 또는 참여 수업, 행사 초대 등으로 이루어져 왔다. 그러나 요즈음은 대부분의 유아교육기관에서 홈페이지(Home Page)를 이용하여 유아교육 기관의 교육 프로그램을 소개하고, 스마트폰의 카카오톡, 밴드와 같은 SNS나 키즈노트나 맘파파 등의 커뮤니케이션 앱을 사용하는 등 디지털 매체를 활용하여 소통한다. 그리고 거의 모든 영유아교육기관에는 인터넷을 통한 실시간 관찰 시스템이 갖추어져 있어 부모가 자녀를 원격 관찰할 수 있게 되어 있다. 따라서 영유아교육기관에서도 전문가 수준의 디지털 역량을 갖춘 앱 세대인 영유아 부모의 특성을 고려한 부모교육 및 지원 프로그램을 기획해야 한다.

- 유아교육기관의 홈페이지와 스마트폰을 사용한 정보 공유
- 스마트폰이나 앱(키즈노트 등)을 활용한 피드백과 소통

2) 부모-교사 간 협력적인 부모교육 및 지원

과거의 부모교육이 전문가가 일방적으로 부모를 교육하고 정보를 제공하는 수직적인 방식이었다면 이제는 자녀교육을 위해 서로 협력하는 동반자적인 관계로 변화하고 있다(방유선, 권귀염, 2019). 레지오 에밀리아 접근법(Reggio Emilia Approach)에서는 유아들의 프로젝트 진행과정에 부모들이 적극적으로 참여하여 지역사회 중심의 유아교육을 실현하고 있으며 이는 유아교육기관과 교사 위주로 계획되는 교육이 아니라 부모와 가족, 그리고 지역사회까지 적극적으로 참여하여 협력하는 부모교육 및 지원의 가능성을 보여 준다.

- 영유아 부모와 가족의 의견이나 아이디어를 적극적으로 수용하고 존중하

는 프로그램

- 영유아교육의 중요성을 인식하고 협력하는 부모와 가족, 지역사회
- 영유아교육의 전문가인 교사와 개별 영유아의 특성을 가장 잘 아는 부모의 협력

3) 다양성을 반영하는 수요자 중심의 부모교육 및 지원

이전에는 모든 부모에게 똑같은 형태의 부모교육을 실시하였다면 이제는 부모의 상황에 따라 서로가 다르게 교육기관과 관계를 맺는 형태가 강조되고 있다(Desteno, 2000). 부모들의 직업이 다양해졌으며 부모 모두가 직장생활을 하는 경우도 많아져서 이제 한 가지 형태의 유형과 내용의 부모교육으로는 부모의 다양한 상황과 요구를 수용하기 어려워졌기 때문이다. 또한 영유아의 부모가 의무가 아니라 즐겁게 자신의 상황에 맞도록 참여하는 것을 중요하게 여기고 있다. 부모에게 유아교육기관을 지원할 수 있는 몇 가지의 일을 제시하고 부모들은 그중에서 선택하여 부모참여가 이루어지는 것이 보다 효과적이고 만족도도 높다.

따라서 모든 부모가 동일한 부모교육을 받아야 한다는 생각에도 변화가 요구된다. 예를 들면, 유치원이나 어린이집에서는 모든 부모가 참석해야 하는 부모교육과 선택할 수 있는 부모교육으로 나누어 운영할 수 있다. 즉, 신입생 오리엔테이션이나 부모 참여수업 등은 가능한 한 모든 부모에게 참석할 것을 권장하고, 특강이나 소집단 면담, 부모 자원봉사 등은 부모의 상황에 맞게 선택할 수 있게 하는 것이다.

- 발달단계와 특성을 고려하여 연령별로 구성된 소집단 부모교육
- 부모의 다양한 요구에 반응적인 부모교육
  - 동생을 본 영유아의 부모를 위한 소집단 간담회
  - 부끄러움이 많아 사회적 상호작용에 어려움을 겪는 유아의 부모 특강
  - 스트레스가 많은 예민한 영유아의 부모를 위한 프로그램

- 영유아 양육자(부모나 조부모 등)의 특기에 부합하는 부모교육
  - 미술, 요리, 견학 등을 통해 영유아교육기관의 활동 지원
  - 가정에서 교재 · 교구를 제작 · 수선하고 미술활동을 위한 자료 수집
  - 부모의 직업을 활용하는 교육지원
    (치과의사의 치아 검진, 소방관과 경찰관의 기관견학 등)
  - 반려동물을 소개하고 보살피는 경험 공유하기

4) 유아, 교사, 부모에게 의미 있는 부모교육 및 지원

부모교육은 유아, 교사, 부모 모두에게 부담을 주지 않도록 계획하는 것이 중요하다. 어디까지나 유아교육기관은 유아들을 교육하는 것이 첫 번째 목표인 만큼 지나친 부모교육에 대한 계획으로 부담을 주어서는 안 된다. 유아들에게 반복적인 연습을 시켜 부모 앞에서 공연을 하게 하는 재롱잔치나 특정한 내용을 암기하여 발표시키는 발표회, 한가지의 활동만을 집중적으로 준비하여 부모에게 보여 주는 작품전시회 등의 활동은 지양해야 한다. 이러한 행사는 유아뿐 아니라 교사들에게도 과중한 부담을 주어서 일상적인 교육프로그램의 진행을 어렵게 하고 부모들로 하여금 유아들의 작위적인 모습을 일상 활동으로 오해하게 할 수 있다. 또한 직장에 다니는 부모들에게 지나치게 많은 시간을 요구하거나 경제적인 부담을 주는 부모교육도 재고되어야 한다.

- 부모, 조부모 등 영유아의 가족과 함께하는 가족의 날
- 봄의 식물 관련 주제 진행 시 아버지 참여를 통한 텃밭 가꾸기 활동

5) 교육과정과 통합된 부모교육 및 지원

부모교육을 교육 프로그램과는 분리된 행사로 계획하기보다는 기관의 교육과정과 통합하여 계획하는 것이 필요하다. 교육과정을 완성된 형태로 보여 주는 것보다는 유아들의 놀이와 활동과정에 부모들이 참여하고 같이 구성해 나갈 수 있

는 기회를 공유하는 것이 필요하다. 또한 영유아교육과정의 놀이와 활동에서 생겨난 자연스러운 기록을 전시하여 부모들이 언제든지 자녀들의 유아교육기관에서의 생활을 볼 수 있도록 배려하는 부모교육이 중요하다.

- 영유아교육과정의 주제와 부합하는 가정연계활동
- 놀이중심 교육과정을 지원하는 가족놀이와 활동의 공유

6) 지역사회와 함께하는 부모교육 및 지원

이웃과의 담이 낮았던 지난날에는 한 동네에서 함께 아이를 키우는 것이 자연스러운 모습이었다. 핵가족으로 이루어진 현대사회에서 양육은 특정 가정만의 일이 되었고 고립된 공간에서 외롭게 이루어지는 양육에 대한 여러 가지 문제점이 드러나고 있다. 특히, 맞벌이 부부가 증가하면서 이제 양육은 가정만이 아닌 사회의 영역이 되어 지역사회가 함께 영유아를 양육하는 역할에 동참할 것이 요구되고 있다. 특히, 노인 인구가 증가하면서 다양한 분야에서 은퇴하신 분들이 지역사회의 유아들과 함께하는 프로그램이 확산될 필요가 있다. 전문가적 소양을 가진 어르신들에게는 일과 봉사의 기회를 제공하고 유아들에게는 할머니, 할아버지를 만날 수 있는 기회가 되어 사회가 함께하는 양육의 새로운 모습을 보여줄 수 있다.

- 이야기 할머니 · 할아버지 활동을 통한 세대 간 소통
- 영유아의 어르신 방문 혹은 어르신들의 영유아 돌봄에의 참여

2. 영유아 부모의 학습 특성과 교육적 요구

영유아교육의 효과를 극대화하기 위해서는 영유아기 자녀를 둔 부모와 가족을 위한 적극적인 부모교육 및 지원 프로그램이 실시되어야 한다. 영유아교육기관에서 실시되는 부모교육 및 지원은 영유아기 자녀를 둔 부모에 대한 이해를 근거로 목표를 설정하고 내용을 선정한 후 부모들의 특성에 가장 적절한 교수-학습 방법을 활용하여 실시되어야 한다. 특히, 부모지원 프로그램이 다양한 교육 관련 프로그램인 경우에는 성인 학습자의 학습 특성을 숙지하고 그에 근거하여 교육 프로그램을 구성 · 적용하는 것이 매우 중요하다. 영유아 부모인 성인 학습자의 일반적인 특성과 영유아교육기관에서 부모교육 및 지원 프로그램을 실시할 때 고려해야 할 점을 알아보면 다음과 같다.

1) 영유아 부모의 신체적 · 생리적 특성

성인은 교육내용을 암기하거나 그들에게 익숙하지 않은 지식을 새로이 획득하는 데에 많은 어려움을 가지고 있고 높은 집중력과 장시간 동안 이루어지는 학습 상황을 견뎌내기 힘들어한다(김노마, 1986; 정영주, 1984; 한국교육개발원, 1984). 특히, 자녀양육이나 가사, 혹은 직장 업무 등으로 몸이 피곤한 상태에서 교육에 참여한다면 주의를 집중하거나 적극적으로 참여하는 것은 매우 어렵다.

- 부모교육 및 지원 프로그램을 장시간 동안 쉬는 시간 없이 진행하는 것보다는 차를 마시거나 다과를 들면서 쉬는 시간을 적절하게 계획하여 운영할 필요가 있다. 또한 교육내용을 암기하도록 하여 질문하거나 시험을 보는 것은 부모에게 과도한 스트레스를 유발할 수 있으므로 이해한 내용에 대하여 이야기하거나 토론을 통하여 이해의 정도를 스스로 확인하도록 하는 것이 바람직하다.

2) 영유아 부모의 정의적 · 심리적 특성

부모들은 이미 성숙한 단계에 도달한 성인으로 자아개념을 바탕으로 독립적으로 행동하고자 하는 성향이 있고, 부모 자신이 무엇인가를 모른다는 것을 나타내고 싶어 하지 않는 경향이 있다(한국교육개발원, 1984; Smith, 1982). 그러므로 부모교육에 참여하는 과정에서 정서적으로 두려움이나 불편함을 느끼거나 방어의식이 생겨나면 부모교육에 지속적으로 참여하기가 어렵다.

부모들이 부모교육에 참여하는 이유는 부모로서의 발달과업과 부모역할을 성공적으로 수행하기 위해서이다. 성인기 학습자인 영유아 부모는 모든 발달영역에서 이미 성숙한 단계에 도달해 있고 이제까지 살아온 과정에서 많은 것을 경험한 상태이다. 영유아교육기관에서 실시하는 다양한 부모교육 및 지원 프로그램이나 가정연계 프로그램에 자발적으로 참여하는 부모는 특히 부모로서 당면한 실제적이고 특수한 문제를 해결하고자 하는 데 적극적으로 동기화되어 있다.

- 부모교육 및 지원 프로그램이 효과적으로 진행되기 위해서는 부모가 모르고 있는 것이나 취약점을 지적하기보다는 장점이나 유능감을 강조하는 것이 효과적이다. 부모의 자아감을 존중하고 그들의 책임감과 자율성을 격려하여 부모들이 확신과 유능감을 가지고 영유아기 자녀를 위한 부모역할을 수행할 수 있도록 격려할 필요가 있다.
- 영유아교육기관에서 이루어지는 부모교육 및 지원 프로그램은 부모들의 삶에서 가장 절실한 문제에 초점을 맞추어 계획되고 이들이 현재 당면하고 있는 문제들을 해결하는 데 도움이 되는 내용으로 부모들이 이미 가지고 있는 다양한 생활 경험과 관련되어야 효과를 거둘 수 있다(최운실, 1993; Knox, 1980).
- 부모교육 및 지원 프로그램은 부모들의 자발적인 흥미를 이끌어 낼 수 있어야 한다. 어린이집이나 유치원에 자녀를 보내는 부모들, 특히 맞벌이 부모나 한부모 등의 경우에는 직장생활과 가정에서의 최소한의 가사를 병행

하는데도 시간이 부족한 경우가 많다(한국교육개발원, 1984). 따라서 부모교육 및 지원 프로그램은 바쁘고 지친 부모들의 흥미를 끌 수 있을 정도로 충분히 재미있어야 하고(최운실, 1993), 부모들에게 매우 필요한 지식과 경험을 제공해 줄 수 있어야 하며, 다른 곳에서는 경험할 수 없는 참신하고 유익한 내용으로 구성되어야 한다.

3) 영유아 부모의 인지적 특성

성인 학습자인 부모들은 인간 지능의 두 가지 유형 중 유동성 지능보다는 결정성 지능이 높은 경향이 있다. 유동성 지능이란 개인이 속한 문화의 내용이나 체계적 학습과 관계없이 선천적 유전에 의한 지능으로 뇌신경 성숙에 의하여 발달하는 수리능력이나 공간지각능력 등을 의미한다. 결정성 지능이란 후천적 경험, 문화와 의도적 학습에 의하여 습득되는 지능으로 학습경험의 양이 많고 지식을 많이 획득할수록 높아지는 언어능력이나 문제해결능력 등이 결정성 지능에 속한다. 따라서 유동성 지능은 나이가 들어가면서 쇠퇴하는 경향이 있으나 결정성 지능은 나이가 들어갈수록 증가한다(Cattell, 1987). 또한 성인 학습자는 논리적 추론을 통해 절대적이고 보편적인 지식을 생산하는 과정인 형식적 사고보다는 형식성을 탈피하고 절대적이고 보편적인 것보다는 상대적이고 맥락적인 것을 추구하는 후형식적 사고를 하므로 맥락과 상황, 그리고 현실세계를 고려하는 보다 유연한 사고방식을 가지고 있다(이현림, 김지혜, 2006; 차갑부, 1993).

- 영유아기 자녀를 둔 부모가 참여하는 부모교육 및 지원 프로그램에서는 부모와 자녀, 가족, 그리고 지역사회의 현황 등을 포괄적으로 고려함으로써 영유아기 자녀를 위한 최선의 부모역할이 무엇인지를 이해하고 실천할 수 있도록 지원하는 것이 효과적이다.

4) 영유아 부모의 사회문화적 특성

같은 어린이집이나 유치원에 자녀를 보내고 있는 영유아 부모들도 다양한 사회문화적인 배경을 가지고 있다. 이들은 성장배경, 연령, 학력 및 전공 분야, 자녀의 수 및 자녀의 연령, 그리고 가족유형 등에서 매우 다양한 특성이 있다. 이러한 다양성은 부모교육의 과정에서 유용한 학습자원이 될 수도 있지만 부모교육을 효과적으로 수행하는 데 어려움을 초래하는 원인이 되기도 한다.

- 부모교육 및 지원 프로그램은 각 유아교육기관의 부모들의 상황을 파악하여 이들에게 가장 필요한 내용으로 실시되어야 한다. 또한 부모들이 가장 편하게 참여할 수 있는 요일과 시간을 고려하여 일정을 계획해야 많은 부모들이 참여할 수 있다. 부모들의 사회문화적인 상황을 고려하여 유사한 요구를 가지고 있거나 지원이 필요한 부모집단(예: 동생을 본 후 떼를 부리거나 퇴행 현상을 보이는 영아 집단, 부끄러움이 너무 많아 또래들 앞에서 말을 못 하고 어울리지 못하는 유아 집단, 부모가 바빠서 조부모님들의 보살핌을 받는 유아 집단 등)을 구성하여 프로그램을 진행하는 것도 부모교육의 효과를 높일 수 있는 방안이다.

영유아기 자녀를 둔 부모의 학습특성

- 삶에서 성취한 풍부한 경험과 지식을 가지고 있다.
- 이해력이 뛰어나지만 기억력은 낮은 편이다.
- 비슷한 연령의 자녀를 둔 부모들이지만 개인차가 많다.
- 사회적 요구에 민감하다.
- 간섭이나 통제가 있는 정서적으로 부담스러운 상황에서는 표현을 자제한다.
- 적절한 보상이 있을 때 적극적으로 반응한다.
- 안정지향과 변화추구의 이중적인 측면을 가지고 있다.
- 학습에 참여하고자 하는 욕구가 강하다.
- 부모 자신의 경험과 생각 등에 관한 자부심이 강하다.
- 오랜 시간 학습에 집중하는 것을 어려워한다.

CHAPTER 10

영유아교육기관과 가정의 소통

영유아의 행복한 영유아교육기관 생활을 위해서는 부모와 교사의 원활한 소통이 매우 중요하다. 학기 초 어린 영유아의 기관 적응에서부터 시작하여 가장 흔하게 활용되고 있는 전화상담, 영유아교육기관의 교육과정에 대해 알리는 가정통신문과 필요시에 다양하게 이루어지는 설문조사까지 간략하게 다루었다. 교사와 부모는 중간에 위치한 영유아의 행복과 바람직한 성장을 중심으로 모든 만남에서 예의를 지키며 진솔한 의사소통이 될 수 있도록 노력할 필요가 있다.

1. 영유아교육기관과 가정의 첫 만남

처음 유치원이나 어린이집에 입학하는 유아들은 무척 흥분하고 긴장되는 모습을 보인다. 가족의 품을 벗어나 낯선 사람들을 만나는 과정이 기쁨과 동시에 상당한 스트레스를 주기 때문이다. 많은 유아들이 부모와 헤어지는 것에 불안을 느끼거나 기관에 적응하는 데 어려움을 겪는다. 특히, 나이 어린 영아들은 부모와의 이별에 상당한 충격을 받을 수 있다. 교사 역시 새로운 만남에 설레지만 학기 초에는 많은 어려움을 겪는다. 교사의 입장에서는 많은 유아들이 동시에 입학하기 때문에 수업의 진행보다는 유아의 적응에 가장 많은 에너지를 쏟을 수밖에 없다. 부모 역시 어린 자녀가 가정 밖으로 나가 사회에 적응해 가는 것을 대견하게 바라보지만 헤어지기 어려워하며 울고 불안해하는 자녀의 모습에 무척 당황할 수 있다.

본 장에서는 영유아교육기관과 가정의 첫 만남을 부모와 교사, 유아와 교사, 유아와 부모의 관점에서 살펴보고 이들이 겪는 어려움과 극복 방법에 대해 이야기해 보고자 한다.

1) 부모와 교사

교사들은 유아들과 어떻게 지낼 것인지에 모든 관심이 집중되어 있기 때문에 유아들 뒤에 있는 부모들의 중요성을 깨닫지 못하는 경우가 많다. 유아들과 지내는 것에는 익숙하지만 부모들과는 어떻게 지내야 할지 당황스러워한다. 가능하면 부모를 멀리하려 하고 부모 역시 교사를 어려워한다. 그러나 유아기는 부모가 대부분의 의사결정을 하는 상황이기 때문에 부모와의 정보 교류와 신뢰 형성은 교육에 결정적인 영향을 줄 수 있다. 우리나라에 "시작이 반"이라는 속담이 있다. 부모와 교사의 관계도 하나의 인간관계이기 때문에 첫 만남이 중요하다. 부모들은 자녀를 기관에 보내면서 정서적으로 상당히 긴장하는데 이때 교사의 태도는 서로의 관계에 중요한 역할을 한다. 따뜻하고 부드러운 첫인상을 통해 서로에 대한 신뢰를 형성하는 것이 중요하다.

교사는 부모가 처음으로 기관에 방문하였을 때 환영받고 있다는 느낌을 가질 수 있도록 배려해야 한다. 부모가 안정되게 상담할 수 있는 공간을 마련해야 하며 따뜻한 차 한 잔으로 손님에 대한 배려를 해야 한다. 항상 부모를 상담할 수 있는 사람이 대기하고 있어야 하며 모두가 수업으로 바쁠 때에는 부모에게 양해를 구해 한가한 시간에 다시 약속을 하는 것이 좋다.

우선 부모에게 유치원이나 어린이집의 교육목적이나 교육 프로그램에 대하여 안내하는 것이 필요하다. 영유아교육기관은 초, 중등교육기관과 달리 다양한 교육 프로그램을 운영하고 있기 때문에 서로의 교육철학을 공유하는 것이 중요하기 때문이다. 이러한 안내를 위해서는 기관의 홈페이지를 안내하거나 간단한 책자를 마련해 두는 것이 필요하다. 동시에 부모가 어떤 생각으로 자녀를 영유아교육기관에 보내려고 하는지 알아 둘 필요가 있다. 이를 위해서는 입학을 지원하는 학부모와의 면담 일지를 마련하여 기록하는 것이 필요하다.

■ 홈페이지

현대의 영유아 부모들이 자녀양육 및 교육과 관련하여 가장 손쉽고 빠르게 접근이 가능하고 도움을 받을 수 있는 매체는 인터넷이다. 부모들은 인터넷을 통해 시간이나 장소의 제약 없이 자녀양육에 대한 문제나 궁금증을 해소한다. 특히, 최근 부모가 된 젊은 세대의 부모들은 쉽고 자유롭게 컴퓨터와 스마트폰을 이용해 인터넷을 활용한다. 학부모들이 인터넷을 통해 영유아교육기관과 소통하는 경우는 주로 기관의 홈페이지 방문이나 전자메일, 또는 스마트폰을 활용한 문자나 스마트폰 앱의 활용 등이다.

그러므로 대부분의 영유아교육기관에서는 부모가 기관의 교육내용을 쉽게 알아볼 수 있도록 홈페이지를 운영하고 있다. 영유아교육기관에서 인터넷 홈페이지를 활용한 부모교육은 시간과 공간의 제약을 받지 않고 부모와의 의사소통이 가능하고 대외적으로 영유아교육기관에 대한 홍보가 용이하다는 장점이 있다.

또한 홈페이지 운영을 통해서 영유아교육기관에 대한 신뢰감을 높이고, 부모가 자녀교육에 관한 자료를 손쉽게 접하도록 하며, 부모와 기관과의 개별상담도 가능하다. 영유아교육기관의 홈페이지는 홍보적 · 교육적 그리고 행정적 기능을 가지고 있다(전정선, 2013).

〈표 10-1〉 영유아교육기관 홈페이지의 기능

기능	내용
홍보적 기능	교육기관의 소개, 교사 소개, 약도 등의 기관 홍보 내용
교육적 기능	홈페이지를 통해 학습 관련 자료와 풍부한 정보를 접할 수 있는 기능으로 교육계획안, 교육활동 내용, 행사 안내 등의 정보
행정적 기능	가치 있는 교육자원과 협력적인 학습환경을 제공하여 영유아의 학습과 교사들의 전문성 신장에 도움을 주며 행정업무를 돕는 내용으로 회의 주재, 메모 전송, 학부모 만남, 학적 기록 상호교환 등이 해당

유아교육기관의 홈페이지에 주로 포함되는 내용들은 다음과 같다.

◈ 영유아교육기관 홈페이지의 내용

- 기관의 소개: 인사말, 교육목적, 원훈, 찾아오는 길, 연혁, 교직원 현황 등을 소개한다.
- 교육 프로그램: 기관에서 운영하고 있는 교육과정에 대해 설명한다.
- 주요 행사: 기관에서 계획하고 있는 행사를 안내한다.
- 게시판: 부모들에게 공지할 사항을 게시한다.
- 방명록: 홈페이지를 방문한 부모들이 하고 싶은 말을 남긴다.

※ 이외에도 원아모집 요강이나 부모에게 도움이 될 만한 글, 유아들의 작품, 유치원 버스 시간 및 노선 등 기관의 필요에 따라 구성할 수 있다.

2) 유아와 교사

유아와 교사 역시 첫 만남이 중요하다. 유아에게 있어 교사는 그저 낯선 어른일 뿐이다. 부모의 품을 떠나 낯선 장소에서 낯선 사람들과 낯선 활동을 하며 낯선 시간을 보내는 것이 유아에게 얼마나 어려운 일인지 이해할 필요가 있다. 그러므로 처음부터 부모가 교사에게 유아를 완전히 맡기고 떠나는 것은 바람직하지 않다. 부모, 교사, 유아가 함께하는 기회를 통해 서로를 소개하고 얼굴을 익히는 과정이 필요하다. 이때 교사는 역시 따뜻하고 부드러운 인상을 주는 것이 중요하며 키를 낮추어 유아와 이야기하고 손을 잡는 등 가벼운 접촉을 통해 유아와 친숙한 관계를 형성하려고 노력한다.

(1) 모든 유아들이 동시에 입학하는 경우

영유아교육기관에서는 모두가 함께 모이는 입학식보다는 유아의 적응을 도울 수 있는 체계적인 프로그램을 계획하는 것이 바람직하다. 영유아교육기관에 처음 온 유아들의 입장에서 입학식에 대해 생각해 보면 유아들에게 얼마나 힘든 일인지 이해할 수 있다. 어느 날 갑자기 부모의 손에 이끌려 낯선 장소에 왔는데 넓고 큰 공간에 생전 처음 보는 많은 사람들이 시끌벅적하게 모여 있고 입학식이 이루어지는 긴 시간 동안 가만히 있어야 하는 상황은 그리 행복하지 않은 순간일 것이다. 영유아가 입학과 동시에 처음부터 긴 시간을 부모와 떨어져 지내며 부담을 갖지 않고 조금씩 즐겁게 적응하도록 돕는 일이 반드시 필요하다.

다음은 유아의 적응을 돕기 위한 입학 전 프로그램의 예이다.

① 영아반 적응프로그램(만 1세)

영아가 낯선 곳에서 안정되게 적응하려면 충분한 개별적인 배려와 시간이 필요하다. 적응 프로그램은 영아의 심적 불안을 최소화하고 영아가 영유아교육기관을 좋아하고 즐겁게 다닐 수 있도록 돕기 위해 실시된다.

<table>
<tr><th rowspan="2">기간</th><th>3월 1주</th><th colspan="2">3월 2주</th><th colspan="2">3월 3주</th><th>3월 4주</th></tr>
<tr><td>(3월 2일
~3월 9일)</td><td>(3월 12일
~3월 14일)</td><td>(3월 15일
~3월 16일)</td><td>(3월 19일
~3월 21일)</td><td>(3월 22일
~3월 23일)</td><td>(3월 26일
~3월 30일)</td></tr>
<tr><th>시간</th><td>9:00~10:00</td><td>11:00~12:30</td><td>11:00~12:30</td><td>9:00~11:30</td><td>9:00~12:30</td><td>정상수업</td></tr>
<tr><th>일정</th><td>등원
교실 둘러보기
자유선택놀이</td><td>등원
교실 둘러보기
간식
자유선택놀이</td><td>등원
교실 둘러보기
간식
자유선택놀이
실외놀이</td><td>등원
교실 둘러보기
간식
자유선택놀이
실외놀이</td><td>등원
교실 둘러보기
간식
자유선택놀이
실외놀이
점심</td><td>등원
간식
자유선택놀이
실외놀이
점심 · 낮잠</td></tr>
<tr><th>영아의 상태</th><td>긴장과 불안</td><td>관찰
놀잇감 탐색</td><td>접근허용</td><td>접근허용</td><td>친숙</td><td>친숙
일과와
규칙 적응</td></tr>
<tr><th>부모의 역할</th><td>같이 있기
안전기지의
역할</td><td>같이 있기
무관심 표명
지켜보기
역할 줄이기</td><td colspan="3">부모의 부재 알려 주기
영아와의 귀가약속 시간 지키기
가정에서 스킨십 많이 해 주기</td><td>부모의 부재
알려 주기
영아와의
귀가약속
시간 지키기</td></tr>
<tr><th>교사의 역할</th><td>거리 두기</td><td>거리 두기
간접적 접촉</td><td colspan="2">직접적 접촉</td><td>일대일 상호작용
적극적 수용</td><td>일대일
상호작용
적극적 수용</td></tr>
<tr><td colspan="7">※ 영아의 상태에 따라 단계별 일정은 달라집니다.</td></tr>
</table>

② 유아반 적응프로그램(만 3세)

유아도 영아와 마찬가지로 낯선 곳에서 안정적으로 적응하려면 충분한 개별적인 배려와 시간이 필요하다. 적응 프로그램은 유아의 심적 불안을 최소화하고 유아가 영유아교육기관에 빨리 적응하여 좋아하며 즐겁게 다닐 수 있도록 돕기 위해 실시된다.

기간	3월 1주 (3월 4일~3월 8일)	3월 2주 (3월 11일~3월 15일)	3월 3주 (3월 18일~3월 22일)
시간	9:00~1:00	9:00~1:30	정상수업
일정	등원 교실 둘러보기 및 간식 자유선택놀이	등원 교실 둘러보기 및 자유선택놀이 간식 실외놀이 점심	등원 교실 둘러보기 및 자유선택활동 간식 실외놀이 점심 자유선택놀이 낮잠

엄마, 아빠가 안 보여도 평안하게 놀이하면 아이들을 두고 가셨다가
약속한 시간에 유아를 데리러 오세요.
유아는 안정감을 느껴서 일과에 적응하게 됩니다.

이와 같이 영유아의 영유아교육기관 적응은 서서히 이루어지는 것이 좋다. 입학 후에도 종일제의 경우는 처음에는 오전, 그다음에는 간식까지, 낮잠시간까지로 점점 시간을 늘려가는 것이 바람직하다. 반일제의 경우에도 처음에는 반 정도로 시간을 줄여 시작하는 것이 좋다. 이러한 과정은 부모들에게 상당한 어려움을 줄 수 있다. 특히, 직장을 가진 부모의 경우는 자녀의 적응을 위해 기관에 와서 시간을 보내는 것이 현실적으로 불가능할 수 있다. 그러나 초기에 자녀를 기관에 강제로 떼어 놓는 것이 자녀에게 상당한 충격을 줄 수 있다는 것을 생각한다면 어렵지만 반드시 필요한 과정이라는 것을 이해할 필요가 있다.

▣ 적응 프로그램 카드뉴스

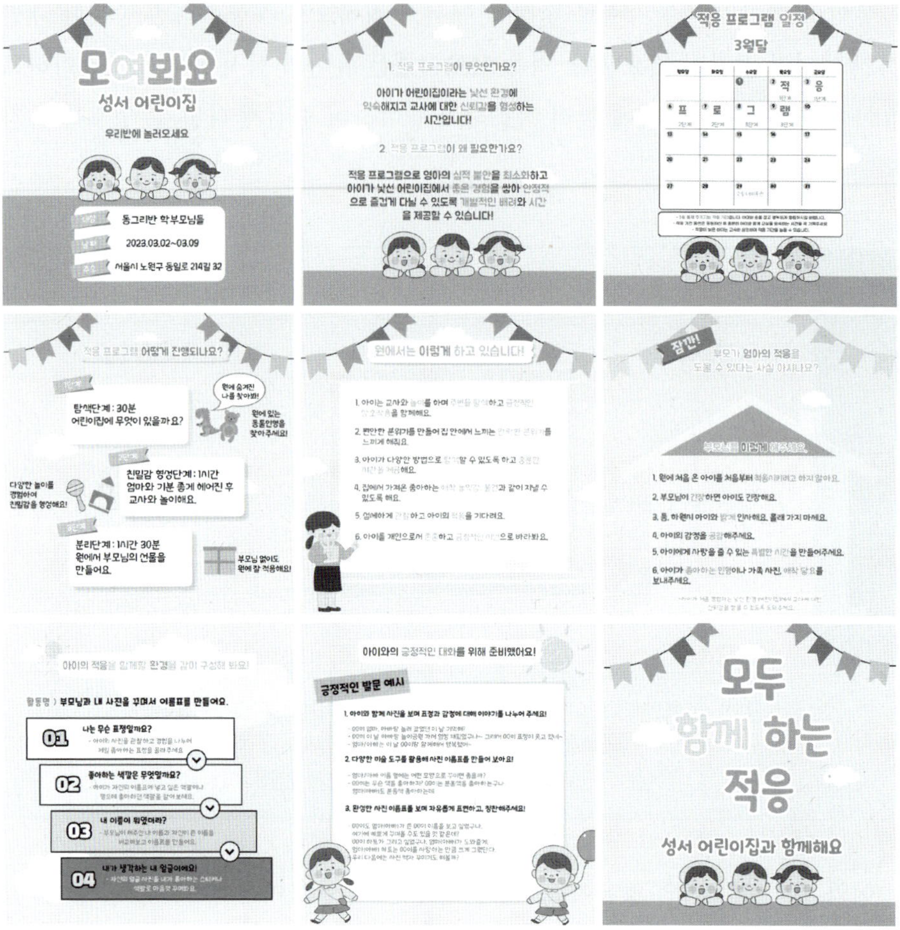
모여봐요
성서 어린이집
우리반에 놀러오세요
동그리반 학부모님들
2023.03.02~03.09
서울시 노원구 동일로 214길 32
1. 적응 프로그램이 무엇인가요?
아이가 어린이집이라는 낯선 환경에 익숙해지고 교사에 대한 신뢰감을 형성하는 시간입니다!
2. 적응 프로그램이 왜 필요한가요?
적응 프로그램으로 영아의 심적 불안을 최소화하고 아이가 낯선 어린이집에서 좋은 경험을 쌓아 안정적으로 즐겁게 다닐 수 있도록 개별적인 배려와 시간을 제공할 수 있습니다!
적응 프로그램 일정
3월달
적
응
프
로
그
램
적응 프로그램 어떻게 진행되나요?
원에 숨겨진 나를 찾아봐!
탐색단계 : 30분
어린이집에 무엇이 있을까요?
원에 있는 동물인형을 찾아주세요!
다양한 놀이를 경험하여 친밀감을 형성해요!
친밀감 형성단계 : 1시간
엄마와 기분 좋게 헤어진 후 교사와 놀이해요.
분리단계 : 1시간 30분
원에서 부모님의 선물을 만들어요.
부모님 없이도 원에 잘 적응해요!
원에서는 이렇게 하고 있습니다!
1. 아이는 교사와 놀이를 하며 주변을 탐색하고 긍정적인 상호작용을 함께해요.
2. 편안한 분위기를 만들어 집 안에서 느끼는 안락한 분위기를 느끼게 해줘요.
3. 아이가 다양한 방법으로 탐색할 수 있도록 하고 충분한 시간을 제공해요.
4. 집에서 가져온 좋아하는 애착 놀잇감, 물건과 같이 지낼 수 있도록 해요.
5. 엄세하게 관찰하고 아이의 적응을 기다려요.
6. 아이를 개인으로서 존중하고 긍정적인 시선으로 바라봐요.
잠깐!
부모가 영아의 적응을 도울 수 있다는 사실 아시나요?
부모님들 이렇게 해주세요.
1. 원에 처음 온 아이를 처음부터 적응시키려고 하지 않아요.
2. 부모님이 긴장하면 아이도 긴장해요.
3. 등, 하원시 아이와 밝게 인사해요. 몰래 가지 마세요.
4. 아이의 감정을 공감해주세요.
5. 아이에게 사랑을 줄 수 있는 특별한 시간을 만들어주세요.
6. 아이가 좋아하는 인형이나 가족 사진, 애착 담요를 보내주세요.
아이의 적응을 함께할 환경을 같이 구성해 봐요!
활동명) 부모님과 내 사진을 꾸며서 이름표를 만들어요.
01 나는 무슨 표정일까요?
02 좋아하는 색깔은 무엇일까요?
03 내 이름이 뭐였더라?
04 내가 생각하는 내 얼굴이에요!
아이와의 긍정적인 대화를 위해 준비했어요!
긍정적인 발문 예시
1. 아이와 함께 사진을 보며 표정과 감정에 대해 이야기를 나누어 주세요!
2. 다양한 미술 도구를 활용해 사진 이름표를 만들어 보아요!
3. 완성한 사진 이름표를 보며 자유롭게 표현하고, 칭찬해주세요!
모두
함께 하는
적응
성서 어린이집과 함께해요

3월

유아가 어린이집에 적응하는 동안 이렇게 해 주세요!

1. 유아를 적응 일정에 맞춰 차차 적응시켜야 합니다.
아무리 좋은 약이라도 처음부터 많이 복용하지 않듯이, 유아의 적응에 무리가 가지 않도록 교사와 상의하여 점차 시간을 조절해 나갑니다.

2. 유아가 긴장을 풀면서 어린이집에 대하여 함께 알아갑니다.
"여기는 뭐 하는 곳일까? 야! 재미있는 장난감도 많구나."
"여기 선생님이 계시네. 선생님 안녕하세요? 친구들아 안녕?"

3. 등 · 하원 시 꼭 인사하세요. 도망치듯 몰래 가지 마세요.
"엄마 다녀올게. 지금은 회사에 가지만 저녁때 데리러 올게. 안녕!"
"○○야, (꼭 안아주면서) 엄마 회사에서 열심히 일하고 왔어. 잘 놀고 있었니?"

4. 유아가 가끔 화난 척하거나 무관심해 보여도 상심하지 마세요.
"○○가 엄마한테 많이 화났구나. 하지만 엄마는 ○○가 무척 보고 싶었단다."

5. 집으로 돌아가면서, 또는 집에 가서 스킨십을 나눌 수 있는 특별한 시간을 보내세요. 함께 목욕하거나 무릎에 앉혀 그림책을 읽어 주어도 좋습니다. 유아를 안은 채 느린 음악에 맞춰 춤을 추는 것도 좋겠지요.

6. 담임교사를 비롯한 어린이집의 모든 선생님에게 유아와 함께 인사하여 주세요.
부모와 함께 선생님들의 얼굴을 익혀 나가면서 유아는 어린이집과 선생님들이 자신에게 도움이 되는, 자신을 사랑하는 존재라는 것을 차츰차츰 느끼게 됩니다.

자녀가 어린이집에 잘 적응하기 위해서
적응 프로그램을 꼭 지켜 주시기 바랍니다.

(2) 중간에 입학하는 경우

모든 유아가 동시에 입학하는 경우와 달리 유아가 중간에 혼자 기관에 들어오게 되는 경우는 특히 적응을 위한 세심한 배려가 필요하다. 모든 유아들이 서로 친숙하게 지내고 있는 상황에서 홀로 교실에 들어가는 것이 유아에게 상당한 위축감을 줄 수 있기 때문이다(Gestiwicki, 2000). 처음에는 부모와 함께 방문하여 운동장에 와서 놀거나 수업에 잠깐 참여할 수 있다. 교사는 간식을 같이 먹거나 수업 이후 몇몇 유아가 함께 놀 수 있도록 배려하여 친구들과 자연스럽게 사귈 수 있도록 도움을 주는 것이 필요하다. 유아가 잘 적응하지 못하는 경우에는 부모와 함께 수업을 지켜보면서 1~2가지 활동에 참여하고 점차 놀이시간을 늘려가는 방법을 사용할 수도 있다.

3) 유아와 부모

유아들의 초기 적응은 개인의 기질, 입학 전 기관에 대한 경험 여부, 부모와의 애착 유형 등에 따라 다르게 나타난다. 교사는 유아와 부모가 서로 헤어지는 과정을 이해하고 수용할 필요가 있다. Keyser(2006)는 부모는 빨리 떠나는 것이 좋고 무조건 분리해야 한다는 일부의 의견에 반대한다. 몇몇 교사들은 부모가 있으면 유아가 더 오래 울고 다른 유아들의 적응에도 방해가 된다고 생각하지만 무조건 분리하는 것은 유아들의 정서에 심각한 문제를 일으킬 수 있다는 것이다.

다음은 유아와 부모가 헤어지고 만나는 과정에서 고려해야 할 사항이다.

- 부모들이 당황하지 않도록 안심시킨다.

유아들은 부모와 헤어져 낯선 장소에 남겨지는 과정에서 상당한 스트레스를 받는다. 부모가 이러한 상황을 이해하고 수용하는 것이 중요하다. 자녀가 울고 매달리는 것은 정상적인 행동이며 많은 유아들이 함께 겪는 과정임을 이야기한다. 부모들은 자녀의 불안한 모습에서 걱정이나 죄책감을 느낄 수 있으며 특히 정해진 시간에 출근을 해야 하는 경우에는 당황하고 짜증이 날 수 있다. 교사는 여러 가지 경험이나 연구를 들어 부모에게 정보를 주고 안심시키며 필요할 경우에는 일과 중간에도 유아가 어떻게 지내는지 연락해 줄 필요가 있다.

또한 초기에는 잘 적응하다가 새삼스럽게 울기 시작하는 아이들도 있다. 이들은 처음에는 새로운 환경에 흥분하여 부모가 없어진 사실을 잘 모르다가 며칠 지나서 비로소 현실을 깨닫는 유아들이다(Keyser, 2006). 유아들은 동조감정이 강하기 때문에 친구가 우는 것을 보고 자극받아 울기 시작하기도 한다. 간혹 학부모들은 초기에 잘 다니던 아이에게 무슨 일이 있는 것은 아닐까 걱정하기도 하는데 이러한 현상은 일상적으로 일어나는 일임을 알리고 안심시킬 필요가 있다.

■ '이별'에 대해 유아들이 어떻게 느끼는지 부모를 이해시킨다.

유아들은 어른과 같은 방식으로 시간을 이해하지 못한다. 같은 시간이라도 유아들은 한없이 길게 느낄 수 있다. 부모가 안 보이면 없어졌다고 생각하고 돌아올 것이라고 확신하지 못할 수 있다. 한 걸음 더 나아가 부모가 나를 버리고 갔을 것이라고 생각할 수 있다. 부모와 헤어지고 만나는 과정이 규칙적으로 반복되면 유아들은 비로소 떠나간 부모가 돌아올 것이라는 것을 확신하게 된다.

■ 교사는 유아가 느끼는 불안, 슬픔에 대하여 솔직하게 대화를 나누는 것이 좋다.

유아가 울고 불안해할 때 강제로 울음을 그치게 하거나 무시해서는 안 된다. 유아가 느끼는 슬픔과 공포를 이해하고 있으며 부모가 돌아올 때까지 잘 돌보아 줄 것임을 이야기한다.

[예]

"연주야, 엄마가 회사에 가셔서 속상하구나!"
"선생님하고 놀고 있으면 엄마는 회사 끝나고 꼭 오실 거야."
"걱정하지 마. 친구들도 엄마가 보고 싶지만 잘 놀고 있잖아."
"우리 무엇을 하고 놀까?"

■ 유아의 눈앞에서 "안녕."이라고 이야기하고 떠난다(Keyser, 2006; Dombro & Lerner, 2007).

유아가 안 보는 사이에 슬그머니 사라지지 않는다. 부모가 언제 없어질지 모르기 때문에 유아는 더욱 불안해할 수 있다. 처음에는 다소 격렬한 반응을 보일 수 있지만 유아에게 정식으로 "안녕."하고 인사를 하고 떠나면 오히려 쉽게 받아들일 수 있다.

■ 유아에게 만남에 대한 확신을 준다.

부모가 약속한 시간에 정확하게 데리러 오는 것이 중요하다. 특히, 초기에는 부모가 돌아오지 않을지도 모른다는 불안감이 깊은 시기이므로 정확하게 시간을 지킨다. 유아가 너무 불안해할 경우에는 중간에 부모와 통화를 하게 하는 것도 필요하다. 출석판을 사용하여 기관에 오고 가는 것의 규칙성을 이해시키거나 스티커나 카드를 주는 것과 같은 작은 보상도 초기 적응에는 도움을 줄 수 있다.

2. 영유아교육기관과 가정의 대화

유아들은 매일 학교와 가정이라는 두 세계를 왔다 갔다 하며 살고 있다(Rosenthal & Sawyers, 1996) 두 세계의 원활한 의사소통, 즉 영유아교육기관과 가정의 대화는 유아의 적응에 중요한 의미를 갖는다. 부모들은 기관에서 유아들이 어떻게 지내는지 궁금해하지만 대부분 교사들과의 만남을 어려워하고 적극적으로 대화를 시도하지 못한다. 교사는 부모들의 이러한 고민을 이해하고 먼저 부모들에게 손을 내밀어야 한다. 가정과 기관 사이의 의사소통이 원활하지 않으면 여러 가지 오해가 생길 수 있고 궁극적으로 서로 간의 갈등으로 유아들의 적응을 어렵게 할 수도 있기 때문이다.

교사가 모든 부모와 같은 방식으로 의사소통을 할 필요는 없다. 부모의 상황을 고려하여 서로가 가장 편리한 방법을 선택하는 것이 바람직하다. 매일 유아를 데려오고 데려가는 부모와는 서로 얼굴을 보고 대화하는 방법이 가장 효율적일 수 있으며 만나기 어려운 부모와는 스마트폰의 앱이나 SNS 등을 사용하거나 전화, 편지 등을 사용한다. 학기 초에 부모를 대상으로 하는 설문지에서 어떤 방식의 의사소통 방법을 선호하는지 선택하게 할 수도 있다.

1) 우연한 만남

직장에 다니는 부모가 많아짐에 따라 부모와 교사가 서로 얼굴을 마주 보고 대화하는 시간을 갖기는 어렵다. 대부분 영유아교육기관에서는 전화나 스마트폰을 활용한 커뮤니케이션 앱과 같은 의사소통 수단을 많이 사용한다. 그러나 아무리 편리하고 다양한 방법이 있다 하더라도 사람 사이의 가장 좋은 의사소통은 직접 만나 서로를 바라보고 대화하는 것이다. 대부분의 유치원이나 어린이집에서는 일정한 시간을 정해 부모와 직접 만나는 상담을 계획하고 있지만 유아가 등원하거나 귀가할 때 부모와의 우연한 만남의 기회에 짧지만 유익한 대화를 나눌 수 있다. 교사가 두 사람일 경우에는 유아와 부모를 맞이하는 교사와 교실에서 이미 도착한 유아들을 돌보는 교사로 역할을 나눌 수도 있다.

[예]

밝은 표정으로 자세를 낮춰 유아의 이름을 부르며 먼저 유아와 이야기하고 다음으로 부모와 이야기한다.

(무릎을 꿇고 앉아 진호와 눈을 맞추고 손을 잡으며 밝은 표정으로)

"진호야! 안녕! 곰돌이 모자를 쓰고 왔네? 많이 추워?"

(일어서서 부모를 바라보며)

"진호가 어제 기침을 많이 하던데 괜찮나요?"

이때 서로의 대화를 유아가 듣고 있음을 기억해야 한다. 유아가 들어도 되는 내용인지를 고려해야 하고 민감한 문제라면 따로 시간을 내어 대화하는 것이 좋다. 간혹 부모와의 대화가 중요하다고 해서 유아가 있다는 사실을 무시하고 부모하고만 이야기를 하거나 유아에 대한 이야기를 조심하지 않고 나누는 것은 유아에게 상처를 줄 수 있다.

2) 전화

■ 영유아교육기관의 전화

전화는 영유아교육기관에서 부모와 소통을 위해 가장 자주 사용되는 매체 중의 하나이다. 교사와 부모는 전화라는 매체를 통해서 영유아의 교육에 관한 대화를 나누며 정보를 주고받아 상호신뢰감을 형성해 간다. 전화는 비교적 시간과 공간의 제약이 적어서 필요에 따라 즉각적으로 교사와 부모가 필요한 소통을 할 수 있다. 전화를 통해 주로 다루어지는 내용은 영유아의 갑작스러운 결석이나 조퇴에 관한 사항, 주말이나 전날 발생한 상황 중에서 교사가 알고 있으면 영유아의 지도와 교육에 도움이 되는 사항, 건강이나 약 복용에 관한 사항, 교육활동이나 준비물에 관한 문의 사항 등이다. 간혹 부모가 자녀의 문제 상황에 대해 전화로 건의나 항의를 하면서 이루어지게 되는 전화도 있을 수 있다.

전화는 부모와 기관의 유용한 의사소통 수단이지만 조심스럽게 사용하는 것이 좋다. 부모가 직장에 있을 때 갑작스러운 전화 통화는 부모를 곤란하게 할 수 있고 부모가 일에 몰입하는 것을 방해할 수도 있기 때문이다. 또한 서로 얼굴을 보고 나누는 대화가 아니기 때문에 오해를 일으킬 수도 있다. 따라서 민감한 문제를 이야기할 때는 전화보다는 직접 만나서 상담을 하는 것이 좋다.

교사는 부모와 전화 통화 시에 펜과 메모지를 준비하고 부모와 나누려는 대화의 요점을 미리 기록해 두어 중요한 내용을 잊지 않고 전달해야 하고, 또한 부모의 요구사항이나 질문 등을 기록해 두어 추후에 실수 없이 실행할 수 있어야 한다. 전화는 상대방의 표정이나 행동과 같은 비언어적 표현에 대한 정보를 알 수 없기 때문에 교사는 부모와 전화로 이야기를 나누는 도중 고개를 끄덕이는 대신 "네...", "아...", "그렇군요."와 같이 언어적으로 경청하고 있다는 표시를 해 주는 것이 중요하다(이대균, 김주영, 임자영, 박지선, 2010).

전화 예절 알아두기

- 자신의 소속과 성명을 밝힌다("안녕하세요? △△유치원 교사 ○○○입니다." 혹은 "반갑습니다. △△어린이집 ○○○교사입니다.")
- 전화벨이 여러 번 울린 후에는 "오래 기다리게 해서 죄송합니다."라고 말하면서 받는다.
- 부모의 문의사항에 정확하게 답을 한다.
- 부모가 요구하는 전달 사항이 있다면 메모를 하고, 반드시 본인에게 직접 전달한다. (전화 온 사람의 성명, 날짜와 시간, 용건 내용 등을 간단히 기록한다)
- 부모가 찾는 교사나 원장님이 부재중이면 부재중인 이유와 통화 가능 시간을 안내한다.
- 수화기를 턱이나 어깨에 걸치고 통화하지 않는다. (상대방에게 음성이 울려서 정확한 메시지를 전달하기 어렵다)
- 다른 사람에게 전화를 바꿔 줄 때에는 부모가 기다리지 않도록 신속하게 바꾼다.
- 전화를 받을 사람이 멀리 있을 경우에는 늦게 바꾸어 주는 이유를 밝히고, 너무 늦어지면 상대방의 의사를 물어 전화번호를 남겨 놓는다. ("지금은 전화를 받을 수 없으니, 메모를 남겨주시면 다시 전화드리겠습니다.")

출처: 전선옥(2020). 알아두면 쓸모 있는 영유아교육기관 학부모 상담. 경기: 공동체. p.58.

■ 스마트폰

최근에는 남녀노소를 불문하고 스마트폰 사용이 일반화되면서 영유아교육현장에서도 스마트폰을 활용하여 부모와 의사소통하는 여러 가지 방법이 등장하고 있다. 인터넷은 접속할 수 있는 환경이 허락된다면 언제 어디서든 다양한 정보를 얻을 수 있는 장점을 가지고 있어서 부모가 스마트폰을 이용하여 자녀에 관한 상담이나 채팅, 게시판 등을 통해 자녀양육에 관한 어려움과 공감, 이해와 지지 등을 제공받을 수 있다.

스마트폰을 활용한 의사소통은 모바일 인스턴트 메신저, SNS와 커뮤니케이션 앱 등을 통해 언제, 어디서든 양방향의 의사소통을 할 수 있다. 스마트폰을 활용한 의사소통은 소통의 가능 여부를 바로 확인할 수 있고 즉각적인 커뮤니케이션이 가능하며 전화, 문자, 이메일, 애플리케이션에 이르기까지 다양한 소통의 기술을 동시에 제공하여 한 번에 많은 사람이나 여러 미디어를 가지고 동시에 소통이 가능하다는 특징이 있다(박현주, 2013). 그러나 스마트폰을 활용한 교사와 부모 간의 상호작용은 예의를 지켜야 하고 교사 못지않게 부모의 자세도 중요하므로 학기 초에 부모교육을 통해 올바른 사용법에 대한 홍보를 미리 실시하는 것이 좋다. 또한 부모들이 편리하게 즐겨 이용하는 포털사이트의 블로그나 SNS상에서의 상담과 정보들은 신뢰성에 문제가 있을 수도 있으므로 주의해서 이용하는 것이 요구된다.

최근에는 많은 영유아교육기관에서 '스마트 알림장'이라고 부르는 영유아교육기관 전용 커뮤니케이션 앱을 활발하게 사용하고 있다. 대표적인 영유아교육기관 전용 스마트폰 커뮤니케이션 앱인 '키즈노트'와 같은 스마트 알림장은 교사가 유아들의 모습을 사진 및 동영상으로 실시간 업데이트하고 그 외 유치원 행사나 안내 사항을 스마트폰 앱을 통해 안내하면 부모들은 바로 확인이 가능하다. 대부분의 영유아교육기관 전용 커뮤니케이션 앱에는 알림장(영유아의 하루일과를 안내), 공지사항(계획안, 가정통신문, 식단표, 부모교육, 행사 안내 등), 앨범(영유아의 활동사진), 투약의뢰서, 귀가 동의서, 식단표 등을 탑재할 수 있어 보다 사용이 편리하므로 사용하는 영유아교육기관이 점차 늘고 있다. 영유아교육기관에서 주로 사용되고 있는 스마트폰 커뮤니케이션 앱에는 키즈노트, 키드키즈, 맘파파 등이 있다.

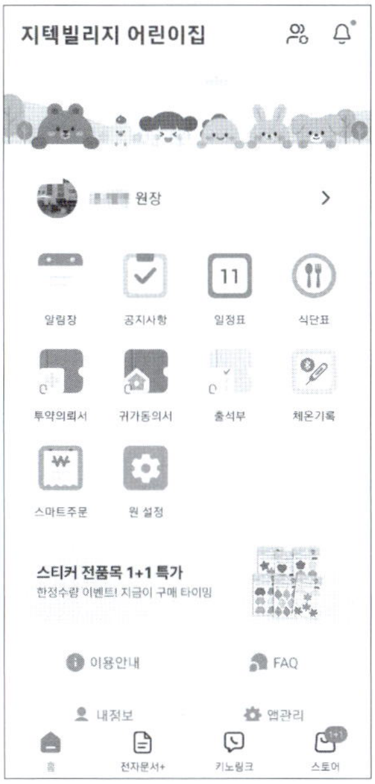

키즈노트의 메뉴 화면

계획안 및 공지 사항 화면

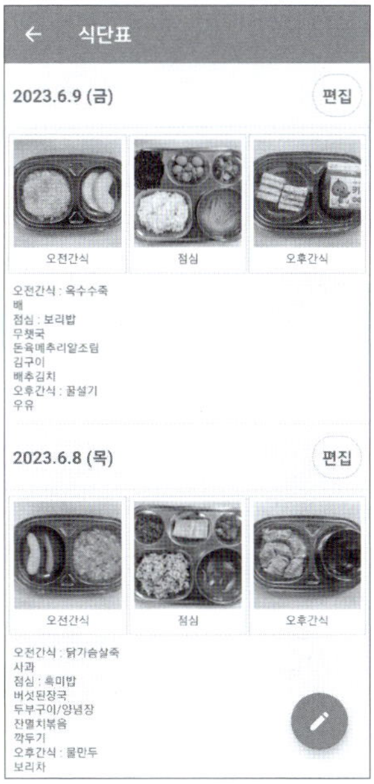

식단표 화면

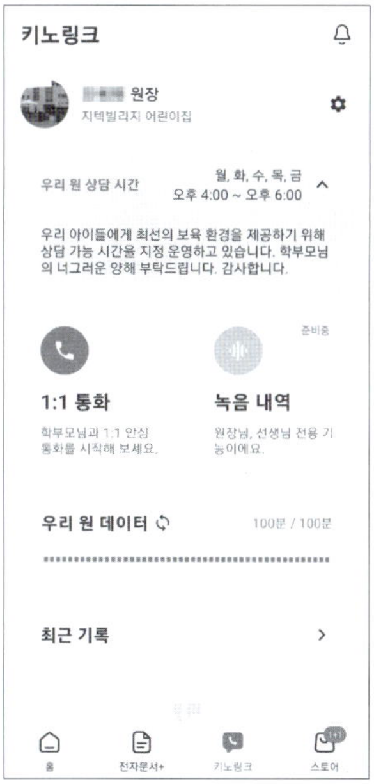

학부모와의 통화 기능

[그림 10-1] 키즈노트의 다양한 기능

3) 게시판

대부분의 영유아교육기관에서는 출입구 가까운 곳에 부모를 위한 게시판을 마련하고 있다. 게시판에는 공지할 사항이나 기관의 행사, 또는 부모를 위한 여러 가지 정보, 유아들의 사진이나 작품 등을 전시한다. 부모들은 게시판을 통해 유아의 생활에 대한 여러 가지 정보를 얻을 수 있다. Gennarelli(2004)는 새로운 방법의 게시판을 제안한다. 유아들이 활동하는 사진을 슬라이드 쇼 자료로 만든 후 부모가 유아를 데리고 오거나 데려갈 때 볼 수 있도록 게시판의 벽면에 상영해서 높은 호응을 얻었다는 것이다. 유아들 역시 자신의 모습을 벽면에서 보면서 즐거워했다고 보고하고 있다. 최근에는 다양한 매체의 발달로 현관에 커다란 화면을 설치하여 부모가 유아들을 데려다주고 데리러와서 기다리는 시간을 이용해 자녀들의 생활 모습을 볼 수 있도록 배려하는 곳도 있다.

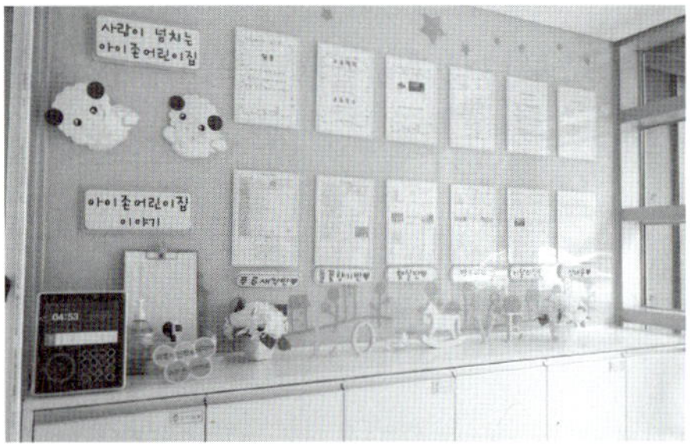

정문게시판

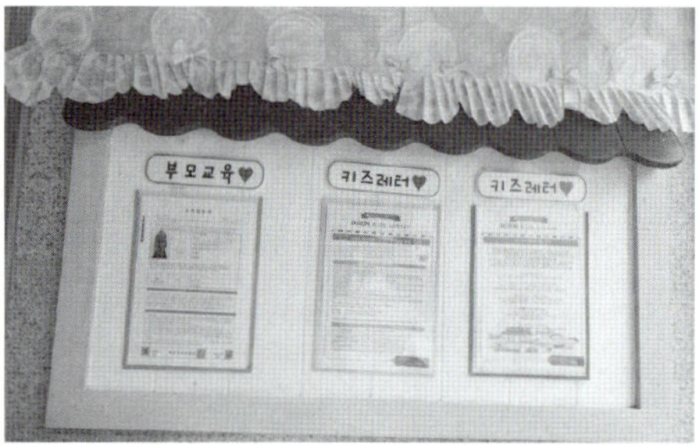

후문게시판

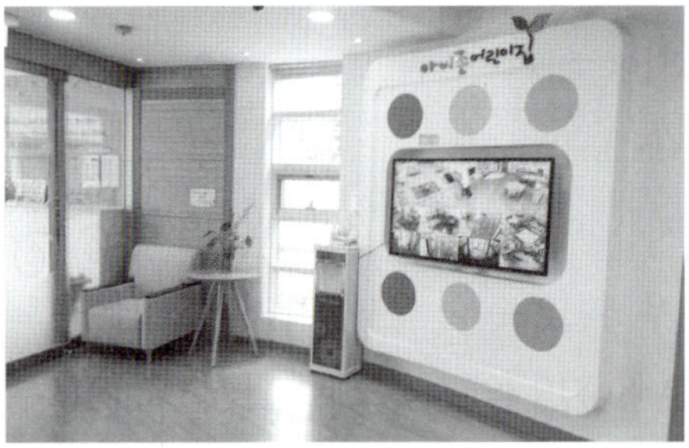

현관 내 cctv 화면 설치 모습

상담실 내 cctv 화면 설치 모습

[그림 10-2] 부모를 위한 게시판의 예(아이존 어린이집)

4) 가정통신문

부모들에게 기관의 여러 가지 사항을 알리기 위해 영유아교육기관에서 가장 많이 사용하고 있는 부모교육 및 지원의 형태이다. 일반적으로 1주일에 한 번씩 규칙적으로 보내기도 하고 특별한 행사나 알려야 할 내용이 있을 때 보내기도 한다. 모든 유아들에게 같은 내용을 내보내기도 하지만 특정 유아에게만 작은 쪽지나 메모 등을 보낼 수도 있다. 편지와 함께 유아들의 작품이나 글 등을 같이 보내기도 한다. 최근에는 전자매체에 익숙한 젊은 밀레니얼 부모 세대의 특성을 반영하여 종이로 만들어진 가정통신문과 더불어 스마트폰으로 쉽게 확인이 가능한 카드뉴스 형태로 전달사항을 만들어 보내는 곳이 증가하고 있다.

부모에게 보내는 가정통신문의 종류는 영유아교육기관 안내책자와 같이 연간으로 발간되는 것, 영유아교육기관의 교육운영이나 부모교육 내용 등을 담아 월별 혹은 주별로 발간하는 것 그리고 필요에 의해 다양한 정보를 안내하거나 협조를 구하고자 수시로 발간하는 것 등 다양한 형태가 있다. 가정통신문은 부모가 가정에서 수동적으로 받게 되는 것으로 간주되기 쉬우나 최근에는 '알림장'으로 알려진 학교-가정통신을 통하여 교육기관과 가정이 서로의 생활에 대해 알 수 있도록 하여 기관과 가정이 연계성을 이루며 일관성 있게 영유아를 지도하는 데 활용하고 있다. 가정통신문은 맞벌이로 바쁜 일과 속에서 시간과 장소를 초월하여 부모의 역할과 자녀양육에 관한 지식과 정보를 부모에게 제공할 수 있기 때문에 효과적인 부모교육 방법이다.

■ 가정통신문에서 다루는 내용

- 교육프로그램 안내
- 행사 안내 및 공지사항
- 가정의 협조 요청
- 부모에게 유익한 정보 제공

학부모님께

안녕하십니까?

2023학년도 제1학기를 학부모님의 꾸준한 관심과 격려 속에서 무사히 마치게 되어 감사드립니다. 그동안 저희 한림유치원의 유아들은 다양한 활동 속에서 많은 경험을 하며 창의력, 상상력, 문제해결력, 친구들과 더불어 살아가는 방법 등 여러 영역에서 많은 성장을 이루었으리라 생각됩니다.

여름방학 동안에는 그동안 가정에서 미루어 왔던 일들을 해 볼 수 있도록 배려해 주시고, 유아들이 그동안 해 보지 못한 다양한 경험의 장을 마련해 주셔서 유아가 많은 것을 배우고 느낄 수 있는 기회를 가질 수 있도록 도와주시기 바랍니다.

방학 동안 가족 모두 행복하고 즐거운 여름을 보내시고 건강한 모습으로 다시 만나 뵙기를 바랍니다.

– 여름방학 기간 및 2학기 개원 안내 –

1. 반일반 방학 및 개원 안내
   방학기간: 7월 18일(월) ~ 8월 23일(화)
   개 원 일: 8월 24일(수)
2. 종일반 방학 및 개원 안내
   방학기간: 7월 25일(월) ~ 8월 16일(화)
   개 원 일: 8월 17일(수)
3. 2학기에는 개원일부터 바로 정상수업을 진행합니다.

- 제2학기 등 · 하원 버스 운행시간 변경 안내
  - 등 · 하원 버스 시간은 8월 19일(목) ~ 9월 2일(금)까지 1학기와 동일하게 운행하오니, 현재의 등원 시간을 기억해 두셨다가 등원시켜 주시길 바랍니다.
  - 9월 5일(월)부터는 2학기 버스 시간표에 따라 운행할 예정이며, 2학기 버스 운행 시간표는 8월 27일(금)에 배부됩니다.
- 방학 중에 전화번호, 주소가 변경되거나 특별한 일이 있는 경우에는 유치원으로 연락해 주시기 바랍니다(오전 10시 ~ 오후 4시).

2023년 7월 15일

한림성심대학교 부속 한림유치원장

[그림 10-3] 가정통신문의 예 1: 교육프로그램 안내

가 정 통 신 문

안녕하십니까?

수확의 계절 가을, 높고 청명한 가을 하늘 아래 온 가족이 함께 모여 즐길 수 있는 가을 운동회를 다음과 같이 개최하려고 합니다. 참가 동의서를 보내드리오니 기재하시어 10월 4일(수)까지 유치원으로 보내 주시기 바랍니다.

-다 음-

1. 일 시: 2023년 10월 7일(토) 오전 10시 ~오후 2시
2. 장 소: 한림성심대학교 대운동장
3. 대 상: 전체원아 및 학부모
4. 준 비 물: 도시락, 물, 돗자리, 간단한 간식
5. 프로그램: 전체원아, 부모참여 프로그램
   ① 체조 및 율동: 국민체조, 기차놀이, 즐거운 음악회, 독도는 우리 땅, 앞으로 앞으로, 다 함께 모여서
   ② 게임: 훌라후프 터널, 세발자전거 타기, 둘이서 한마음, 가족장애물, 팥주머니 던지기, 박 터트리기, 살림장만, 계주 등

※ 우천 시 당일 오전 8시를 기점으로 비가 오면 행사가 취소되오니 가족과 함께 즐거운 시간을 가지시기 바랍니다.

2023년 9월 30일

한림성심대학교 부속 한림유치원장

---------- 절 취 선 ----------

참 가 동 의 서

(　　　　)반　이름(　　　　　　)

★ 참석하시는 모든 분을 표시하여 주시기 바랍니다.

아버지(　　　　) 어머니(　　　　) 기타 가족 (　　명)

2023년 10월 7일(토)의 '한림 가족 운동회' 참가에 동의합니다.

2023년　　월　　일

학부모　　　　　(인)

[그림 10-4] 가정통신문의 예 2: 행사 안내 및 공지사항

[그림 10-5] 가정통신문으로 가정에 보내는 카드 뉴스의 예

5) 설문조사

학부모의 기관에 대한 요구사항이나 특별히 관심을 갖는 일에 대해서는 영유아교육기관에서 가정으로 설문을 보내 필요한 자료를 수집할 수 있다. 이러한 자료는 유아들의 교육을 위해 활용되고 부모와의 상담에서도 유용하게 사용될 수 있다. 특히, 학기 초에 부모가 기관에 원하는 것이 무엇인지를 파악하여 이후의 교육활동에 반영하는 것을 경험시켜 주면 부모가 자녀의 교육에 더욱 많은 관심을 가질 수 있도록 유도할 수 있다. 기관의 행사나 특별한 프로그램의 실행, 부모 참여나 부모 자원봉사의 여부에 대해서 미리 설문을 통해 알아보는 것은 교사와 부모 모두에게 유익하다. 최근에는 대부분의 기관에서 사용하고 있는 키즈노트와 같은 스마트 알림장에 포함된 프로그램을 통해서 설문을 할 수 있고 또한 네이버폼을 활용한 설문도 현장에서 자주 활용되고 있다.

친구관계에 대한 설문지

본 설문지는 토끼반 아이들의 친구관계를 파악하여 어린이들을 지도하는 데 도움을 받고자 하는 목적으로 만들어졌습니다. 유치원에서 연구하고 참고하는 용도로만 사용될 것입니다. 설문의 답안은 어린이들이 보지 않도록 주의하여 주시기 부탁드립니다.

※ 설문지는 보내드린 봉투에 넣어서 밀봉하여 유아 편에 보내 주십시오.

이름 ______________

1. 토끼반 친구들 중에 유치원에 입학하기 전부터 알고 지내던 친구가 있습니까? (있다면 다음 사항에 대답해 주십시오.)
   ① 어떻게 알게 된 친구입니까? (예: ○○유치원, ○○학원, 동네에서 등)
   ② 누구입니까?

2. 토끼반 친구들 중에 유치원이 끝난 후 다른 학원이나 기관에 같이 다니는 친구가 있습니까?
   ① 어느 곳입니까? ② 누구입니까?

3. 토끼반 친구들 중에 유치원이 끝난 후 집이나 동네에서 친하게 지내는 친구가 있습니까? (있다면 다음 사항에 대답해 주십시오.)
   ① 누구입니까? ② 주로 누구네 집에서 놀았습니까?
   ※ 4, 5문항은 어린이에게 물어본 후 쓰셔도 좋습니다.

4. 토끼반 친구 중에서 특별히 좋아하는 친구가 있습니까?
   ① 누구입니까? ② 좋아하는 이유가 무엇이라고 생각되십니까?

5. 토끼반 친구 중에서 특별히 싫어하는 친구가 있습니까?
   ① 누구입니까? ② 싫어하는 이유가 무엇이라고 생각되십니까?

6. 토끼반 내에서의 어린이의 친구관계에 대하여 하시고 싶으신 말씀이 있으면 자유롭게 기술해 주십시오.

[그림 10-6] 친구관계에 대한 설문지 예

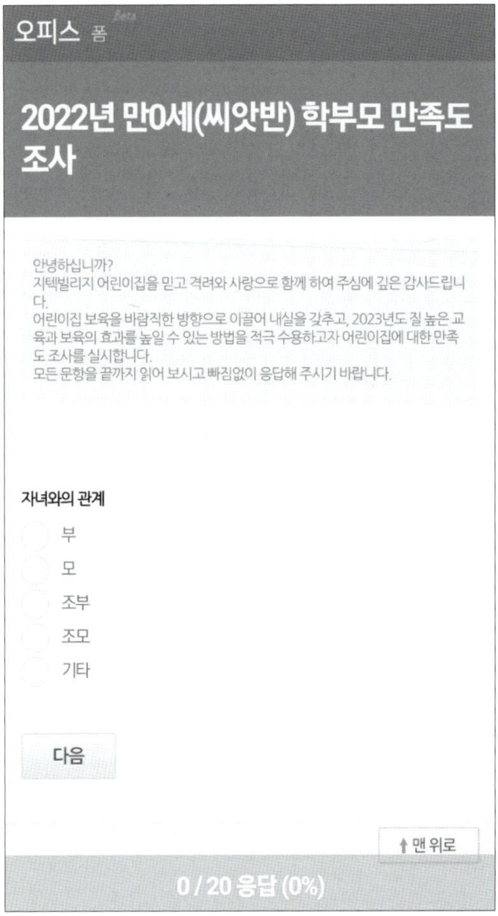

[그림 10-7] 네이버폼을 활용한 학부모 설문의 예

CHAPTER 11

영유아교육기관의 부모교육 및 참여

1. 유아교육기관의 집단 부모교육
2. 영유아 부모 및 가족의 자원봉사
3. 영유아교육기관과 가정의 연계

영유아교육기관에서는 다양한 유형의 부모교육 및 부모참여를 통해 영유아의 부모와 가족을 지원한다. 상황과 필요성에 따라 집단의 규모를 다양하게 하고, 부모의 적극적인 교육과정 참여와 자원봉사를 통해 영유아기 자녀의 교육적 성과를 거두는 데 일조할 수 있는 기회를 마련하기도 한다. 부모들은 유치원이나 어린이집의 교육과정 주제에 따른 다양한 가정연계 활동에 참여함으로써 자녀의 배움을 지원할 수 있다. 본 장에서는 영유아교육기관에서 이루어지는 다양한 부모교육 및 참여 프로그램에 대하여 살펴보고자 한다.

함께 생각해 봅시다.

영유아교사로서 영유아의 부모 및 가족과 꼭 해 보고 싶은 부모교육 및 참여 프로그램에 대해서 조별로 토론해 보세요. 영유아의 행복한 성장과 발달을 위해서 부모와 함께 어떤 프로그램을 해 보고 싶으신가요?

1. 유아교육기관의 집단 부모교육

1) 대집단 부모교육

영유아교육기관에서 실시하는 대집단 부모교육으로는 전체 부모가 함께 참여하는 오리엔테이션이나 특정 주제에 관한 전문가 특강 등이 있다. 대집단 부모교육은 동일한 내용을 동시에 전달할 수 있는 방법으로 효율성 측면에서 이점이 있어 이제까지 유아교육기관에서 많이 활용해 왔다. 그러나 개별 부모의 요구를 만족시키기 어렵고 특정 시간에 모든 부모들을 대상으로 진행되므로 직장에 다니는 부모들이나 다양한 상황에 있는 부모들의 요구를 개별적으로 고려할 수 없다는 제한점이 있어 높은 참여율을 기대하기가 어렵다. 그러나 이러한 한계에도 불구하고 대집단으로 실시하는 것이 적절한 주제나 내용의 부모교육도 있고 대집단과 소집단 유형을 적절히 혼합하여 실시하기도 한다. 대집단 부모교육의 효과를 높이기 위해서 고려할 점과 유아교육기관의 대집단 부모교육 중 학부모 오리엔테이션과 특강에 관하여 살펴보면 다음과 같다(김정원, 전선옥, 2016).

- 부모들의 요구가 많은 주제를 선정한다.
- 집단 강의 능력이 뛰어난 전문 강사를 섭외한다.
- 대집단 강의 후 소집단으로 모여 강의 내용을 구체적인 실제 상황에 적용해 본다.

대집단 부모교육의 계획 및 운영의 팁!

- 2~3주 전에 미리 키즈노트나 SNS, 혹은 가정통신문 등으로 안내하여 부모의 일정 계획 시 고려하도록 한다.
- 부모의 참여 여부를 키즈노트의 응답 기능을 활용하거나 가정통신문 아래에 참석 여부를 묻는 부분을 절단선을 넣어 확인한다.
- 특강 안내에는 강의 주제, 강사에 대한 소개, 일자와 시간, 장소, 소요 예정 시간 등을 넣어 부모가 하루의 일정을 계획할 때 참고하도록 한다.
- 부모교육 1주일 전에 잊지 않도록 다시 안내한다.
- 반원이나 원형의 좌석 배치를 통해 소통이 가능하도록 하고, 인원이 많은 경우에는 단상을 향해 강의를 배치한다.

■ 학부모 오리엔테이션

학부모 오리엔테이션은 신입원아의 학부모에게 유치원이나 어린이집의 교육 방침과 운영에 대하여 소개하는 시간이다. 대부분의 경우 유치원과 어린이집의 원장이 모든 학부모를 대상으로 전반적인 내용을 소개하고, 각 반으로 나뉘어 담임교사와 각 반의 부모들이 모여 소집단으로 각 반의 교육내용 등을 공유하는 시간을 갖는다. 오리엔테이션에서 일반적으로 다루는 내용은 다음과 같다.

- 기관의 교육목표와 교육방침, 교육 프로그램
- 전반적인 일과와 행사에 대한 안내
- 교직원 소개(학력과 경력)
- 영유아의 놀이와 활동에 대한 영상 시청
- 각 반 영유아의 발달특성과 반별 교육 프로그램 안내
- 같은 반의 원아 학부모들 소개 및 인사 나누기

[그림 11-1] 신입학부모 대집단 오리엔테이션

[그림 11-2] 신입학부모 학급별 오리엔테이션

■ 전문가 특강

영유아 자녀의 교육에 도움이 되는 지식이나 정보를 제공하는 부모교육이다. 기관에서 체계적으로 계획하여 진행하기도 하지만 학기 초에 부모들을 대상으로 관심 있는 주제나 요구를 조사하여 한 학년도나 학기의 주제를 미리 계획하여 진행하는 기관도 많다. 일반적으로 영유아교육의 중요성, 영유아 행동문제 대처방법, 유아의 한글 교육, 유아의 창의성, 부모-자녀 간 의사소통, 건강관리와 응급조치, 초등학교 입학 준비 등과 같은 기관의 특성과 부모의 요구에 따른 주제를 선정하여 진행한다.

최근에는 많은 부모들이 다양한 경로로 육아 정보에의 접근 가능성이 높아짐에 따라 대집단 특강에 대한 요구가 줄어들고 있는 추세이다. 전문가에 의해서 일방적으로 전달되는 강의에 참여하기보다는 부모 자신의 요구에 가장 부합하는 소집단 부모교육을 선호하는 경향이 증가하고 있다. 기관의 입장에서는 각 분야와 주제별 전문 강사를 섭외하는 것에 어려움이 있고 강사비 부담도 있어 요즈음은 1년에 1~2회 정도로 대집단 특강은 줄어들고 있다. 특히, 우리 사회의 저출산 문제, 자녀 훈육의 문제점 등과 맞물려 요즈음은 각 지자체나 육아종합지원센터 등에서 부모교육 및 상담 등의 프로그램들을 적극적으로 실시하고 있어 영유아 부모들이 편리한 시간에 자신이 관심 있는 주제의 부모교육에 참여하는 경향이 증가하고 있다.

2) 소집단 부모교육

영유아교육기관에서는 기관의 여건, 영유아의 발달단계, 주제 등을 고려하여 소집단 부모교육을 실시한다. 소집단 부모교육은 대집단에 비하여 보다 친밀한 느낌이 있고 부모들의 개별적인 요구를 반영하여 주제를 선정할 수 있어서 부모들이 좀 더 편안하게 참여하는 경향이 있다.

우리나라의 영유아교육기관에서는 외국의 소집단 부모교육 프로그램인 STEP(효율적인 부모역할 수행을 위한 체계적 훈련)이나 PET(부모효율성 훈련), APA(적극적인 부모역할 훈련 프로그램) 등을 활용하기도 하고, 우리나라에서 개발된 부모교육 프로그램(예: 총체적 부모교육 프로그램)을 실시하기도 한다. 이러한 전문 부모교육 프로그램은 교육목표, 교육내용, 교육방법 등이 하나의 패키지 형태로 이루어져 있는 것이 특징이고 적용되는 현장에 따라 적절히 수정하여 활용될 수도 있어 영유아교육기관 부모의 요구에 가장 부합하는 주제를 선정하고, 참여하는 부모들의 상황을 고려하여 부모교육의 주차나 시간을 적절히 변경하여 실시하기도 한다.

소집단 부모교육 프로그램은 영유아교육기관의 원장이나 각 부모교육 프로그램 실시를 위하여 훈련받은 전문가들에 의하여 운영되거나 지역사회의 연구소나 육아종합지원센터 등에서 운영되기도 한다. 대부분의 소집단 부모교육은 1주

[그림 11-3] 소집단 부모교육(선배 부모와 함께 초등학교 입학 준비하기)

[그림 11-4] 소집단 부모교육(자녀와 함께 그림책 읽기)

일에 1회, 1회 1~2시간 정도의 시간으로 모임을 갖고 6~8명에서 10명 내외의 소집단으로 운영된다. 프로그램의 주제에 관한 부모와 부모교육자의 토론, 강의, 질의 · 응답 · 토론, 저널 쓰기 및 과제 등의 다양한 활동, 전문가의 피드백과 격려의 과정으로 진행되기도 한다.

2. 영유아 부모 및 가족의 자원봉사

영유아의 부모와 가족은 다양한 활동과 방법으로 영유아교육기관의 교육과정에 참여하며 교사와 협력하여 교육의 효과를 향상시키는 데 기여할 수 있다. 어린이집이나 유치원에서는 언제든 부모와 가족의 지원을 필요로 한다. 교재와 교구의 제작, 혹은 실외놀이터의 놀이기구를 수리하거나 제작해 주는 등으로 교육과정 중의 활동이나 놀이를 지원할 수도 있고, 교실에서의 활동이나 견학 등에 보조교사로 봉사할 수도 있다.

우리나라의 영유아교육기관에서도 다양한 방법으로 부모의 자원봉사를 격려한다. 부모참여수업을 연간 일정으로 계획하여 부모의 참여를 적극적으로 격려하는 유치원이나 어린이집도 있다. 그러나 부모의 자원봉사가 활성화된 어린이집이나 유치원은 그리 많지 않은 것이 현실이다.

영유아의 부모와 가족이 자원봉사에 적극적으로 참여하기 어려운 이유는 부모의 도움을 기대하지 않는 유아교육기관이나 교사의 문제도 있지만 자녀의 교육과정에 적극적으로 참여하기를 원하는 부모들이 매우 드물기 때문이다. 부모들 중에는 자녀를 유치원이나 어린이집에 보내며 교육비를 부담하거나 자녀로 인하여 기관에 대한 국가나 지자체의 예산이 지원되기 때문에 자원봉사를 할 필요가 없다는 생각으로 참여를 꺼린다. 어린이집이나 유치원에서도 부모가 교육기관에 참여하는 것이 불편하고 오히려 불필요한 수고를 더 할 수도 있다는 생각으로 부모의 자원봉사를 적극적으로 격려하지 않는 실정이다.

그러나 영유아의 부모와 가족이 자녀가 다니는 영유아교육기관에 적극적으로 참여하고 지원하면서 협력하는 것은 영유아교육의 긍정적인 효과를 높이는 데 도움이 된다(김연화, 오재연, 2020; Whyte & Karabon, 2016; Winship, et al., 2021). 근래에는 유아교육기관의 학부모 운영위원회가 활발하게 운영되면서 부모의 자원봉사가 증가하기도 한다. 부모들은 수업을 보조하거나 행사의 도우미, 부모의 전문지식을 활용한 봉사를 많이 한다. 자녀교육에 대한 열정을 가진 부모들은 영유아교육기관의 훌륭한 자원이 될 수 있으므로 학부모 자원봉사를 적극적으로 격려할 필요가 있다.

(참고) 레지오 에밀리아의 부모 및 가족의 자원봉사

이탈리아의 레지오 에밀리아 유아교육기관에서는 자원봉사를 비롯한 부모의 적극적인 협조를 통해 질 높은 교육 프로그램을 운영하고 있다. 부모는 지역사회의 자원을 유아에게 제공하고, 직접 프로그램 진행 과정에 참여한다. 레지오 에밀리아에서는 부모가 교사와 함께 유아교육기관에 필요한 가구나 교육 자료를 제작하고, 교육공간을 재배치하거나 구성하고, 교실과 실외의 놀이기구를 제작하고 수리하는 등으로 지역사회의 유아교육현장에 봉사한다. 또한 직접 교육과정의 프로그램 진행과정에 보조교사로 참여하기도 하고 전문가로서 교육과정 진행에 적극적인 도움을 주기도 한다(이기숙 외, 2021). 부모와 가족의 자원봉사는 레지오 에밀리아 프로그램의 질적 수준 향상에 기여하는 것으로 평가되고 있다.

레지오 에밀리아의 부모-가족 자원봉사

1) 수업 보조교사

영유아의 부모 및 가족은 상호작용 방법이나 교수자료 활용 방법 등에 관하여 일정한 시간 동안 교육을 받은 후 보조교사로서 담임교사를 도와 직접 수업을 할 수 있다. 처음에는 간식을 준비하거나 그림책을 읽어 주는 정도로 참여하는 것에서 시작하여 점차 자유놀이의 한 영역을 지도하고 부분적으로 교육 프로그램의 구성과 적용과정에 관여하는 역할까지 가능하다.

부모가 수업에 보조교사로 참여하기 위해서는 필요한 사전교육에 반드시 참여해야 한다. 어린 아이들을 직접 만나 상호작용을 하는 것은 가르치고 보살피는 교사로서의 역할을 수행하는 것이기 때문에 지식과 교수기술을 갖출 필요가 있다. 영유아교육기관에서는 보조교사로 영유아와 직접 상호작용을 하게 될 부모들에게 다음과 같은 교육을 제공해야 한다.

- 영유아교육과정에 대한 안내
- 영유아와의 질 높은 상호작용 방법
- 갈등 상황 해결 방법
- 영유아의 요구에 대한 민감한 반응방법

보조교사로서 비교적 많은 시간을 교실에서 자원봉사하는 부모들에게는 단순한 작업만을 맡기기보다는 영유아와 긴밀한 관계를 맺을 수 있는 의미 있는 역할

[그림 11-5] 엄마 아빠 선생님과 하는 민속의 날

의 기회를 제공하는 것이 바람직하다(Desteno, 2000). 친구관계의 어려움을 겪는 유아의 친구가 되어 주거나 행동문제를 보이는 유아에게 긍정적인 생활지도를 통해 관심을 보여 주는 등 유아가 유아교육기관에 보다 잘 적응하고 놀이와 활동을 통해 배울 수 있도록 지원할 수 있다면 자원봉사의 의미를 체험할 수 있을 것이다.

2) 전문가로서의 자원봉사

특정 분야의 전문 지식이나 기능을 가진 부모들은 전문가로서 자원봉사를 할 수 있다. 전문가인 부모들이 유아 교실을 방문해서 직접 교육을 진행하거나, 영유아들이 부모의 직장을 방문하여 전문가인 부모들의 역할을 참관하고 교육을 받을 수 있다. 음악가인 부모들은 어린이날 행사에 참여하여 유아들을 위한 작은 음악회를 열어 줄 수 있고, 치과 의사인 부모는 영유아교육기관에 방문하여 치과 검진을 해 주거나 영유아들이 직접 치과를 방문할 기회를 줄 수도 있다.

전문가로서 자원봉사하는 부모들도 교실에서 보조교사로서 자원봉사하는 부모들과 마찬가지로 효과적인 교수-학습 방법이나 의사소통 방법 등에 관하여 교육을 받을 필요가 있다(Desteno, 2000). 예를 들면 소방관 학부모는 소방관 유니폼을 입거나 가지고 오고 신발이나 헬멧, 마스크 등을 직접 보고 만져 볼 수 있는 구체적인 경험을 하는 것이 영유아의 발달에 적합한 효과적인 교수방법임을 배

[그림 11-6] 경찰관 아빠의 교통안전교육

울 수 있다. 경찰관, 의료인, 도서관 사서 등의 직업을 가진 부모들도 자원봉사를 통해 자녀의 교육을 지원할 수 있다.

직접 교실에 방문하여 봉사할 수도 있지만 부모의 직장을 방문하여 참관하는 것이 보다 효과적인 교수방법이 될 수도 있다. 자동차 정비공장, 제과점, 음식점, 화실, 병원, 약국 등은 직접 방문하여 견학하는 것이 효과적이다. 방문과 견학 등을 위해서도 진행방법 등을 부모와 미리 의논하는 것이 좋다. 부모의 직장에 불편을 초래하거나 업무 수행에 방해가 되지 않도록 세심한 배려가 필요하다.

3) 교육자료의 제작 및 제공

부모는 영유아교육기관에 필요한 여러 가지 자료의 제작을 도와주는 자원봉사를 할 수 있다. 특히, 재정 여건이나 예산 부족 등으로 교재 · 교구나 자료를 충분히 구비할 수 없는 유아교육기관에서는 부모의 자원봉사를 통한 교육자료 지원이 매우 유용하다. 부모는 교실에서 활용 가능한 교재와 교구뿐만 아니라 실외 놀이터의 놀이기구 등의 제작 및 수선을 도와주는 자원봉사를 할 수 있다.

부모는 동화자료의 제작, 자유놀이 시 활용 가능한 교재와 교구, 인형극 자료 등의 제작을 도와줄 수 있다. 교육과정 진행에 필요한 상자, 종이, 잡지 등의 다양한 자료를 모아서 적절하게 준비하여 제공해 주는 것도 도움이 된다.

영유아교육기관에서는 학기 초에 도움이 필요함을 알리고 자발적인 지원을

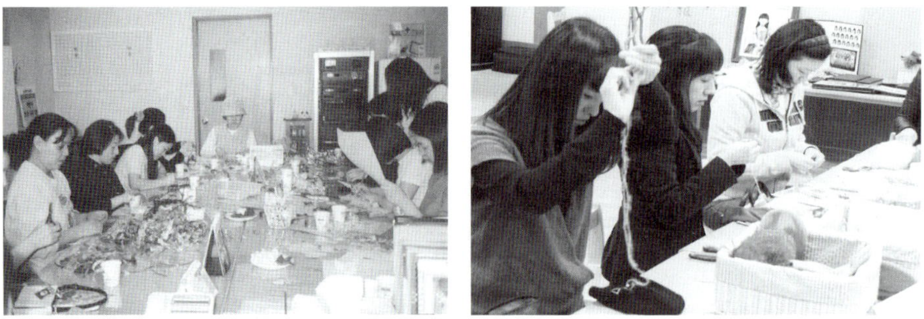

[그림 11-7] 부모자원봉사-교육자료 제작

받은 후 기관에서 장소와 재료를 제공하고 제작방법을 알려 준다. 교수자료를 제작한 부모들이 학급의 수업에 보조교사로 참여할 수 있다면 자신의 자원봉사로 인한 결과가 영유아의 교육에 어떻게 활용되는지를 직접 체험하면서 보람을 느낄 수 있다.

3. 영유아교육기관과 가정의 연계

영유아교육의 효과를 높이기 위해서는 영유아교육기관과 가정의 연계가 필수적이다. 자녀양육이나 교육에 관한 정보 접근 가능성이 높아진 현대사회에서 영유아 자녀를 양육하는 부모는 더 이상 양육의 정보를 얻는 부모교육에 만족하지 않는다. 많은 부모들은 자녀의 학습에 관심을 가지고 자녀가 다니는 유아교육기관의 교육과정이나 프로그램에 적극적으로 개입한다. 이러한 부모들의 태도는 유아교육기관의 유익한 자원이 될 수도 있지만 동시에 여러 가지 갈등을 초래할 수도 있다(김정원, 최소린, 2023). 특히, 부모가 유치원이나 어린이집에 대한 선택권을 가지고 있는 우리나라의 경우 부모의 관여가 교사나 원장에게 상당한 압력으로 다가오고 스트레스 요인이 될 수도 있다. 사립유치원이나 민간어린이집의 교육과정이 부모들의 학업중심의 교육에 대한 압력으로부터 자유로울 수 없는 이유도 여기에 있다.

이러한 경우 유아교육기관에서는 부모들에게 교육과정에 대한 상세한 정보를 제공하고 다양한 가정연계 부모교육을 통하여 자녀가 다니는 교육기관의 교육과정에 직접 참여해 볼 수 있는 기회를 제공할 필요가 있다. 부모들은 이러한 기회를 통하여 유아교육기관에서 진행되는 영유아의 발달에 적합한 교육과정에 대하여 이해할 수 있게 된다. 교육과정과 연계된 자료를 집으로 보내서 부모 스스로 발달에 적합한 교육과정에 직접 참여해 보는 경험은 부모 스스로 좋은 교육과정, 특히 놀이중심으로 개정된 국가수준 교육과정의 가치와 중요성을 이해하는 데 도움이 된다. 유아교육기관에서 적용할 수 있는 가정연계 교육활동의 예는 다음과 같다(Stipek, Rosenblatt, & Dirocco, 1994).

- 수 세기나 수 연산 등과 관련된 교육활동을 실시한 후 콩 주머니나 다양한 색 구슬을 보내어 가정에서 수 세기 활동을 해 볼 수 있도록 한다.
- 기하학적 도형에 관한 과학탐구영역의 교육과정을 진행할 때 가정에서 타원형의 테이블, 직사각형 침대 등 다양한 모양의 사물을 살펴보도록 안내한다. 기하학적 개념을 명확히 인식하도록 헌 잡지나 카탈로그의 그림을 찾아서 오려 보는 활동을 해 보도록 격려한다.
- 교육과정 진행 시 부르는 노래의 악보를 가정으로 보내어 부모와 자녀가 같이 불러 보도록 한다. 영유아가 형제나 부모에게 배운 노래를 가르쳐 볼 수 있도록 격려한다.
- 요리활동을 진행한 후 요리 순서도를 가정으로 보내어 부모와 함께 요리를 해 볼 수 있도록 한다. 요리를 하면서 수와 과학 개념을 익히고 읽기를 해 보는 등 통합적으로 학습할 수 있음을 알려 준다. 가족만의 독특한 요리를 해 보고 발표해 볼 수도 있다.
- 식사 테이블을 준비하며 그릇을 놓고 숟가락과 젓가락을 놓는 과정에서 수 세기와 일대일 대응 등 수학적 개념을 익힐 수 있음을 알려 준다. 가족과 함께 식사 준비를 하는 경험은 영유아가 책임감 있는 가족 구성원임을 알게 할 수도 있고 자기규제력을 학습하는 데도 도움이 됨을 안내한다.
- 부모와 함께 장보기 리스트를 만들어 보고 장을 볼 수 있는 경험을 갖도록 알려 준다. 유아가 원하는 물품과 꼭 필요한 물품을 구별할 수 있도록 함으로써 경제 개념을 길러 줄 수 있다는 것을 알려 준다. 직접 물품을 구입하고 계산을 해 보도록 하여 수학 개념도 자연스럽게 획득할 수 있음을 안내한다.

영유아의 부모는 이러한 활동을 통해 어린이집과 유치원의 교육활동에 대해서 긍정적으로 인식하게 되고 자녀들이 일상생활을 하면서 즐거운 경험을 통해 의미 있는 지식을 획득할 수 있음을 알게 된다. 그러나 가족연계활동이 숙제같이 되어 부모나 유아에게 부담스러운 경험이 되지 않도록 주의한다. 특히, 직장을 가진 부모들에게는 주말 동안 가정연계활동을 하는 것이 어렵고 힘든 일이 될 수 있음을 알고 각 가정의 상황을 고려하여 진행할 필요가 있다. 너무 자주 가정연계활동을 실시하기보다는 교육기관의 수업과 맥락을 같이하여 필요한 경우 원하는 부모들이 자발적으로 참여해서 즐겁게 함께할 수 있는 시간이 되도록 계획할 필요가 있다.

[그림 11-8] 편식 예방 프로그램 부모 자원봉사(한국성서대학교 어린이집)

▣ '신문' 주제의 프로그램 진행 시 가정연계활동 실시의 예

유아들이 기자가 되어 가정과 지역사회, 혹은 유아교육기관의 사건을 취재하고 그림이나 글자로 기록한다. 이때 가정에서 일어난 일을 취재할 기회를 준다. 유아들은 할머니 생신 잔치, 아빠의 출장, 가족 소풍, 지역사회 마트의 행사 등을 취재하고 그림과 글씨로 기사를 작성해 볼 수 있다. 이때 직접 사진을 찍어서 인쇄하고 오려서 붙이고 주위 사람들의 의견을 다양하게 들어 볼 수 있도록 격려한다.

교사는 가정연계활동을 통해 유아들이 취재한 기사를 모아서 신문을 제작한다. 기사뿐만 아니라 광고와 만화, TV 프로그램 안내, 영화광고 등도 넣어서 구성해 볼 수 있다. 이렇게 제작한 신문을 복사해서 가정으로 배달한다면 부모는 자녀가 함께 지내는 또래 가족들의 소식과 지역사회의 다양한 행사 등 새 소식을 접할 수 있게 된다.

이러한 가정연계활동은 부모가 자녀의 교육과정 참여에 대하여 이해하는 데 도움이 된다. 그리고 자녀와 함께 각 반의 친구들이나 유아교육기관에 다니는 다른 유아들과 가족에 대해서도 알 수 있는 기회가 된다. 그리고 가족과 유아교육기관이 함께하는 교육공동체 형성의 의미를 체험할 수 있다.

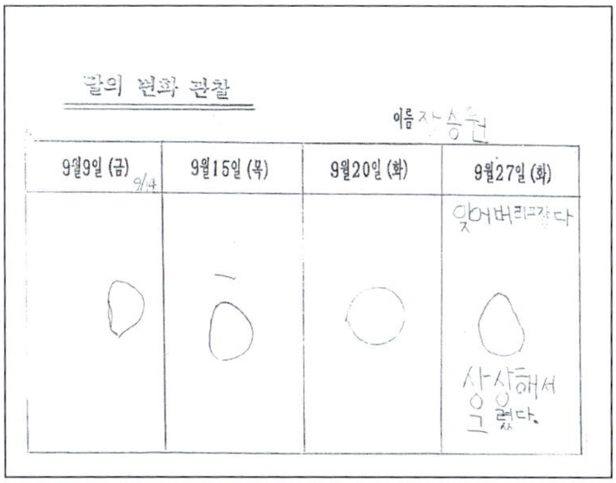

[그림 11-9] 가정과 함께하는 활동

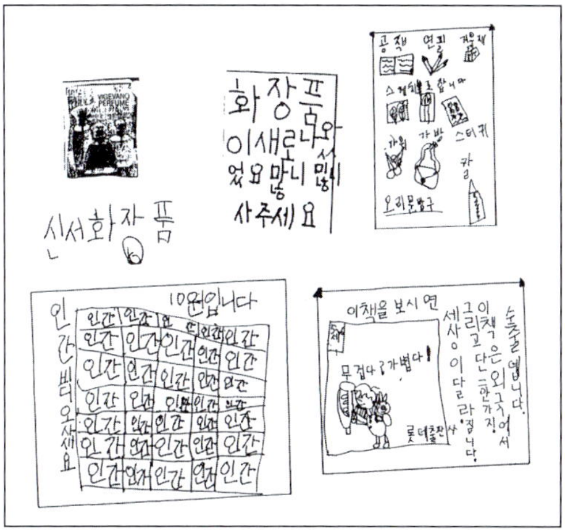

[그림 11-10]
유아교육기관과 가정에서 만든 광고

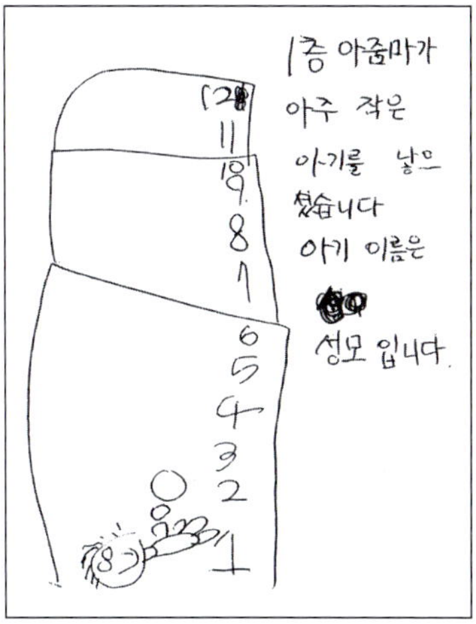

[그림 11-11] 유아가 취재한 새 소식(신문 만들기 활동)

▣ '김장하는 날' 가정연계활동(카드뉴스)

■ 영유아교육기관 부모교육 및 참여 프로그램의 실제

월	어린이집 행사	부모참여 프로그램 및 부모교육
3월	영유아 적응 프로그램	부모님 교실 참관하기
	부모님 집단면담	어린이집과 반에 대한 오리엔테이션과 프로그램 소개하기
4월	토마토 모종 심기	엄마와 함께 텃밭에 토마토 모종 심기
	부활절 워크숍	부활절 달걀 만들기
	황사 안전하게 대비하기	황사 안전하게 대비하기 부모교육 자료 가정으로 보내기
	1학기 부모님 면담	1학기 부모님 개별면담하기
5월	가족의 날	가족과 함께 추억 만들기
	엄마 아빠랑 놀이하기	가정에서 엄마 아빠와 함께 놀이하기
6월	전문가 부모님 초청의 날	치과, 소방서, 경찰서 등 지역사회에서 일하고 계시는 부모님 초빙하기
	태극기 달기	가정에서 부모님과 태극기 달기
7월	신나는 물놀이	부모님 일일선생님 자원봉사하기
	안전하게 물놀이하기	안전하게 물놀이하기 부모교육 자료 가정으로 보내기
8월	즐거운 여름휴가	우리 가족 여행신문 만들어 오기
	깨끗한 도서관 만들기	도서관 정리 부모님 자원봉사
9월	등산의 날	아빠와 함께 등산하기
	사랑나눔 바자회	부모님과 함께 참여하는 바자회 열기
10월	민속의 날	송편 만들기
	작은 운동회	부모님과 함께하는 운동회
	2학기 부모님 면담	2학기 부모님 개별면담하기
11월	김장 담그기	김장하기
	진급설명회	진급설명회 참여하기
	다문화가정 부모님 초빙	다문화 부모님의 전통요리 배우기
12월	성탄 잔치	아빠들의 율동공연 준비하기
	겨울철 안전하게 지내기	겨울철 안전하게 지내기 부모교육 자료 가정으로 보내기
1월	조부모 초청의 날	조부모가 들려주시는 전래동화 듣기
	새해 다짐 카드	가족과 새해 다짐 카드 만들기
2월	신입원아 오리엔테이션	신입원아 부모 참여하기
	학부모 간담회	취학 전 유아 학부모 간담회

5월

유아반 '가족의 날' 안내문

안녕하십니까?

이곳저곳에 피어 있는 봄꽃들이 저마다 형형색색의 아름다움을 자랑하는 따뜻한 계절입니다. 다가오는 5월 가족의 달을 맞이하여 어린이집에서 '가족의 날'을 의미 있게 준비하고자 합니다. 많은 가정들이 함께 모여 즐거운 코너놀이를 체험하며 추억을 만드는 행복한 날 되시기 바랍니다. 아래의 사항들을 참고하시어 참가신청서를 4월 21일(금)까지 제출하여 주시기 바랍니다.

♥ 일　　시: 2023년 5월 27일(토)
♥ 시　　간: 오후 16:00 ~ 18:30
♥ 장　　소: 어린이집 앞 잔디밭
♥ 준 비 물: 여벌옷, 수건, 마실 물
♥ 프로그램

	아이들의 사랑스러운 율동
1영역	엄마 아빠와 함께 첨벙첨벙
2영역	재미있는 코너놀이
3영역	엄마 아빠와 함께하는 공놀이
4영역	모두 함께 즐거운 레크리에이션

------------------------------ 절 취 선 ------------------------------

신 청 서

반 ＿＿＿＿＿＿ 유아이름 ＿＿＿＿＿＿

참석		불참석	
성인	명	유아	명

5월 27일(토) '가족의 날' 프로그램 참가를 희망합니다.

학부모　　　(인)

○○어린이집

8월

부모님 자원봉사

깨끗한 도서관 만들기

유아들의 문학적 능력과 꿈을 키워 주는 도서관을 쾌적하고 아름답게 유지하고자 합니다. 깨끗한 도서관을 만드는 데 함께 참여하시고 싶은 부모님께서는 '부모님 자원봉사' 신청서를 8월 11일(금)까지 제출하여 주시기 바랍니다.
2주간 진행되오며 부모님께서 가능하신 날짜에 기록해 주시면 감사하겠습니다.

절 취 선

신 청 서

반 ___________ 유아이름 ___________

날짜	참가
8월 18일	(　)
8월 25일	(　)

8월 11일(금)까지 부모님 자원봉사 '깨끗한 도서관 만들기' 참가를 희망합니다.

학부모 　　　(인)

○○유치원

부모교육 및 참여 프로그램	QR
4월) 토마토 모종 심기 안내문	
6월) '전문가 부모님' 초청의 날	
7월) 물놀이 안전 수칙	
9월) '사랑나눔 바자회' 안내문	
10월) '민속의 날' 안내문	
11월) '김장 담그기' 안내문	
12월) 성탄잔치 '아빠 참여공연' 안내문	
1월) 가족 새해 다짐 카드	
2월) '신입원아 오리엔테이션' 안내문	

〈표 11-1〉 열린어린이집의 날 연간운영계획

월		1월	2월
내용		• 엄마 선생님과 함께하는 보드게임	• 엄마 선생님께 세배를 배워요
		일일지원	교육지원
월	3월	4월	5월
내용	• 엄마 아빠와 함께 놀이하는 날	• 엄마 아빠랑 함께하는 미술놀이	• 아빠는 맥가이버 • 조부모님의 날 • 부모와 함께하는 편식예방 프로그램 1
	교육지원	일일지원	봉사활동 도우미 교육지원 일일지원 운영지원
월	6월	7월	8월
내용	• 텃밭 정리하기 • 부모와 함께하는 편식예방 프로그램 2	• 우리 엄마 아빠의 직업 이야기 1 • 부모와 함께하는 편식예방 프로그램 3	• 우리 할머니가 들려주는 그림책 이야기 • 건강교육안내문 1 • 부모와 함께하는 편식예방 프로그램 4
	봉사활동 도우미 일일지원	교육지원 운영지원	봉사활동 도우미 일일지원 운영지원
월	9월	10월	11월
내용	• 엄마 아빠와 함께하는 전통놀이 활동 • 부모와 함께하는 편식예방 프로그램 5	• 아빠와 함께하는 숲 체험 • 우리 엄마 · 아빠의 직업 이야기 2 • 부모와 함께하는 편식예방 프로그램 6	• 엄마, 아빠와 텃밭 수확하기 • 건강교육안내문 2 • 부모와 함께하는 편식예방 프로그램 7
	일일지원	교육지원 일일지원	봉사활동 도우미 운영지원 일일지원
월	12월	1월	2월
내용	• 조부모님과 김장 담그기 • 부모와 함께하는 편식예방 프로그램 8	• 현장학습 도우미 • 부모와 함께하는 편식예방 프로그램 9	• 어린이집을 깨끗하게 청소해요 • 건강교육안내문 3 • 부모와 함께하는 편식예방 프로그램 10
	교육지원 일일지원	일일지원	봉사활동 도우미 운영지원 일일지원

출처: 한국성서대학교 어린이집 '열린어린이집의 날' 연간운영계획

영유아교육기관의 부모상담

1. 부모상담의 이해
2. 부모상담의 실제

부모상담은 교사와 부모의 가장 적극적인 의사소통이라고 할 수 있다. 직접적인 대화를 통해 교사는 유아의 가정 환경을 알 수 있고 부모는 기관에서의 유아의 모습들을 이해할 수 있다. 특히, 유아가 문제행동을 보일 때 교사와 부모의 의사소통은 필수적이다. 그러나 영유아교육기관에서의 부모상담은 유아가 문제행동을 보일 때뿐만 아니라 유아를 좀 더 잘 이해하고 보다 나은 교육을 하기 위해 모든 학부모를 대상으로 계획되고 실행된다. 이 장에서는 최근 교사들에게 가장 큰 관심거리로 부상하고 있다고 해도 과언이 아닌 부모상담에 대해 살펴보고자 한다.

함께 생각해 봅시다.

당신은 부모입니까, 학부모입니까?
부모는 멀리 보라 하고 학부모는 앞만 보라 합니다.
부모는 함께 가라 하고 학부모는 앞서가라 합니다.
부모는 꿈을 꾸라 하고 학부모는 꿈꿀 시간을 주지 않습니다.
부모로 돌아가는 건 참된 교육의 시작입니다.

– 과거 어느 공익 광고의 문구 –

영유아교육기관에서 영유아를 사이에 두고 교사와 만나는 사람은 학부모이다. 자신의 경험에 비추어 부모와 학부모의 차이에 대해 생각해 보고 친구들과 서로 의견을 나누어 봅시다.

1. 부모상담의 이해

1) 부모상담을 위한 학부모의 이해

부모가 자녀를 낳아 부모역할을 수행하는 긴 과정 중에 자녀가 학교에 다니고 있는 동안의 부모를 학부모라고 부른다. 부모가 학부모로 불리는 동안 당연히 자녀는 유치원에서 대학에 이르기까지 학생이라는 신분을 가진다. 유아교육은 교육의 대상이 매우 어리고 미성숙한 영유아이기에 교사는 부모와의 대화를 통해 유아를 교육하는 데 필요한 여러 정보를 얻을 수 있고, 부모 또한 교사로부터 자녀의 첫 사회생활에 대한 설명을 들을 수 있다. 부모상담은 교사와 부모가 그들의 사이에 존재하는 영유아의 바른 성장을 위해서 협력을 극대화 할 수 있는 방법 중의 하나이고, 가장 적극적인 의사소통이라고 할 수 있다(전선옥, 2000).

오늘날 MZ세대라고 불리는 젊은 부모들은 4차산업혁명 시대인 TGIF(Twitter, Google, I-phone, Facebook) 시대를 살고 있으며, 이전 세대와는 달리 급변하는 시대에 적합한 양육의 목적, 내용과 방법 등을 요구하고 있다(박근주 외, 2020). 최근 심각한 저출산으로 인한 가족 구성원의 축소, 생활 패턴의 변화 및 디지털 매체의 생활화 등으로 부모역할의 중요성과 필요성도 변화되었다. 현대의 학부모는 과거와 비교해 볼 때 자녀양육에 관한 모델을 가까이에서 찾기가 어려울 뿐만 아니라, 맞벌이로 인해 자녀가 매우 이른 시기부터 가정이 아닌 기관에서 양육되어지는 경우가 많아지게 되어 영유아교육기관의 교사와 진솔한 상담을 통해 더욱 긴밀한 협조관계를 유지할 필요가 있다.

효과적인 상담을 위해서 교사는 부모의 특성을 반영하여 관계를 형성하는 것이 필요한데, 현대의 학부모 특성을 간략히 살펴보면 다음과 같다.

학부모 마음 이해하기

- 자녀가 기대에 비해 부족하다고 판단하며 다른 유아들과 비교했을 때도 학습능력이 뒤떨어진다고 생각하는 조급증이 있다.
- 유아교육기관의 교육에 지적 학습을 요구하고, 지적 성장에 대해 알려 줄 것을 요구한다.
- 영유아의 친구 문제와 교사와의 관계에도 주관적인 관심을 보일 때가 있다. 교사가 학급의 모든 유아에게 공평한 사랑을 해야 한다는 입장보다는 내 자녀에게만 특별히 관심을 가져 주기를 원하고 있다.
- 부모가 교사에게 협조적일 때도 있으나 예측하지 못한 상황에서 비협조적일 수 있다. 유아교육기관의 운영이 부모의 견해와 일치하지 않거나 자녀가 원하는 만큼 성장하고 있지 않다고 실망할 때는 문제를 제기할 수도 있다.
- 부모가 가정에서 자신의 자녀 모습만 보고 다른 영유아와 비교할 수 있는 기회를 갖지 못할 수도 있고, 자녀의 문제에 대해 아직 나이가 어리기 때문이라고 느긋하게 생각하는 경향이 있다. 이러한 부모와 상담할 때에는 교사가 자녀를 부정적인 시각으로 보고 있는 것은 아닌지 오해를 가져올 수도 있으므로 신중하게 의사소통해야 한다.
- 부모는 자녀가 다른 영유아와 싸우거나 다치는 일이 발생했을 때 교사나 다른 영유아에게 부정적인 감정을 가질 수 있다.

출처: 인천광역시육아종합지원센터(2021). 알아두면 유용한 어린이집 부모상담 가이드. p.5

2) 부모상담의 목적과 필요성

영유아교육기관에서의 부모상담이란 교사와 부모가 영유아의 행동 및 생활에 대해 서로 대면하여 의견을 교환하고 협력하고 의논하는 것을 의미한다(이원영, 이태영, 강정원, 2008). 부모상담을 통해 부모는 유아교육기관의 철학이나 교육 프로그램, 영유아의 성장에 관한 정보, 양육에 필요한 지식을 습득할 수 있고 유아를 보다 객관적이고 심층적으로 이해하며, 교사는 영유아의 가정생활, 가족관계, 부모의 양육방식과 유아의 성격 및 성향과 행동에 대한 이해를 발판으로 가정과 유아교육기관이 함께 협력하여 나갈 수 있게 된다. 영유아는 기관에 오기 전까지 많은 시간을 부모와 함께 보냈고, 부모는 자녀의 성장에 결정적인 영향을 미치는 사람이자 교사가 담당하고 있는 영유아를 가장 사랑하며 가장 잘 아는 사람들이기에 매우 중요하다.

■ 부모상담의 목적과 필요성

부모상담의 목적과 필요성	
부모의 입장	교사의 입장
• 유아교육기관의 철학과 교육 프로그램 이해 • 양육에 필요한 구체적인 정보와 기술 습득 • 자녀의 성장에 관한 정보 습득 • 자녀를 객관적이고 심층적으로 이해 • 부모역할에 대한 정서적 안정감과 자신감 획득	• 영유아의 가정생활 가족관계 이해 • 부모의 양육방식 이해 • 유아의 성격 및 성향, 행동 이해 • 효과적인 학급 운영 • 교사의 효능감 향상 및 교사로서의 성장
부모와 교사가 함께 협력하여 영유아의 바람직한 성장과 발달을 지원	

■ 부모상담의 장점

교사와 부모는 영유아를 가운데 두고 서로 다른 입장을 가졌지만 상담을 통해 서로에게서 얻을 수 있는 장점이 있다(박근주, 송원호, 김연진, 2008).

〈부모 입장에서의 장점〉

- 자녀양육을 위해 교사와 긴밀한 관계를 맺을 수 있다.
- 부모 자신과 가정의 중요성을 인식한다.
- 아동발달 및 행동특성에 관한 지식 습득으로 아동에 대한 올바른 관점을 가진다.
- 올바르고 효과적인 양육태도에 대한 지원을 받는다.
- 교사와 교육기관에 대한 협력의 장을 마련한다.
- 부모의 역할과 기능을 보다 효율적이고 체계적으로 충분히 발휘할 수 있도록 한다.
- 자녀에 대한 이해와 지식을 증진시키고 사고와 감정, 행동의 바람직한 습관 형성을 위해 교육적 경험을 제공한다.
- 양육과 교육활동에 있어 다양한 상황에 적절히 대처할 수 있는 능력을 기른다.

〈교사 입장에서의 장점〉

- 부모와의 상호적 친밀감이 형성된다.
- 영유아의 다양한 가족구조와 배경, 생활습관을 알게 되어 영유아 행동 이해에 도움을 받는다.
- 지속적인 행동관찰을 통한 기록 및 상담은 후속 교수활동의 근거 자료가 된다.
- 영유아 행동에 대한 확장 및 해결 방안에 대해 학부모와 함께 모색할 수 있다.
- 적절하고 효과적인 협력방법을 모색함으로써 영유아행동지도에 대한 의견을 교류할 수 있다.
- 원과 가정과의 일관성 있는 교수활동을 통해 교사와 부모가 서로 이해하도록 돕는다.

영유아교육기관에서 교사와 부모의 만남은 피할 수가 없는 일이다. 그러므로 교사는 부모를 이해하려고 노력하고, 부모가 영유아를 위한 교육의 동반자임을 인정하고, 부모의 권리를 존중하며 부모와의 긴밀한 상담을 통해 서로 협력하고자 노력할 수 있어야 한다.

3) 부모상담과 교사

영유아교육기관의 교사는 부모 다음으로 영유아에게 영향을 미칠 수 있는 중요한 사람으로 부모를 대신하여 많은 시간을 영유아와 함께 보내면서 전반적인 성장이 이루어질 수 있도록 돕고, 행동을 관찰하며 문제행동의 지도를 위해 노력한다. 교사의 교육적 가치관, 영유아에 대한 인식과 기대 등은 교사의 행동이나 태도, 언어를 통해 자연스럽게 영유아에게 전달되고 나아가 영유아의 행동 변화와 성장으로 연결된다. 교사는 부모와 더불어 영유아의 성장에 가장 강력한 영향을 미치는 사람이므로 영유아의 바람직한 성장과 발달을 위해서는 부모와 교사의 협력이 반드시 필요하며 이는 상담을 통해서 이루어질 수 있다.

교사와 부모의 관계는 영유아가 교육기관에 입학하면서부터 시작된다. 교사와 부모는 서로 간의 만남을 기대하고 걱정하지만 그들의 사이에 놓인 영유아가 행복감을 느끼며 바람직하게 성장하기를 바란다는 공동의 목표를 지닌 사람들이다. 교사와 부모의 만남은 중간에 놓인 영유아가 존재하지 않는다면 결코 이루어지지 않을 만남이고, 영유아가 유아교육기관에 다니고 있는 동안에만 유지되는 관계이며, 대부분은 1년이라는 정해진 시간이 경과 되면 끝나게 되는 독특한 관계이다. 그러므로 교사와 부모는 항상 자신들의 만남에 있어서 가장 중요한 사람은 바로 영유아이고 영유아의 교육을 위해 함께 협력하는 동반자임을 기억하며 바람직한 관계를 형성하도록 노력해야 한다.

교사와 부모의 관계에 관한 연구들에 의하면 부모가 교사와 기관에 대해 신뢰를 가지고 이해를 잘해 줄 때 교사가 행복감과 만족감을 나타내고, 부모가 보여주는 소소한 존중과 존경의 태도가 피로를 잊게 하고 교사로서의 자부심을 느끼게 한다고 한다(권미량, 하연희, 2014: 이윤미, 박선영, 2010). 반면에 부모의 무례한 태도와 영유아교육에 대한 인식 부족, 지나친 관심으로부터는 심리적 피로감과 스트레스를 받으며(최예슬, 2014), 그러한 스트레스가 누적되면 교사가 소진되어 영유아에 대한 관심이 줄어들며 교육의 질적 수준이 약화될 수 있고 나아가 교사의 이직으로 이어지기도 한다(이정희, 조성연, 2011).

그러나 현실적으로는 자신의 어린 자녀를 맡아 교육하고 보호해 주는 영유아 교사에게 존중과 감사의 마음을 가진 부모가 많다는 것을 아는 것도 중요하다. 부모상담이 대부분의 교사에게 매우 힘든 일이지만 상담을 통해 부모로부터 많은 정보를 얻어 영유아를 제대로 이해하게 되고, 기관에서 교사를 힘들게 하는 문제행동에 대한 해결책을 찾을 수도 있고, 부모와의 신뢰감을 형성할 수도 있으며, 자신이 교사로서 성장하는 기회가 되기도 하므로 부모상담의 최고 수혜자는 바로 교사 자신임을 아는 것도 중요하다(전선옥, 2020).

영유아의 영유아교육기관 적응과 생활에 중요한 영향을 미치는 영유아교사와 부모 관계의 특성을 살펴보면 다음과 같다(박경자, 2019).

■ 영유아교사와 부모의 관계는 운명적인 삼각관계이다.

부모는 자녀를 기관에 입학시킬 때 자기 마음대로 담임교사를 선택할 수 없고, 교사도 특정 영유아를 자신이 담당하는 학급에 배정되도록 선택할 수 없다. 즉, 영유아교사와 부모는 영유아교육기관의 원아 선발이나 학급배정 규정 또는 교원 인사 규정에 따라 우연하게 맺어지는 비선택적 결합이고 자신들의 의지나 선택과는 관계가 없는 경우가 대부분이다. 그리고 영유아가 기관에 입학하게 되면 '부모-자녀 관계'나 '교사-유아 관계'라는 양자관계가 아니라 '부모-영유아-교사'라는 삼각관계가 형성되어 서로에게 영향을 주고받는 관계가 형성된다.

■ 영유아교사와 부모의 관계는 사회의 변화를 반영하여 변화하는 관계이다.

최근에 맞벌이 가정의 증가로 가정에서 부모의 기능이 약화되고 가정교육이 점차 영유아교육기관이나 사회의 전문가에게 의존하는 교육으로 대체되면서 교사의 역할이 더욱 중요해졌다고 할 수 있다. 그러나 사회가 어떻게 변화하든지 부모는 자녀에게 '최초이자 영원한 교사'이며, 영유아교육의 효과를 오랫동안 지속하기 위해서는 부모가 영유아교육기관에서 이루어지는 교육활동에 관심을 가지고 적극적으로 참여하고 지원하려는 노력을 기울여야 한다.

■ 영유아교사와 부모의 관계는 간접적이고 일시적인 부분적 관계이다.

부모와 교사는 대부분의 경우 중간에 위치한 영유아를 통해서 필요한 정보를 제공받는다. 부모는 영유아를 통해 자신이 궁금해하는 영유아교육기관에서의 하루일과나 특별한 교육 프로그램, 자녀의 친구관계 그리고 교사에 대한 정보를 얻고, 교사도 영유아를 통해 가정과 부모에 대한 정보를 얻는다. 또한 부모와 교사의 관계는 주로 1년 동안 관계가 유지되다가 학년이 새로 바뀌면 서로 헤어져야만 하는 1년 단위의 일시적인 관계이고, 기관에서 이루어지는 영유아의 교육과 관련해서만 상호교류가 이루어지는 부분적인 관계이다.

영유아교사는 부모와의 지속적인 상담을 통해 영유아를 적절히 교육하고, 혹시 발생할 수도 있는 문제행동을 예방할 수 있으므로 상담자로서 교사의 역할은 매우 중요하다. 영유아교사와 부모는 각자의 역할이 다를 수 있으므로 각자가 영유아를 위해 할 수 있는 최선의 역할을 수행하면서 서로 존중하고 예의를 갖추어 정중하게 대하며 동반자 관계를 유지하는 것이 가장 중요하다.

교사가 학부모상담을 어렵다고 느끼도록 만드는 비합리적 신념

- 나는 모든 학부모에게 좋은 교사라고 인정받아야 한다고 생각한다.
  ⇒ 좋은 교사라고 인정받고자 노력하는 과정 중에 인정받게 된다.
- 나의 치부가 드러나면 학부모는 나를 서슴없이 비판할 것이다.
  ⇒ 치부란 내가 숨기고 싶은 부분일 뿐, 학부모는 크게 관심이 없을 수도 있다. 실제로 비난을 할지 안 할지는 모르는 일이다.
- 나는 유능하고 합리적이며 전문가다운 교사라고 학부모에게 완벽히 인식되어야 한다.
  ⇒ 교사역할에 충실하고 결과보다는 그 가정 자체를 배우고 즐기려는 태도로 노력하다 보면 전문가로 성장하게 된다.

- 어떤 문제나 핵심은 피하는 것이 더 쉽다.
  ⇒ 피하는 것은 임시방편이고 오히려 문제의 원인을 다각도로 분석하는 것이 필요하다.
- 과거에 상처받은 경험은 현재 나의 행동을 결정하며, 사라지지 않는다.
  ⇒ 과거의 경험 속에서 배운 내용은 영원한 진리가 아닐 수도 있다.
- 학부모는 교사에게 끊임없이 요구하는 존재이다.
  ⇒ 실제로 끊임없이 요구하는 학부모는 지극히 일부이다.
- 학부모를 만나는 일은 어찌 되었든 불편하다.
  ⇒ 학부모는 필요에 따라 교사 지신을 위해서라도 만나야 할 때가 있다.
- 학부모는 항상 자신의 아이만 생각한다.
  ⇒ 자신의 아이만 생각하는 학부모가 잘못된 것이 아니라 잘못된 방법으로 양육하는 순간에 문제가 발생할 뿐이다. 부모라면 누구나 자신의 아이부터 생각한다.
- 학부모에게 친절하게 대하면 나중에 무리한 요구를 할 것이다.
  ⇒ 친절하게 대하지 않는다고 해서 무리한 요구를 안 하는 것은 아니다. 이는 별개의 문제이다. 오히려 무리한 요구를 정중히 거절할 때에는 그동안의 친절함이 도움이 될 수 있다.
- 학부모에게 너무 잘해 주면 결국 상처를 받게 된다.
  ⇒ 너무 잘해 준다는 기준이 모호하고 이 문장이 참이라면 잘해 준다는 것이 어떤 대가를 기대하고 있었다는 뜻이 될 수도 있다.
- 학부모는 나의 작은 실수라도 비난을 할 것이다.
  ⇒ 모든 학부모가 그런 것은 아니다. 지금 앞에 있는 학부모는 오히려 교사를 이해하고 위로해 줄 수 있다.
- 학부모와 교사의 래포(Rapport) 유무는 교사에 대한 신뢰감을 뜻하므로, 교사를 평가하는 수준을 뜻한다.
  ⇒ 래포는 상황에 따라 깨질 수도 있고, 다시 형성될 수도 있다. 상황에 따라 유동적인 개념이기 때문에 이 자체로 교사를 평가할 수는 없다.

출처: 김연민, 김태승(2019). 학생, 학부모, 교사가 함께 성장하는 초등학부모상담. 경기: 푸른칠판.

4) 부모상담의 유형

영유아교육기관의 부모상담은 각 기관의 상황이나 영유아와 부모가 처한 상황이 모두 다를 수 있어 다양한 접근과 방법으로 실행되어야 한다. 상담의 유형은 상담이 이루어지는 상황의 구조화 정도, 상담이 이루어지는 시기, 상담의 원인 등에 따라서 여러 가지로 구분될 수 있다(김정원, 전선옥, 2016).

〈표 12-1〉 부모상담의 유형

분류기준	유형	내용
상담의 인원	개인상담	교사와 부모가 일대일로 상담
	집단상담	여러 명의 부모와 교사가 관심사에 대해 상담
상담의 시기	정기상담	정해진 일시에 상담
	수시상담	필요한 상황에서 수시로 상담
상담의 구조화 정도	구조화된 상담	사전에 계획된 질문 위주로 구성된 상담
	비구조화된 상담	관찰을 기초로 자연스럽게 이루어지는 상담

영유아교육기관에서는 영유아와 부모의 상황, 그리고 문제의 유형에 따라서 적절하고 다양한 방법으로 상담을 실시할 수 있다. 영유아교육기관에서 주로 이루어지고 있는 상담의 유형에 대해 살펴보면 다음과 같다.

(1) 개인상담

교사와 부모가 일대일로 만나는 개인상담은 다양한 상황에서 이루어질 수 있다. 사전에 미리 계획을 세워 약속을 하고 만나는 상담일 수도 있고, 영유아의 등·하원 시간에 우연히 만나 짧은 대화를 나눌 수도 있다. 또한 전화나 스마트폰 앱이나 문자 등을 통한 상담도 가능하다. 일반적으로 영유아교육기관에서는 부모와 교사가 개인적으로 상담을 하는 경우가 많다. 상담이라는 것 자체가 깊은 속 이야기를 하게 되고 영유아마다의 특징과 문제가 다양하다 보니 교사와 부모의 개별적인 만남은 필연적이다.

개인상담은 부모와 교사 모두에게 반드시 필요하고 영유아의 교육에 많은 도움이 된다는 긍정적인 평가를 받고 있지만 현실적으로 상담을 자주 실시한다는 것은 쉬운 일이 아니다. 교사들에게는 수업 이외의 과중한 업무가 될 수 있고, 직장에 다니고 있는 부모들에게도 또 다른 부담이 될 수 있기 때문이다. 특히, 종일제로 운영하는 어린이집의 경우는 시간상의 제약으로 더욱 어려울 수 있다. 따라서 기관이나 부모의 상황을 고려하여 적절한 방식의 상담을 선택하는 것이 좋으며 반드시 서로 만나지 않는다 하더라도 전화나 문자 등을 통해 긴밀한 대화를 유지해 가려는 노력도 필요하다.

대부분의 영유아교육기관에서 공식적인 개인상담은 1년에 2회 정도로 계획하는 곳이 많다. 1학기에 실시하는 첫 번째 상담은 주로 교사가 부모로부터 영유아에 관한 정보를 듣기 위한 목적으로 이루어지고, 2학기에 실시하는 두 번째 상담은 1년 동안 교사가 관찰한 내용을 바탕으로 부모에게 영유아의 성장에 대한 정보를 제시하는 방향으로 진행된다.

■ 신입원아 상담

최초의 부모상담은 대부분 원아모집 기간에 이루어지는 신입원아 상담일 것이다. 부모가 자신의 자녀를 안심하고 맡길 수 있는 곳인지 알아보기 위해 호기심으로 기관을 처음 방문했을 때 좋은 인상을 가지도록 깨끗하고 신뢰할 수 있는 분위기를 조성한다. 정돈된 환경과 질 높은 프로그램, 안전하고 위생적이며 영유아의 발달에 적합한 환경, 예의 바르고 차분한 교사 등은 기관에 대한 부모의 첫인상을 좌우하는 중요한 요소들이다. 신입원아 부모상담을 위해서는 교육기관의 전반적인 운영을 알리는 책자나 리플릿을 미리 준비하고, 사전에 입학상담 내용과 방법에 대한 교사 회의를 실시하여 예상 질문 목록과 답변을 정리해 두는 것이 필요하다.

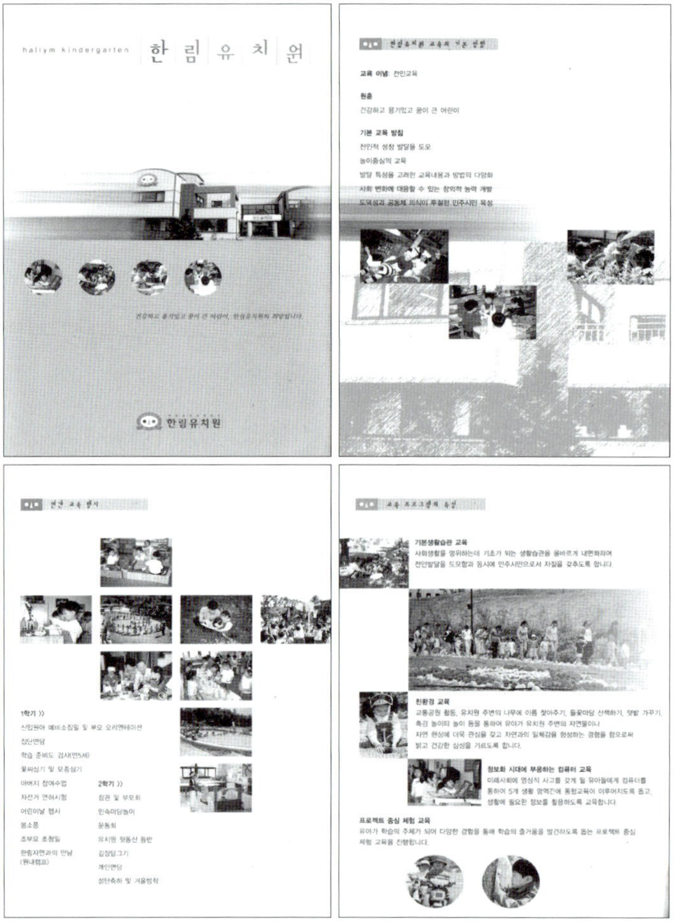

[그림 12-1] 유치원 안내 리플릿

〈표 12-2〉 신입원아 상담 준비

신입원아 상담을 위한 준비 자료	질문 목록 예시
• 조용하게 상담을 할 수 있는 공간 • 부모를 위한 실내화 • 유아교육기관 안내책자, 리플릿 • 유아들의 활동 자료집 또는 1년간의 활동과정 사진 • 유아교육기관 봉투(안내책자를 담아 부모에게 제공) • 상담기록부(상담부모에 대한 간단한 기록)	• 한 반에 아이들이 몇 명이에요? 너무 많지 않아요? • 선생님들은 경력이 많아요? • 급식은 안전해요? • 엄마와 잘 헤어질지 걱정이에요. • 이제 세 살인데 너무 빠르지 않을까요? • 특별활동은 무엇을 하나요?

■ 1학기 개인상담

3월 말에서 4월 초 경에 이루어지는데 이때는 영유아가 기관에 어떻게 적응을 하는지, 가정에서의 생활은 어떠한지에 대하여 서로 대화를 나누게 된다. 학년 초이므로 교사가 아직 영유아에 대해 관찰한 내용이 많지 않으므로 영유아에 대하여 많은 이야기를 해 주려고 하기보다는 오히려 부모에게 질문하고 부모의 이야기를 경청하는 것이 좋다. 교사는 영유아와 함께 1년 동안 생활하면서 반드시 알아두어야 할 유의사항이나 부모가 특별히 지도를 원하는 내용이 있다면 무엇인지에 대해 물어서 알아두는 것이 좋다. 예를 들면, 영유아가 먹었을 때 알레르기가 생기는 음식의 종류, 편식하는 음식의 종류, 독특한 생활습관이나 태도, 학부모의 자녀에 대한 기대수준, 요구사항 등이 있다면 학기 초의 상담을 통해서 알아두어야 한다.

■ 2학기 개인상담

보통 학년 말인 10월이나 11월경에 이루어지는데 이때는 교사가 거의 1년에 가까운 기간 동안 영유아교육기관에서 관찰하고 지도한 내용을 중심으로 영유아의 성장과 변화 등에 대해 대화를 이끌어 나간다. 영유아의 문제행동이 변화된 부분이나 영유아의 잠재력 발견 등 영유아에 관한 많은 정보와 앞으로 가정에서의 지도 방향을 제시해 줄 수 있다.

유치원의 경우에는 수업이 끝난 후 오후 3~4시 정도부터 하루에 3~4명의 학부모와 20분 정도의 시간을 계획하여 개인상담을 진행한다. 직장에 다니는 부모가 많은 어린이집의 경우는 부모와 시간을 논의하여 부모가 가장 많이 참여할 수 있는 시간을 배려하여 상담을 계획하는 것이 좋다. 개인상담은 교사와 부모가 직접 의사소통하는 적극적인 방법이므로 영유아에 대한 가장 정확하고 자세한 정보를 교환하고 바람직한 지도방안을 모색하는 기회가 된다.

대부분의 부모는 자신의 자녀를 위하여 바쁜 시간을 쪼개어 개인상담에 참여를 하게 되므로 그들의 시간을 낭비하지 않도록 하고, 교사와 기관에서 학부모를 환영하며 만남을 위한 준비를 성심껏 했음이 드러나도록 노력한다. 무엇보다도 학부모가 교사에 대한 신뢰와 믿음을 가지고 편안하게 대화를 이어갈 수 있도록 모든 상담 내용은 비밀로 유지된다는 것을 알려야 한다.

(2) 집단상담

집단상담은 '두 명 이상의 사람들을 대상으로 제공되는 상담 서비스'를 포함하는 포괄적인 의미로 개인상담과 구별하여 사용한다(김현진, 2009). 영유아교육기관에서의 집단상담은 학기 초에 반별로 모임을 갖는 경우가 많다. 학기 초에는 교사와 부모 그리고 부모들 간에도 모두가 처음 만나게 되므로 교사와 부모들이 서로 인사를 나누고 학급 운영에 대해 논의하는 것을 목적으로 학급의 인원수에 따라 10명에서 20명 내외의 부모가 간담회 형태의 모임을 갖게 된다.

집단상담은 한 번에 많은 수의 부모들이 모이기 때문에 시간을 절약할 수 있을 뿐 아니라, 부모와 개별적으로 만나야 한다는 교사의 심적 부담을 줄일 수 있고, 부모에게도 교사와의 긴장된 관계를 어느 정도 완화시킬 수 있다는 장점이 있다. 부모들은 비슷한 상황에 처해 있는 다른 부모들의 생각을 듣고 다양한 의견을 나누어 봄으로써 자녀의 문제를 폭넓은 시각으로 볼 수 있게 되며, 자녀를 양육하면서 경험했던 어려움들이 비단 자신만이 가지고 있는 문제가 아니었다는 심리적 안정감을 갖게 되고 문제를 객관적으로 직시하고 합리적인 해결 방법을 모색할 수 있게 된다(교육과학기술부, 2009).

교사는 집단상담의 진행자로서 부모들이 서로 교류할 수 있는 시간을 허용하고, 교사와 부모들 간에도 서로 입장을 나누고 기대하는 바를 전달하는 기회로 활용할 수 있어야 한다. 교사는 서로에게 익숙하지 않은 학기 초에 만남이 이루어지고, 부모들 사이에서 대화가 자연스럽게 이어질 수 있도록 한다. 다만, 초임교사일 경우에는 집단상담이 더욱 어렵게 느껴질 수 있고, 여러 사람이 함께 모인 공개적인 상담이라는 특성 때문에 솔직하고 깊이 있는 대화가 이루어지기 어렵다는 단점이 있을 수 있다.

2. 부모상담의 실제

1) 부모상담의 과정

교사는 성공적인 부모상담을 위해서 철저한 준비를 해야 한다. 대부분의 영유아교육기관에서는 학기 초에 면담을 계획하는데 이는 초기에 교사와 부모가 긍정적인 관계를 형성하기 위해서이다. 일단 교사와 부모가 서로에게 섭섭한 마음이나 불만이 누적되면 회복이 어려울 수도 있기 때문이다. 교사는 부모와 함께 유아의 여러 가지 문제에 대해 함께 고민하지만 교사의 전문성을 넘는 문제에 무리하게 개입해서는 안 된다. 자신의 영역을 넘는 문제에 대해서는 지역사회의 여러 상담기관이나 치료센터 등을 소개하고 개별 분야의 전문가들에게 도움을 받을 수 있도록 연계해 주는 것이 좋다(Keyser, 2006).

교사가 바쁜 일과 중에 부모상담을 준비하는 일이 결코 쉽지는 않지만 부모와의 만남이 필연적임을 고려해 볼 때, 전문가답게 철저히 준비하여 나중에 후회하는 일이 없도록 해야 한다. 영유아교육기관에서 실시하는 부모상담의 과정은 상담을 준비하는 단계, 상담을 진행하는 단계 그리고 상담 후 정리를 하는 단계로 나누어진다.

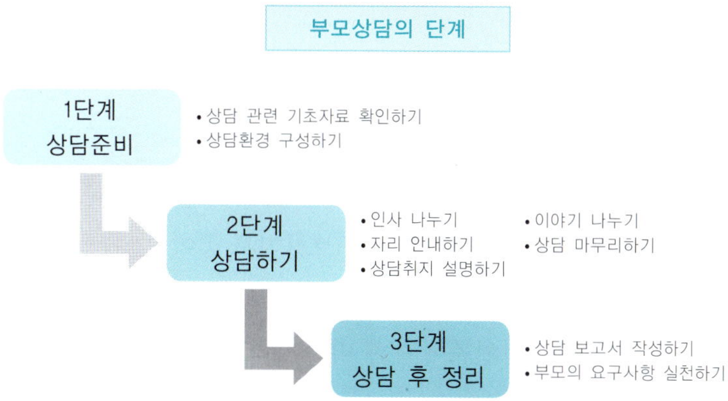

[그림 12-2] 부모상담의 단계

출처: 전선옥(2020). 알아두면 쓸모 있는 영유아교육기관 학부모 상담. 경기: 공동체. p.72.

부모상담은 교사와 부모가 일대일로 만나는 개인상담과 학급에 소속된 한두 명의 교사가 여러 명의 학부모와 만나는 집단상담으로 이루어지고 각각 상담을 위한 준비와 진행 방법에 차이가 있다. 개인상담과 집단상담이 이루어지는 구체적인 절차와 방법을 살펴보면 다음과 같다.

(1) 개인상담

개인상담을 위한 준비와 상담의 과정 그리고 상담 후의 정리과정에 대해 살펴보면 다음과 같다.

〈 개인상담의 준비 과정 〉

■ 상담자료 준비하기

교사는 개인상담을 위해 일정 기간 동안 영유아와 함께 지내며 지속적으로 정리해 온 여러 가지 자료를 다양하게 준비하는 것이 필요하다. 교사가 교육전문가답게 영유아의 성장에 관한 객관적인 자료들을 준비하여 학부모에게 보여 주면서 상담을 진행하는 것이 바람직하다. 영유아 행동에 대한 객관적이고 다양한 자료의 준비 없이 그냥 말로만 무성의하게 영유아가 잘 지내고 있다거나, 문제행동을 일으키고 있다고 한다면 대부분의 부모는 교사의 말에 신뢰를 갖기가 어렵고, 상담과정에서 많은 실망을 하게 된다. 교사가 관심과 애정으로 오랜 기간 꾸준한 관찰로 영유아를 깊이 파악하여 이해하고 있다는 사실은 부모에게 강한 신뢰감을 줄 수 있고, 모든 부모는 그것을 확인하고 싶어 한다.

개인상담을 위해 교사가 준비할 수 있는 자료에는 원아조사서, 일화기록과 수시상담 기록, 설문지, 형식적 검사의 결과, 포트폴리오 등이 있다. 상담 전에 다양한 자료들을 정리하고 검토하면서 상담에 필요한 다양한 정보를 얻고, 실제 상담의 장면에서 어떻게 활용할 것인지에 대해 미리 생각해 보아야 한다.

▷ 원아조사서

교사들이 학년 초에는 자신이 맡게 된 영유아를 파악하기 위해서 원아조사서를 꼼꼼이 살펴보지만 시간이 흘러 부모상담이 실시되는 학기 말이나 학년 말이 되면 내용을 일일이 기억하기가 어렵다. 만약 부모상담 중에 부모 입장에서 자신이 학년 초에 원아조사서에 상세히 기록했던 기억이 분명한 자신의 자녀에 대한 중요한 정보를 교사가 전혀 모르고 있는 것이 드러난다면 마음속으로 실망을 하게 되고 교사를 신뢰하기가 어려울 수 있다. 그러므로 교사는 개인상담을 실시하기 전에 원아조사서를 꺼내어 다시 한번 읽어 보고, 부모와 상담이 필요한 내용이 있는지 확인해 볼 필요가 있다.

▷ 일화기록

교사가 영유아와 함께 생활하면서 기록해 둘 만한 가치가 있다고 판단한 영유아의 행동이나 놀이상황을 기록해 놓은 일화기록은 교사가 그동안 영유아에 관해 꾸준한 관심을 가지고 지속적으로 관찰해 왔음을 보여 줄 수 있는 매우 좋은 자료이다. 부모와의 상담 장면에서 막연하게 "ㅇㅇ이는 참 착한 아이예요."라거나, "ㅇㅇ이는 친구들과 자주 다투는 편이에요."라고 이야기하기보다는 교사가 관찰한 구체적이고 정확한 날짜와 상황 속에 기록된 영유아의 행동사례를 보여 주고 이야기하며 상담을 하는 것이 학부모의 공감을 얻기가 훨씬 쉽다.

▷ 부모와의 수시상담일지

교사와 부모가 영유아교육기관이 아닌 장소에서 비공식적으로 우연히 만나 짧은 대화를 나누거나, 이런저런 필요에 의해 전화상담을 한 경우 또는 영유아의 등 · 하원 시간에 부모가 영유아를 데리고 오거나 데리고 가면서 짧게 나눈 대화 내용 중에 교사가 반드시 기억해 둘 가치가 있는 정보가 있다면 잊지 않기 위해서 반드시 기록을 해둔다. 이때 대화의 내용뿐 아니라 당시 교사의 생각이나 느낌도 같이 기록해 두면 이후의 부모상담에서 중요한 자료로 사용할 수 있다.

▷ 형식적 검사 결과

영유아교육기관에서는 영유아의 인지적 능력과 정서 상태, 성격특성에 대한 객관적인 평가나 개별 영유아의 특정 문제행동과 관련이 있는 특수검사 등을 시행하기도 한다. 대표적인 검사로는 지능검사, 다중지능검사, 성격검사, 사회성숙도검사, 발달검사 그리고 학습준비도검사 등이 있다. 영유아는 발달특성상 매우 어리고 미숙하기 때문에 검사결과에 대한 신뢰도가 그리 높지 않을 수 있어서 검사의 결과는 현재 영유아의 상태를 이해하는 보완적인 자료로만 사용하는 것이 좋다. 영유아는 발달의 속도가 빠르고 개인차가 크기 때문에 만약 학부모와의 상담에서 검사결과를 활용한다면 오히려 부정적인 문제를 야기할 수도 있으므로 구체적인 검사점수는 부모에게 이야기하지 않아야 한다.

▷ 포트폴리오

교사가 1년 동안 공을 들여 만든 영유아의 포트폴리오는 매우 좋은 상담의 자료이다. 유아가 쌓아 놓은 블록이나 조형작품의 사진, 그림, 글씨, 낙서조차도 정성껏 모아 두면 좋은 자료가 될 수 있다. 교사는 유아의 발달 및 학습과 관련된 관찰기록과 동시에 여러 가지 자료를 수집하여 부모와 공유할 수 있도록 준비한다. 2학기에 이루어지는 면담에서는 이러한 자료가 부모와의 대화를 더욱 친밀하고 깊이 있게 해 준다. 부모의 입장에서는 말로만 듣는 것보다 여러 가지 자료를 통해서 자녀의 생활을 경험하는 것이 이해가 쉬우며 동시에 교사의 관심과 애정을 느낄 수 있다.

■ 부모상담 계획 알리기

대부분의 기관에서 부모상담은 연간교육계획에 포함되어 있으므로 보다 성공적인 부모상담을 위해서는 전체 교사가 모여 회의를 자주 하면서 상담 일정에 따라 미리 준비하는 것이 필요하다. 학년 초의 상담은 1~2달 정도 영유아들이 기관에 적응을 한 후 첫 상담이 이루어진다. 상담 날짜는 부모들이 일정을 조절할 수 있도록 3~4주 전에 미리 알리는 것이 좋고 학부모들의 참석 가능 여부를 확인하는 것이 필요하다. 계획한 날짜에 상담이 불가능한 경우에는 개별적으로 통화를 통해 조절하고, 상담 일정이 확정된 후에도 잊지 않도록 상담일 하루나 이틀 전에 핸드폰 문자메시지를 통하여 알려 준다. 상담을 위한 편지에는 상담 시간, 장소, 내용 등에 대하여 간단히 알린다.

■ 부모상담을 위한 환경 준비하기

상담은 '만남'이다. 교사와 부모의 만남이면서 동시에 영유아가 매일 많은 시간을 보내는 영유아교육기관의 환경과 부모의 만남이기도 하다. 그러므로 교사가 부모상담을 준비하면서 해야 하는 중요한 과제 중의 하나가 교실을 정리하고 꾸미는 일이다. 교실환경을 정리하는 것은 부모에게 단지 깨끗한 교실을 보여 주기 위함을 넘어 기관에서 공식적으로 초청을 한 손님을 맞이하는 마음의 준비와 같은 것이다. 상담이 이루어지는 장소의 환경은 상담의 질에 큰 영향을 미치기 때문에 자리 배치, 채광, 환기, 조명, 책상의 모양, 시계의 위치 등을 고려하여 상담 장소를 보다 집중할 수 있으면서 편안함을 느끼는 장소로 만들 필요가 있다.

개인상담은 편안하고 아늑하며 방해를 받지 않고 비밀이 보장되는 사적인 장소가 좋으므로 별도의 상담실에서 진행될 수 있다면 좋겠지만 대부분의 영유아교육기관에서는 상담을 위한 별도의 공간이 없으므로 일정 기간 동안 영유아가 집에 돌아가고 난 후 각 교실에서 실시되는 경우가 많다. 영유아교육기관의 교실은 영유아의 안전을 위하여 교실을 외부에서 관찰 가능하도록 성인의 눈높이에 유리창을 달아 내부를 볼 수 있게 하고 있으므로, 상담을 실시하는 기간 동안에는 유리창을 헝겊이나 종이로 가려서 상담을 하고 있는 부모의 프라이버시를 위해 상담을 하고 있는 모습을 밖에서 볼 수 없도록 배려한다.

상담이 실시될 교실의 한편에 부모와 교사가 앉을 책상을 준비하고 부모와 서로 바라보고 앉을 수 있도록 의자를 배치한다. 책상 위에는 차분한 색의 천을 덮어 따뜻한 분위기를 만들고 부모와 교사가 서로 적절한 거리를 유지할 수 있도록 한다. 너무 가까이 앉으면 불쾌감을 느낄 수도 있고 너무 멀리 앉으면 의사소통에 문제가 생길 수도 있기 때문이다. 또한 개별 학부모에게 주어진 면담 시간을 지킬 수 있도록 부모의 시선에서 시계가 보이는 위치에 자리를 배치하고, 혹시 심각한 사안으로 정해진 시간을 넘기게 되면 다음 학부모에게 양해를 얻어 조금만 더 이야기를 하도록 하고, 그래도 시간이 더 필요할 경우라면 다시 시간 약속을 하여 만나는 것이 좋다.

교실의 입구에는 그날 예정된 상담 일정을 붙여 놓아서 부모가 오늘 몇 명의 부모가 상담을 할 예정이며 자신에게 주어진 시간은 언제부터 언제까지인지를 알 수 있도록 한다. 특히, 한 번에 3~4명의 부모와 상담이 이루어질 경우에는 반드시 대기하는 장소를 마련해야 한다. 또한 상담 예약시간보다 조금 일찍 도착하는 부모들을 위해서도 지루하지 않게 시간을 보낼 수 있도록 대기 장소를 준비해야 한다. 부모 대기 장소에는 간단하지만 오랜만에 기관을 방문한 부모에 대한 따뜻한 마음이 엿보이는 차와 다과, 책이나 신문, 유아들의 활동사진 등을 준비하는 것이 좋다.

[그림 12-3] 기다리는 부모를 위한 다과

복도나 교실에 영유아들의 작품을 배치할 때에는 모든 영유아들의 작품이 골고루 전시되도록 하는 것이 매우 중요하다. 이것은 영유아교육기관의 현관에 들어서면서부터 자신도 모르게 자동적으로 자녀의 이름이나 여러 흔적을 찾게 되는 부모에 대한 최소한의 배려라고 할 수 있다. 영유아의 작품을 전시할 때에는 별도의 설명이 없이 한 군데에 가지런히 모아 놓기보다는 어떠한 주제로 활동을 하면서 했던 활동의 결과물인지, 영유아가 어떻게 해서 해당 주제에 관심을 갖게 되었는지, 주제 관련 놀이를 하면서 영유아에게서 어떤 배움이 일어났는지 등을 간단히 기록하여 활동에 참여하고 있는 영유아의 사진과 함께 전시한다. 그러한 전시는 부모에게 영유아교육기관에서 영유아가 놀이를 통해 많은 배움을 이루어 나가고 있음을 보여 주어 학부모가 영유아교육에 대한 이해를 도모하는 데 도움을 줄 수 있다.

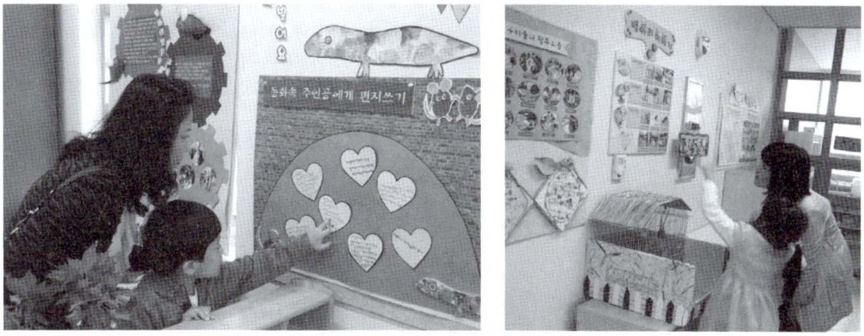

[그림 12-4] 부모를 위한 유아들의 작품 전시

〈 개인상담의 진행 과정 〉

■ 인사 및 자리 안내하기

교사는 부모상담을 위해 잘 준비된 교실 안에서 부모를 맞이하면서 상담이 시작된다. 부모가 자신의 차례가 되어 교실로 들어오면 교사는 일어서서 정중하면서도 환한 미소로 반갑게 인사를 한다. 부모가 자녀의 상담을 위해 정식으로 기관에 초대되어 온 것이므로 아무리 바쁘더라도 인사만큼은 격식을 갖추어서 함으로써 부모가 환영받고 있다는 느낌을 주어야 한다. 인사를 나누고 나면 부모가 앉을 자리를 안내한다.

■ 부모와 이야기 나누기

영유아에 관한 이야기를 나누기 전에 부모가 기관을 방문해 준 것에 대해 감사 인사를 하고, 상담의 목적이나 취지를 안내한다. 교사는 부모에게 상담을 위해 준비한 다양한 자료들을 보여 주며 그동안 기관에서 지내며 영유아가 성장이나

[그림 12-5] 교사와 부모가 상담하는 모습

변화를 이룬 부분에 대해 알려 주고, 부모가 들려주는 영유아에 관한 이야기도 귀담아듣는다.

상담이 원활하게 이루어지기 위해서 교사는 먼저 영유아의 장점에 대해 이야기를 하고, 단점이나 고쳐야 할 점이 있다면 나중에 이야기하는 것이 좋다. 부모가 이미 자신은 알고 있을지라도 교사로부터 자신의 아이의 단점에 대한 이야기를 처음부터 듣게 되면 기분이 좋을 부모는 아마 한 사람도 없을 것이다.

상담의 과정에서 교사는 최대한 부드럽고 친절하게 설명하고 전달 내용이 있으면 부모가 명확히 이해를 할 수 있도록 한 번 더 강조하거나 질문을 통해서 주지시킬 필요가 있다. 상담 중 부모가 이야기할 기회를 자주 만들어 주고 대화를 끊지 말고 이야기가 다 끝날 때까지 경청하며 대화 중간에 "아~네, 그렇군요!", "정말요?", "걱정을 많이 하셨겠어요~" 등의 말로 적절히 반응을 한다. 만약, 상담 도중 부모가 무리한 요구를 하거나 무례한 태도를 보이면 기분을 상하게 하지 않으면서 적절하게 거절하여 오해나 분노를 일으키지 않도록 노력한다.

■ 마무리하기

교사가 상담을 위해 준비한 내용에 대한 이야기를 모두 나누었고, 부모도 하고 싶은 이야기를 마쳤으면 상담을 마무리한다. 개인상담에 소요되는 시간은 너무 길게 하지 않는데, 상담시간이 길다고 효과적인 상담이 이루어지는 것은 아니다. 오히려 일정한 시간이 지난 후에는 이야기가 반복되거나 푸념으로 이어지기 쉽다. 따라서 이야기가 방향을 잃어 가는 것 같으면 다음 기회에 새로운 만남을 계획하는 것이 효과적이다.

학부모에게 상담이 끝났음을 알리고, 다음에 다시 만날 것을 기약하면서 정중히 인사를 하고 학부모가 나가는 교실의 문까지 배웅을 한다. 일반적으로 영유아교육기관에서 모든 부모를 대상으로 하는 면담은 20~30분 정도의 시간으로 계획하며 특정 문제로 인해 상담을 하는 경우도 1시간을 넘지 않는 것이 좋다. 교사는 부모가 돌아간 후에 영유아의 교육을 위해 기억해 두어야 할 중요한 사항이나 부모의 요구사항을 반드시 기록해 두어 추후 조치를 할 수 있어야 한다.

〈 개인상담 후의 마무리 과정 〉

부모와의 상담이 모두 끝나고 나면 교사는 부모가 귀가하고 난 후 바로 상담 당일의 중요한 사항에 대해 간단히 기록하고, 스스로 면담의 전 과정에 대해 평가하여 다음 상담에 활용할 수 있어야 한다. 상담 후에 상담내용에 대해 작성하는 상담기록 일지에는 상담 일자, 상담 교사, 원아 이름, 생년월일, 상담 학부모, 상담의 형태, 상담 내용, 학부모의 요구, 교사 의견, 종합의견 등을 포함한다.

교사는 상담을 모두 마무리한 후 자신의 부모상담에 대해 스스로 평가를 실시해 볼 수 있다. 교사가 상담의 전 과정에 대한 평가를 할 때에는 가장 먼저 상담을 준비하는 과정에서 영유아의 가정적 배경이나 발달 상황에 대해 미리 숙지하고 다양한 자료를 준비했는지, 부모가 기다리는 동안 지루하지 않도록 볼 수 있는 책이나 다과를 준비해 놓았는지, 영유아의 작품결과물을 전시했는지 등에 대해 평가한다.

상담이 진행되는 동안에는 부모의 말을 적극적으로 경청하고 긍정적인 표현을 사용하여 대화하며 부모의 요구나 이해 수준을 고려하였는지를 평가한다. 특히, 부모의 요구나 당부사항은 분류하여 보고사항이나 중점지도 사항으로 정리한 후에 원장님이나 원내 다른 교사들과 의견을 나누고 필요한 부분에 대한 협조를 구한다. 상담에 참석하지 못한 부모에 대해서는 불참의 이유를 확인해 보고, 다시 시간을 조정하여 상담을 진행하거나 참석이 어려운 경우 전화상담이나 스마트폰의 앱, 문자 등을 이용하여 간단하게라도 서로의 의견을 나누어 부모와 교사 간에 긍정적인 관계가 지속될 수 있도록 노력한다.

〈 상담의 과정에 대한 전반적인 평가 〉

준비 과정
• 유아의 가정적 배경에 대하여 미리 숙지하였는가? • 1년 동안 다양한 방법을 사용하여 유아에 대한 정보를 수집하였는가? • 기다리는 부모를 위하여 유아들의 작품이나 학습결과물을 전시했는가? • 학급을 유아들의 작품과 결과물 등으로 꾸며 놓았는가?

상담 과정
• 부모를 따뜻하게 환영하면서 맞이하였는가? • 긍정적인 말로 시작하였는가? • 부모의 욕구와 이해 수준에 맞춰 면담을 조정하였는가? • 상담을 위한 목표가 분명하였는가? • 어려운 말이나 전문적인 용어는 부모가 이해할 수 있는 말로 풀어 주었는가? / 다른 유아나 부모와 비교하지 않았는가? • 의사소통이 오고 가도록 했는가? • 함께 발전 방향을 의논하였는가?

정리 과정
• 제시간에 시작하고 끝났는가? • 중요한 상담 내용을 요약하였는가? • 사후 점검(follow-up)을 하였는가?

출처: 김희진(2006). 유아교육기관에서의 부모교육과 지원. 서울: 파란마음.

(2) 집단상담

영유아교육기관의 집단상담은 대부분 학년 초에 처음 만나는 교사와 부모 또는 부모들 간에 인사를 나누기 위한 목적으로 실시된다. 영유아의 부모는 자신의 자녀가 처음으로 만나게 되는 '생애 처음의 담임 선생님'도 몹시 궁금하고, 또한 1년 동안 함께 지내게 될 자녀 친구들의 부모도 궁금해한다. 기관에 따라서 학급의 담임이 주도하는 집단면담일을 별도로 시행하는 경우가 있지만, 대부분은 전체원아의 부모를 대상으로 실시하는 학기 초 오리엔테이션에서 원장님의 기관 운영에 대한 소개와 담임 소개를 마친 후 이어서 각 학급에서 진행되기도 한다.

부모는 설레는 마음으로 원장님에게서 소개받은 담임교사를 따라서 1년 동안 자신의 자녀가 생활하게 될 교실로 안내되고, 새롭게 만난 교사와 부모들과 잠시 인사를 나누게 된다. 교사는 부모들이 다른 약속을 하지 않도록 집단상담일에 대한 안내를 미리 하고, 집단상담 시에 질문할 내용이 있으면 미리 생각해 오도록 한다. 또한 최근에는 직장에 다니고 있거나 전업주부이거나 대부분의 부모들이 바쁜 생활을 하고 있으므로 집단상담에 소요되는 시간도 미리 알려 주어서 다음 집단상담 이후의 일정을 계획할 수 있도록 돕는다. 집단상담에 소요되는 시간은 학급의 영유아 수에 따라 달라지겠지만 보통은 약 1시간 정도로 계획하여 너무 지루하지 않도록 한다.

집단상담이 시작되면 교사는 먼저 집단상담의 목적을 알린 후에 간단한 자기소개 자료를 PPT와 같은 시각자료로 준비하여 안내하고, 1년 동안 자신이 학급을 운영하면서 강조하고 싶은 교육철학과 부모가 궁금해할 만한 학급의 인원수나 성비와 같은 학급 특성에 대해서도 간략하게 안내한다. 초임교사라면 아마도 이 시간이 무척 떨리고 긴장되는 시간일 것이라 생각되지만 누가 대신해 줄 수 없는 일인 만큼 스스로 많은 준비와 연습을 하는 것이 필요하겠다.

교사에 대한 소개를 마치면 진행 방식과 한 부모에게 주어지는 시간, 발표 순서, 마치는 시간 등에 대해 안내를 한다. 이어서 처음 만난 부모들이 간단하게 서로 인사를 나눌 시간을 갖고, 이어서 부모가 미리 준비해 온 내용을 자연스럽게 이야기 나누며 대화를 이어간다. 학기 초이므로 교사는 부모로부터 영유아에 대한 정보를 얻고, 기관에 대한 기대가 무엇인지를 알아보는 것에 목적을 두어야 한다. 이때 한 명의 부모에게 너무 많은 시간이 할애되지 않도록 교사가 주의를 기울일 필요가 있다. 교사는 효율적인 진행을 위해서 부모들이 이야기를 하는 동안 부모의 이야기 내용을 중요하게 여기고 있고, 앞으로 교육에 반영할 것임을 부모가 느끼도록 한다. 혹시 부모가 대답하기 곤란한 질문을 하더라고 당황하지 말고 오히려 말을 아끼며 신중한 태도로 단정적인 답변을 피하고 추후에 답을 해 주는 것도 좋다.

대부분 교실에서 이루어지는 집단상담을 준비하기 위해서 교사는 교실환경을 미리 상담에 맞추어 준비해 두어야 한다. 학기 초이므로 교사가 아직 부모의 얼

[그림 12-6] 집단상담하는 모습

굴을 잘 모르는 상태이므로 교실 입구에 영유아의 이름표를 준비하여 부모가 교실에 들어오면서 자신의 자녀의 이름표를 가슴에 달고 들어오도록 한다. 부모가 앉을 의자는 모두가 서로 얼굴을 볼 수 있도록 원이나 타원형으로 배치하고, 부모가 작은 유아용 의자에 앉게 되는 경우에는 서로 너무 가까이 앉는 불편함이 없도록 충분한 간격을 두고 배치한다. 부모가 교실로 들어와 집단상담을 시작하기 전까지 잔잔한 실내 음악을 틀어 놓아도 좋고, 서먹함을 줄이기 위해서 간단한 다과를 간식으로 준비하여도 좋다. 이때 교사가 부모의 의견을 묻고 싶은 내용으로 구성된 설문지나 기관에서 요구하는 서식이 있으면 준비하여 나누어 줄 수도 있다.

2) 부모상담의 기술

영유아교사는 전문적인 상담자가 아니고 상담에 대한 교육을 받지 못한 경우가 대부분이라 상담이 부담스럽고 실제로 상당한 어려움을 겪는다. 그러한 면을 고려하여 부모와의 상담에 필요한 몇 가지 요소와 효율적인 상담을 위한 지침을 몇 가지 안내하고자 한다. 그러나 반드시 지켜야 하는 특정한 방법이란 없으며 교사마다 자신에게 맞는 방법을 찾아가는 노력이 필요하다. 특히, 부모상담에서 가장 중요한 것은 기술이 아니라 서로에게 도움을 주고 문제를 이해하고 해결해 나가려는 진실한 자세임을 기억하는 것이 중요할 것이다. 학부모와 상담을 할 때에 알아 두면 도움이 되는 상담 과정의 요소들은 다음과 같다(김정원, 전선옥, 2016).

■ 래포

래포(Rapport)란 상호 간에 신뢰하며, 감정적으로 친근감을 느끼고 서로 간에 조화를 이루는 관계를 말한다. 교사와 부모가 서로를 신뢰하고 편안한 감정으로 대화를 나눌 수 있는 분위기의 형성은 바람직한 분위기의 상담으로 발전시키는 데 있어 가장 기본적인 것이라고 할 수 있다. 영유아교육기관에서 교사와 부모가 처음으로 만나 이러한 관계를 형성하기까지는 서로 간에 많은 노력이 필요하다. 교사 입장에서도 부모가 어렵고, 부모 입장에서도 교사와의 대면이 부담스러울 수 있으므로, 서로가 평소에 관계를 유지하기 위해 노력하면서 래포를 쌓아 가는 것이 면담을 위한 첫 번째 준비가 될 것이다.

■ 공감

공감이란 자신이 직접 경험하지 않고도 다른 사람의 감정을 거의 같은 내용과 수준으로 이해하는 것이다. 우리가 가장 이야기를 나누고 싶은 사람은 자신의 말에 공감하는 사람들이다. 교사는 부모와의 공감을 위해서 부모를 잘 이해하고 부모의 위치에서 모든 것을 바라보려는 노력이 필요하다. 교사와 부모는 서로에 대해 조심스럽고 영유아가 기관에 다니고 있는 동안 서로가 여러 가지 이유로 마주칠 수밖에 없는 관계이므로 각자 다른 사람의 입장을 공감하고 이해하고자 노력하면서 긍정적인 관계를 유지하고자 하는 노력이 필요하다.

■ 수용적 존중

수용적 존중은 교사가 부모의 입장을 이해하고 그의 생각을 존중하는 것을 말한다. 물론 교사가 부모의 생각에 동조하지 못할 경우도 있다. 그럴 경우에도 부모의 생각을 직접적으로 거부하기보다는 서로가 다른 생각을 가지고 있음을 부드럽게 표현하는 것이 바람직하다. 교사가 부모 개인이 가지고 있는 독특한 개성과 양육태도를 이해할 수 있어야 존중하는 마음이 생기게 된다. 부모가 자녀양육을 위해 여러 측면에서 노력하고 있는 모습을 발견하기 위해 노력하고 존중하기 위해 노력해야 한다.

■ 전문적 능력

교사는 부모가 자신의 어려움을 도와줄 수 있는 교육전문가라는 것을 인식하도록 하는 것이 필요하다. 부모상담 시에 전문가로서 부모와 만나기 위해서 교사는 항상 영유아에 관한 객관적인 자료를 모아 정리하며 관심을 가지고 꾸준하게 지도하고 있음을 보여 줄 수 있어야 한다. 이를 위해 교사는 전문가로서 폭넓은 전문성을 지니기 위해 꾸준한 학문적 훈련과 다양한 교육경험을 해야 하고, 부모가 교사에게 합당한 존중의 태도를 유지하게 해야 한다.

■ 의사소통

훌륭한 의사소통은 성공적인 상담을 위해 매우 중요하다. 만약 교사가 부모의 걱정을 대수롭지 않게 여기거나 부모의 생각은 모두 잘못되었다고 일방적으로 훈계한다면 좋은 의사소통이 이루어질 수 없다. 반면에 부모가 어떤 말을 하더라도 교사가 귀 기울여 잘 들어 주어서 부모의 생각이 받아들여지고 있다고 느낀다면 이야기하는 데 망설임이 없어지고 영유아를 이해하는 데 필요한 중요한 사실을 보다 쉽게 이야기할 수 있게 된다.

(1) 성공적인 부모상담을 위한 제안

상담에 대해 배우고 잘 준비된 전문 상담가가 아닌 영유아교사가 부모와의 상담을 성공적으로 실시하기 위해서 미리 알아 두면 도움이 될 수 있는 대화기술에 대해 살펴보면 다음과 같다(김정원, 전선옥, 2016; 인천광역시육아종합지원센터, 2021; 전선옥; 2020).

■ 부모와 교사는 영유아의 성장을 위해 함께 노력하는 한 팀임을 기억한다.

교사와 부모는 영유아마다 고유하게 지니고 있는 성장 가능성을 잘 찾아내 최대한 발현시킬 수 있도록 돕기 위해서 서로 만나 상담을 하면서 함께 노력해야 한다. 교사와 부모는 각각 영유아교육의 중대한 책임을 공유하는 한 팀이 되어야 한다.

■ 학부모를 이해하면 상담이 쉬워진다.

영유아가 각기 다른 개성을 가지고 교사를 찾아오는 것처럼 부모도 모두 다른 다양한 모습으로 교사를 찾아온다. 교사는 자신의 말에 귀를 기울여 주고, 다른 의견을 내기보다는 주로 이야기를 들어 주면서 고개를 끄덕이는 공손한 부모의 모습을 떠올리기 쉽다. 하지만 그렇게 단순하게만 생각하면 자신의 생각과 다른 부모와 대면하게 될 때 더욱 당황스럽고 혼란스러울 수 있다.

교사가 부모의 유형에 따라 상담을 달리할 수 있으면 도움이 되는데, 부모의 유형을 정리해 보면 다음과 같다(김혜숙, 최동옥, 2013).

▷ 보호자 고객 유형 학부모

자녀의 영유아교육기관 생활, 교사의 자녀에 대한 생각을 알기 원하며 교사의 조언을 듣기 위해서 스스로 부모상담을 신청하는 부모이다. 이 유형의 부모는 자녀에 대해 잘 알고 있고 자녀양육을 위해 교사와 협조하여 노력하고자 자세를 가지고 있다. 이들은 학부모 상담에 적극적인 태도로 임하고 변화를 위하여 노력하고자 하는 준비도 잘 갖추어져 있다. 교사는 부모와 상담하기 이전에 간단하게나마 이야기를 나눌 수 있도록 영유아에 대해 파악해 두어야 하는데, 영유아의 두드러진 특성이나 간단한 일화, 혹은 부모에게 묻고 싶은 점 등에 대해 기록해 두었다가 대화를 나눌 수 있다.

▷ 내담자 고객 유형 학부모

부모가 자녀의 문제로 교사와 상담을 하다가 부모 자신의 문제를 깨닫게 되어 자신의 문제를 상담받고자 하는 경우가 있다. 교사가 수용적 · 공감적 태도로 부모를 잘 이해하는 훌륭한 상담자의 모습을 보이면 부모가 지신의 문제를 털어놓고 의논하고자 할 수도 있다. 자녀의 문제와 관련하여 시작된 상담이 부모 자신의 문제로 옮겨 가게 되면 교사는 상담의 방향을 어떻게 설정해야 좋을지 혼란스러워질 수 있다. 부모가 자신의 문제에 초점을 맞추어 상담을 하다가도 대부분은 다시 자녀 쪽으로 초점이 맞추어지므로 교사는 일단 자연스럽게 보조를 맞추어 경청하는 것이 좋다. 부모가 자녀와 관련된 문제가 아닌 자신의 개인적인 문제로 지나치게 오래 이야기를 한다고 여겨지면 교사는 상담의 방향을 다시 설정할 필요가 있다.

▷ 불평자 유형 학부모

영유아교육기관의 교육방침이나 교사의 교수방법, 혹은 다른 부모나 영유아, 심지어 자신의 자녀에게도 불만을 가지고 상담에 임하는 부모가 있다. 교사는 불평하는 학부모를 대할 때 일단 방어적 태도가 아니라 공감적으로 이해하려는 상담자의 태도로 대하도록 노력해야 한다. 불만이 있는 사람은 자신이 가지고 있는 불만을 실컷 이야기하고 싶어 하는데 상대방이 다 들어보지도 않고 변명을 한다고 생각하면 자신을 이해하려는 마음이 부족하다고 여겨서 더욱 화가 나기 때문이다. 교사가 학부모의 불만을 경청해 준다면 이야기를 하는 그 자체만으로도 화를 가라앉히게 되고, 또한 이야기를 하는 과정에서 학부모가 스스로 해결책을 찾을 수도 있다.

▷ 방문자 유형 학부모

교사를 좌절하게 만들고 가장 힘들게 하는 부모 유형이다. 이 유형의 부모는 스스로 자녀교육을 위해서 상담을 요청하지 않으며 교사가 영유아를 위해 노력하는 것도 잘 인정하지 않는 것처럼 보인다. 교사가 영유아와 관련된 문제로 전화하거나 또는 집으로 메모를 보내거나 상담을 요청해도 별다른 반응이 없고, 심지어 귀찮게 여기는 경우도 있다. 이 유형의 부모는 자신의 자녀에게 문제가 있다는 것을 인정하지 않거나 문제가 있더라도 변화의 가능성을 잘 믿지 않는다.

이런 유형의 부모는 대부분 자신의 삶에서 느끼는 좌절이 매우 크거나 삶의 기본적인 여건들이 충족되지 못해서 부모역할을 잘 해낼 수 없다고 느끼는 경우가 많다. 또한 자녀의 문제를 오랫동안 고민하고 해결하기 위해 노력해 왔지만 반복적으로 실패를 경험하고 포기해 버린 경우도 있을 수 있다. 그러므로 교사가 부모에 대해 무조건적으로 존중하고 공감하며 이해하고자 노력할 필요가 있는데, 우선적으로 부모가 자녀를 위해 아주 작고 기본적인 일이라도 할 수 있도록 구체적인 행동전략을 알려 주고 많은 격려와 지지를 보내 주어야 한다. 교사가 학부모를 자주 인정해 주고 격려한다면 학부모가 부모역할에 좀 더 의미를 부여하고 잘해 보려는 마음을 갖는 데 도움이 될 수 있다.

부모의 특성에 따른 상담 방법

■ **불친절하고 적대적인 부모**

- 부모-교사 상담 및 모임에 참여하도록 격려한다.
- 교사가 확신을 가지고 견해를 말한다.
- 자녀의 발전에 대한 구체적인 증거를 보여 준다.
- 부모의 긍정적인 행동을 칭찬한다.
- 부모가 화를 내면 감정을 가라앉힐 시간을 제공한다.
- 부모를 공격하지 않고 친절함을 유지한다.
- 부모가 적대적이면 상담의 목적을 상기시킨다.
- 상담이 어려우면 원장이나 다른 교직원의 도움을 받는다.

■ **모든 것을 아는 것처럼 행동하는 부모**

- 교사는 부모에게 유용한 정보 제공자라는 것을 인식시킨다.
- 부모와의 모임을 철저히 준비한다.
- 부모가 말하는 것을 경청하고 부모가 말하는 어떤 것도 방해하지 않는다.
- 방어적으로 대처하지 말고, 융통성을 가지면서 가능한 한 부모의 아이디어를 수용한다.
- 부모가 참여하고 도울 수 있는 기회를 제공한다.
- 관련된 정보를 공유한다.

■ **자주 불평하는 부모**

- 교사는 때때로 실제적인 문제를 지적할 수 있으므로 귀를 기울이는 것이 필요하다.
- 방어적으로 반응하지 말고, 부모의 불평을 주의 깊게 들어 준다.

- 불평을 들어는 주되, 불평에 동의하거나 사과하지 않는다.
- 사실만을 설명하고 인식시킨다.
- 실행이 가능한 것이면 제안을 수용한다.
- 문제를 해결하도록 세부적인 질문을 한다. 질문의 예로 "어머님, 그러면 어떻게 하고 싶으세요?"를 들 수 있다.

■ **반응이 없고 부끄러워하는 부모**
- 부모-교사 모임에 적극적으로 참여하도록 격려한다.
- 상담의 목적을 진술한다.
- 개방적인 질문을 통해 부모의 생각을 끌어낸다.
- 교사가 대화를 독점하지 않는다.
- 부모를 격려한다.
- 반응할 시간을 준다.
- 부모의 장점에 대해서 이야기하고 긍정적인 피드백을 제공한다.
- 점차 부모의 참여를 증가시킨다.

■ **확신이 부족한 부모**
- 자녀의 교육에 부모를 참여시킬 수 있는 방법을 생각해야 한다.
- 부모-교사 모임에 참여하도록 격려한다.
- 부모의 장점에 확신을 준다.
- 자녀와 활동할 수 있는 방법 및 자료를 알려 준다.
- 부모가 이해할 수 있는 언어를 사용한다.
- 세부적인 행동에 대해서 이야기를 한다.

출처: 조운주, 최일선(2017). 유아교육기관에서의 생활지도. 서울: 창지사. pp. 81-82.

■ 성공적인 부모상담은 평소의 준비에서 이루어진다.

부모와 교사가 미리 정해진 날짜에 서로가 마음의 준비를 하고 만나게 되는 공식적인 상담은 1년에 1~2번에 지나지 않고 대부분의 상담은 그때그때 필요에 의해서 이루어진다. 갑작스러운 부모의 상담 요청에 교사가 당황하지 않고 잘 대응하기 위해서는 평소의 준비가 매우 중요하다. 평소 영유아의 놀이나 생활, 또래

관계에 대한 관찰, 영유아와의 대화를 통해 획득한 정보들은 마치 든든한 보험과 같아서 갑작스러운 학부모의 상담이나 질문에 잘 대처하도록 도와준다. 교사가 자신이 맡고 있는 영유아에 대해 아는 것이 별로 없다면 상담의 질이 떨어지고 교사와 학부모 사이의 신뢰 관계에 문제가 생길 수 있다.

교사는 자신이 담당하고 있는 영유아에 대해 알고 있는 만큼 이야기할 수 있고, 교사가 영유아를 잘 알고 있다는 것은 평소에 관심을 가지고 꾸준히 관찰해 왔으며 그만큼 자신이 맡고 있는 학생에 대한 열의와 애정이 있다는 것을 증명할 수 있다. 이를 위해 교사는 영유아와 관련된 사소한 내용이라도 자주 기록해 둘 필요가 있다. 교사가 수집한 영유아의 정보에 대한 실마리가 많을수록 상담을 원활하게 진행할 수 있고, 상담이 끝난 후에 추수지도를 하는 것도 수월하므로 평소 여러 가지 방법으로 자료를 준비하는 것은 필수이다.

■ 대화의 기본, 적극적 경청의 방법을 익혀 둔다.

경청은 모든 대화가 이루어지는 데 필요한 기본 요소이다. 부모상담에서 교사가 경청을 하면 부모는 자신의 생각과 감정을 자유롭게 표현하는 기회를 갖게 되고, 어떤 말을 해도 다 들어줄 것이라는 신뢰감을 형성하게 된다. 경청, 즉 적극적인 듣기는 상대방을 편안한 감정으로 이끄는 동시에 숨은 욕구, 의도, 바람, 감정 등을 표현할 수 있도록 도와주기 때문에 성공적인 상담을 위한 필수 요소이다.

적극적 경청을 잘하기 위해서는 연습이 필요하고, 구체적인 행동에 대해서도 알아 둘 필요가 있다. 우선 경청을 하려면 상대방과 평등한 위치에서 대화를 나눌 수 있도록 눈높이를 맞춘 후 서로가 눈을 바라보며 이야기해야 한다. 또한 잘 듣고 있다는 표현으로 고개를 끄덕이거나 웃어 주거나 놀라는 등의 표정으로 반응해 주고, 상황에 적절한 말로 “네~ 속상하셨겠네요.”, “아~ 그러셨군요!”, “저라도 기분이 나빴을 것 같아요!”와 같이 상대방의 느낌에 공감하거나 지지하는 말을 표현하면 대화가 계속 유지되면서 보다 진솔한 대화로 이끌 수 있다.

■ 지속적인 만남을 통해 부모를 지원한다.

영유아나 부모가 가지고 있는 문제의 종류에 따라서는 문제를 해결하는 데 많은 시간이 요구되는 특별한 상황이 발생할 수도 있고 그 시간 안에서 나빠지거나 좋아지기를 반복할 수도 있다. 부모가 고민하는 자녀의 문제들 중 상당수는 이미 습관화된 행동이나 관계로 고착되어 버렸기 때문에 상당한 시간과 어려움이 동반되기도 한다. 교사와 부모는 둘 다 영유아의 문제가 한두 번의 지도로 금방 해결될 것이라고 기대하지 않는 것이 현실적인 태도이다. 그러므로 부모와 교사는 상담을 통해 영유아의 문제를 확인하고 적절한 지도방법을 의논한 후에 후속적인 만남이나 전화, 이메일 등을 통하여 지속적으로 꾸준히 점검하면서 함께 노력해야 한다. 이 과정에서 교사는 부모가 겪고 있는 어려움에 공감해 주며 격려와 지지를 보여 주는 것이 필요하다.

■ 교사가 활용할 수 있는 주변 자원을 적극적으로 활용한다.

대부분의 교사들은 부모상담을 혼자서 책임지고 잘해야 한다는 생각을 가지고 있는 것이 보통이다. 원장과 원감선생님은 기관의 행정은 물론이고 교육 전반이 원활하게 이루어지도록 교사를 지원할 책임도 동시에 가지고 있고, 더욱이 그 자리에 오르기까지 오랜 세월 동안의 풍부한 경험을 통해 다양한 산지식을 소유하고 있음을 기억해야 한다. 원장이나 원감의 입장에서는 자칫 잘못하면 교권침해가 될까 봐 교사가 요청하지도 않는데 미리 조언을 하기는 어려울 수도 있다. 부모상담을 위해 교사가 활용할 수 있는 주변 자원은 영유아교육기관 밖에서도 찾을 수 있는데, 부모나 영유아의 문제가 전문적인 상담을 요하는 것이라고 판단되면 적절한 전문상담자를 찾아서 의뢰를 할 수도 있다. 교사는 영유아의 문제행동을 진단하고 판단할 수 있는 소아과의사가 아동심리전문가가 아니므로 영유아의 증상에 대한 판단은 하지 말고 평소에 관찰했던 행동 위주로 학부모에게 객관적인 설명을 해야 한다.

(2) 부모상담을 위한 대화의 기술

우리나라의 속담에는 "같은 말이라도 '아' 다르고 '어' 다르다"라는 말과 "말 한 마디에 천 냥 빚을 갚는다"는 말이 있다. 이는 같은 말을 하더라도 상대방이 기분을 상하지 않도록 말을 가려서 해야 하고, 어려운 일이나 불가능해 보이는 일이라도 말을 잘하면 긍정적으로 해결할 수 있음을 뜻하는 말들이다. 상대방의 기분을 살피며 긍정적으로 말을 가려서 하고, 어려운 문제가 생겼을 때 대화로 문제를 해결하는 것은 성공적인 부모상담을 위해서 교사가 반드시 기억해야 할 대화의 자세이다. 영유아교사가 부모상담을 위해서 알아 두면 도움이 될 수 있는 대화의 기술을 몇 가지 살펴보면 다음과 같다(김정원, 전선옥, 2016; 전선옥, 2020).

■ 긍정적이고 따뜻한 말로 상담을 시작한다.

부모는 교사의 말이나 표정에서 자신의 자녀에 대한 관심과 사랑을 느낄 수 있어야 마음의 문을 열기 시작한다. 그러므로 영유아의 장점을 찾아서 긍정적인 칭찬의 말로 상담을 시작하는 것이 좋다. 상담에 임하는 부모도 교사가 자신의 자녀에 대해 어떤 말을 할지 긴장되고 불편한 마음일 수 있으므로 일단 칭찬으로 시작하며 분위기를 부드럽게 만들 필요가 있다. 이때 일상적인 칭찬보다는 구체적인 일화를 통해서 이야기를 풀어 나가는 것이 좋다.

[예]

"민수는 여자 친구들이 아주 좋아해요."

"수정이가 아기 이야기를 많이 해요. 새로 태어난 동생이 아주 예쁜가 봐요."

"민호는 소꿉방에 있는 중국옷을 아주 좋아해요. 중국에 살다 온 친구가 가지고 온 것인데 민호는 아침에 오면 제일 먼저 그 옷을 입고 놀기 시작해요."

■ 부모가 많은 이야기를 할 수 있도록 배려한다.

부모의 고민과 감정에 몰입하기 위해서 교사는 자신의 생각을 비우고 상대의 이야기에 집중하는 것이 필요하다. 부모의 어려움을 이해하는 가장 중요한 방법은 당사자로부터 많은 이야기를 듣는 것이라고 할 수 있다. 특히, 부모가 자녀와의 관계나 행동에 대한 문제를 면담하는 경우에는 어려움을 겪는 부모가 많은 이야기를 할 수 있도록 배려한다. 교사가 필요 없는 이야기로 시간을 낭비하거나 문제를 속단하여 이끌어 가는 것은 피해야 한다.

[효율적 상담]

상당히 많은 경우 다른 어떤 방법이 아니라 문제를 호소하는 청담자의 문제는 바로 그 안에 해답의 실마리가 담겨 있다. 그러므로 상담자는 청담자의 어떤 점을 바꾸려고 애쓰기보다는 청담자의 속으로 깊이 들어가는 작업에 심혈을 기울이는 것이 바람직하다. 마치 유도 경기에서 상대방의 힘을 역이용해서 한판승을 얻는 것처럼 청담자가 골똘해 있는 문제의 핵심에 들어가 있다가 바로 그곳에 있는 치유의 힘을 발동시키는 것이다.

박성희(2004)『공감학』중에서

■ 진정성이 결여된 말은 상담을 불편하게 한다.

교사가 생각하기에 대부분의 부모는 듣기 좋은 말을 원하는 것으로 보이지만 부모는 영유아를 위한 진심이 담긴 말을 듣기 원한다. 듣기 좋은 말을 하면 관계가 나빠지는 것을 피할 수 있지만, 진솔함이 보장되지 않는다면 오히려 부모와의 관계가 소원해지고 신뢰감도 떨어질 수 있다. 사람과 사람이 만나는 모든 장면에서 관계의 질을 결정하는 것은 바로 진정성이라는 것에 예외가 있을 수는 없다. 영유아에 대한 칭찬을 많이 할지라도 부모가 공감할 수 없는 입에 발린 소리만 하게 된다면 오히려 역효과를 가져올 수 있음을 기억할 필요가 있다.

■ 부모가 받아들일 수 있는 형태로 조언하고 제안한다.

부모와의 만남에서는 경청도 중요하지만 적절한 조언도 필요하다. 부모는 교사와의 상담을 통해 전문적인 조언을 얻고자 한다. 조언을 통해서 부모가 자녀교육에 활용할 수 있는 교사의 지식과 경험을 나누어 주는 것은 영유아와 부모 모두에게 큰 도움이 될 수 있다. 조언을 잘하기 위해서는 해당 부모가 예전에 시도해 보았던 노력이 무엇인지 알아보고, 그 부모가 실행하기 쉬운 맞춤형 조언을 해 주는 것이 좋다.

■ 부모의 느낌을 반영해 준다.

부모의 이야기를 들으면서 듣고 있는 내용을 교사가 다시 다른 말로 표현해 주는 것이다. 이는 부모로 하여금 이해받고 있다는 느낌을 갖게 하고 다시 자신의 생각을 명료화할 수 있게 해 준다.

[예]

"아! 그런 일이 있었습니까?"
"네, 그렇게 생각할 수도 있겠네요."
"수연이가 동생을 질투하는 것으로 생각하시나요?"
"성진이의 거친 행동에서 아빠의 모습을 느끼신다는 말씀이세요?"

■ 부모의 당황스럽고 갑작스러운 질문에는 즉답을 하지 않는다.

부모상담에 앞서 교사들이 가장 많은 걱정을 하는 것 중의 하나가 상담 장면에서 부모가 갑자기 교사에게 준비가 되지 않은 어려운 문제를 묻거나 즉답을 하기에 곤란한 것을 질문하는 경우이다. 부모의 질문 내용이 바로 그 자리에서 분명하고 자신 있게 말할 수 있는 내용이라면 침착하게 자신의 의견을 이야기하지만 그렇지 않다면 사실관계를 확인한 후에 대답하겠다고 응대하는 것이 좋다. 부모상담을 처음으로 실시하는 초임교사의 경우에는 부모들의 예상 질문 목록을 미리 만들어 경력교사와 짝을 이루어 한 사람은 교사역할을 하고 다른 한 사람은 학부모가 되어 역할극 형식으로 미리 연습을 해 보면 실전에서 좀 더 차분하게 상담에 임할 수 있으므로 한번 시도해 보기를 바란다.

상담 중 학부모들의 예상 질문에 대답할 준비하기

교사회의에서 원장, 원감, 주임교사의 주도로 기관의 교사들이 함께 모여 학부모의 예상 질문과 그에 대한 모범 답안을 만들어 역할극으로 연습해 본다.

〈학부모의 예상 질문 예〉

① **영유아 관련(개인상담)**

"저희 아이가 다른 아이들과 사이좋게 잘 지내나요?"

"어린이집에서는 주로 무슨 놀이를 하나요?"

"유치원에서 어떻게 지내고 있나요?"

"선생님의 말씀을 잘 따르나요?"

"급(간)식을 잘 먹나요?"

② **기관의 운영 관련(집단상담)**

"방과 후 교육 프로그램으로 무엇을 하시나요?

"부모참여 현장학습을 언제 하실 건가요?"

"영유아의 전체 식단을 모두 유기농 음식으로만 하시면 어떨까요?"

■ 화가 난 부모는 말하는 것 자체만으로도 정화의 가치가 있음을 안다.

자녀의 문제로 속이 상하거나 화가 난 부모가 전화나 방문을 하여 상담을 요청하는 것은 교사가 가장 피하고 싶은 상담일 것이다. 부모의 오해, 막무가내식의 일방적 주장, 자신의 자녀에 대한 무리한 요구 등은 교사를 힘들게 한다. 특히, 평소에 더 많은 신경을 쓰고 애정을 쏟아부은 영유아의 부모가 화를 내며 불만을 제기하면 더 억울하고 더 서운한 마음이 드는 것은 당연하다. 화를 내는 사람은 마음속의 분노를 밖으로 표출하는 것이므로 교사는 부모의 화가 가라앉을 수 있도록 부모가 하고 싶은 이야기를 모두 할 수 있게 들어 주는 것이 좋다. 부모가 자신의 이야기를 어느 정도 마치고 나서 화가 가라앉은 것으로 보이면 그때 교사가 자신이 직접 본 사실이나 기관의 입장을 흥분하지 말고 담백하게 정리하여 말한다. 이러한 과정에서 부모는 교사에게 자신의 자녀에 대해 이야기하는 것만으로도 갈등과 고민으로부터 편안한 느낌을 가질 수 있으며 이야기하는 가운데 문제를 정리하고 자신을 뒤돌아보는 기회를 가질 수도 있다.

■ 부모가 원하는 것이 무엇인지 정확하게 파악한다.

부모가 무엇을 말하고자 하는지, 교사와의 대화를 통해서 얻고자 하는 것이 무엇인지 파악하는 것이 중요하다. 구체적인 해결책을 원하는 것인지, 그저 답답한 마음을 하소연하고자 하는 것인지 따뜻한 위로를 바라는 것인지, 부모의 마음을 이해하는 것이 필요하다. 같은 문제라도 해결의 실마리를 서로 다른 곳에서부터 찾아갈 수 있기 때문이다.

[작은 일에도 울기부터 하는 유아에 대한 부모의 반응]

"소연이가 울기 시작하면 제가 먼저 짜증이 나요. 저도 모르게 화를 내죠."

⇨ 힘들어하는 부모의 정서에 주목한다.

"소연이를 이해하지만 어떻게 해야 할지 모르겠어요."

⇨ 문제 해결을 위한 구체적인 방법에 주목한다.

■ 부모의 이야기를 요약해 준다.

부모들 중에는 무슨 이야기를 하고 싶어 하는 것인지 요점을 찾기 어려울 정도로 이런저런 이야기를 하는 사람이 있다. 긴장해서 일 수도 있고, 언어표현력의 제약으로 그럴 수도 있다. 이 경우 교사는 상담의 내용이 산만하게 흐르지 않도록 중간 중간에 부모가 하는 이야기를 요약하며 반문한다. 이는 부모가 의식하지 못하고 있는 부분을 느끼게 해 줄 수도 있고 서로가 바른 의사소통을 하고 있는지 확인할 수 있는 계기를 준다.

■ 부모가 과장할 수도 있음을 기억한다.

대부분 문제를 가진 사람들은 상황을 과장하기 쉽다. 교사는 부모의 이야기를 있는 그대로 받아들이기보다는 흥분한 상태에서 과장되게 표현할 수 있음을 기억하고 상황을 냉정히 파악하려고 노력해야 한다. 따라서 부모가 사용하는 말에만 주목하지 말고 표정, 태도, 목소리의 변화 등에 민감해야 한다.

■ 부모를 완벽한 인간으로 보지 않는다.

부모는 자녀를 사랑하고 최선을 다하지만 모든 것을 이성적으로 해결할 수 있는 완벽한 인간은 아니다. 오히려 자녀에 대한 사랑과 관심으로 문제를 정확하게 보지 못하고 혼란에 느끼기 쉽다. 다른 가정의 자녀에 대해서는 객관적으로 파악이 잘되고 행동특성도 잘 보이는데 자신의 자녀에 대해서는 잘 모르겠는 경우가 많다. 그러므로 교사가 부모에게 완벽함을 기대하는 것은 부모를 더욱 어려움에 빠뜨릴 수 있음을 기억해야 한다.

■ 다른 부모나 유아에 대한 이야기는 하지 않는다.

상담을 통해서 들은 이야기를 발설하지 않는 것은 상담의 기본이다. 자녀를 기관에 보내는 부모들은 대부분 같은 지역에 거주하고 서로 친밀하게 지내는 경우가 많다. 상담 과정에서 부모와 나눈 대화가 다른 부모들에게 흘러 나가지 않도록 주의한다. 특히, 다른 유아에 대한 부정적인 이야기는 삼가는 것이 좋다.

[예]

"명수와 호진이가 싸웠어요."

⇨ "어제는 호진이가 쌓은 블록을 명수가 지나가면서 발로 건드려 무너졌어요. 호진이는 명수가 고의로 그런 줄 알고 화가 나서 때린 것으로 보입니다. 평소에는 무척 친하게 지내는데 놀다 보니까 자연스럽게 싸움도 잦은 것을 볼 수가 있어요."

"소영이가 소꿉방에서 친구들과 어울리지 못해요."

⇨ "가만히 보면 소꿉방에도 아이들 나름의 약속과 규칙이 있어요. 소영이는 아직 어려서 그러한 규칙을 잘 이해하지 못하는 것으로 보입니다. 그래서 조금 놀다가는 울며 나와서 저에게 하소연을 해요. 제가 때때로 개입하지만 소영이가 그러한 규칙을 자연스럽게 이해할 때까지 시간을 갖고 기다리는 것도 하나의 방법이 아닌가 생각합니다."

■ 문화적인 차이를 존중한다.

부모와의 문화적 차이를 고려한다. 연령에 따른 세대 차이, 종교적인 차이, 인종적인 차이 등 각 가정이 가지고 있는 문화를 이해하고 수용하는 것이 필요하다. 특히, 근래에는 국제결혼으로 정착하는 외국인 부모가 늘어나는 추세이며, 이러한 다문화가정 자녀의 적응 문제가 사회적으로 관심을 받고 있다. 교사는 편견 없이 서로가 다른 문화를 가지고 있고 서로 다른 생각과 가치를 가지고 있음을 존중하는 자세로 상담을 해야 한다.

■ 부모가 자녀를 다양한 측면에서 바라볼 수 있도록 해 준다.

현대의 부모들은 고립된 공간에서 고립된 양육을 하고 있는 경우가 많고, 이웃과의 교류가 부족하다 보니 자녀에 대한 균형감각을 갖기 어렵다. 따라서 작은 문제도 크게 생각하거나 반대로 큰 문제도 사소하게 생각할 수 있다. 자녀가 가지고 있는 여러 가지 특성 중에 부모가 느끼기에 부족해 보인다고 생각되는 한두 가지 특성에 사로잡혀서 그 아이가 가지고 있는 더 많은 장점을 놓치는 경우도 있다. 소심하거나 느린 아이는 오히려 매사에 신중한 장점이 있고, 반항적인 아이는 자기 생각과 주장이 분명하다는 장점이 있음을 설명해 주어서 학부모가 문제를 보는 시각을 바꾸도록 조언해 준다. 교사는 다양한 관점을 제시하면서 부모가 좁은 시각에서 벗어나 넓은 시야를 가질 수 있도록 도와준다.

■ 같은 말이라도 긍정적으로 표현한다.

우리나라 속담에 같은 말이라도 '아' 다르고 '어' 다르다는 말이 있다. 교사가 유아를 표현할 때 '공격적', '산만'과 같이 부정적인 용어로 표현하면 부모가 마음을 상하기 쉬우므로 '생동감 있는 아이'라고 표현을 바꾸어 이야기할 수도 있다. 물론 그 아이의 행동이 극적으로 변화하지는 않겠지만 중요한 것은 부모가 자신의 자녀를 새로운 방식으로 보고 아이의 활발함을 억제하려고 하기보다는 방향을 바꾸어 주려고 노력할 것이다.

〈표 12-3〉 교사의 긍정적인 언어표현 사례

일반적인 표현	긍정적 표현
고집이 세요.	자신의 의지를 강하게 표현합니다.
자꾸 해 달래요.	활동을 할 때마다 도움을 요청합니다.
수시로 울어요.	울음으로 자신의 감정을 표현합니다.
가만히 있지 않아요.	호기심과 탐색으로 분주합니다.
그러게요, 저도 걱정이에요.	저도 관심을 가지고 주의 깊게 관찰하고 있습니다.

특히 기관에서 일어난 일을 전할 때는 짧고 단정적으로 이야기하기보다 전후의 상황을 자세히 설명해 주는 것이 좋다. 부모에게 교사가 자신의 자녀에 대해 애정을 가지고 있으며 자녀의 입장에서 상황을 이해하려고 하고 있음을 알리는 것이 필요하다.

■ 수시로 울리는 부모의 카톡 상담에 미리 대처한다.

카톡은 읽었는지 읽지 않았는지가 숫자로 표시되어 응답에 대한 부담이 만만치 않은 메신저이다. 부모는 교사가 어떤 상황인지 잘 알 수가 없으므로 자신이 보낸 메시지를 교사가 읽지도 않는다고 생각하면 자칫 오해를 불러일으킬 수도 있다. 교사에게 카톡으로 연락을 취하는 대부분의 부모도 각자의 생활로 바쁘기 때문에, 자녀에 대한 작은 문제도 크게 느껴지고 성급한 마음이 든다. 카톡을 이용한 상담, 기관의 유선전화를 이용한 문의, 핸드폰 문자 등의 사용은 학기 초에 전체 부모가 모이는 오리엔테이션에서 원장이 친절하면서도 분명하게 이용범위를 제시하는 것이 좋다. 영유아의 출결에 관한 문제, 자녀의 영유아교육기관 생활에서 시급을 다투는 중요한 문제가 아니라면 정해진 시간 이후의 연락은 삼가 달라고 미리 이야기를 할 필요가 있다.

■ 대화의 과정에서 교사의 말과 어투, 표정 등은 여러 메시지를 전달한다.

사람의 표정은 누군가와 대화를 할 때 말의 진정성이나 힘을 느끼게 해 주는 중요한 단서이다. 교사가 부모와의 상담에서 어떤 표정을 가지냐는 자신의 이미지를 좋게 할 수도 나쁘게 바꿀 수도 있고, 설득을 가능하게도 불가능하게도 만들 수 있다. 부모의 이야기에 집중하면서 관심을 드러내며 부드러운 표정을 짓기 위해 노력하고, 지루해하거나 무표정한 모습은 하지 않아야 한다. 부모의 이야기에 동조할 수 없는 경우가 생길지라도 쉽게 흥분하거나 화를 내지 말고 차분한 말투로 응대를 하는 것도 필요하다.

〈표 12-4〉 학부모 상담 시 사용하면 도움이 되는 언어표현

언어표현	사용의 예
'~적' 이라는 표현을 찾아보기	잘 뛰어놉니다 → '매우 활동적입니다'
'~화' 라는 표현을 찾아보기	매일매일 잘합니다 → '생활화되었습니다'
'~감' 이라는 표현을 찾아보기	조용히 노는 편입니다 → '안정감이 있습니다'
'~성' 이라는 표현을 찾아보기	얌전합니다 → '내향성을 가지고 있습니다'
'~력' 이라는 표현을 찾아보기	아이의 그림이 특이합니다 → '표현력이 상당히 좋습니다'

출처: 박근주, 송원호, 김연진(2008). 선생님, 전 이렇게 상담했어요 -현장교사를 위한 상담사례의 실제-. 경기: 양서원.

■ 실수에 얽매이지 않는다.

부모와의 만남에서 실수할지도 모른다는 부정적인 생각은 교사에게 전혀 도움이 되지 않는다. 초임교사의 경우에 처음 해 보는 부모상담이 몹시 부담스럽고 두렵기까지 하지만 부정적인 면에 너무 신경을 쓰면 실제로 그 일을 잘못하고 만다. 부모상담에서 실수를 하지 않으려면 미리 예행연습을 해 보는 것도 괜찮다. 교사들끼리 역할을 나누어 경력교사는 부모가 되고 초임교사는 교사가 되어 처음 인사를 나누는 것부터 시작하여 질문을 주고받으며 대화를 이어가고 마무리하는 것을 연습한다.

■ 영유아와 관련된 중요한 결단을 대신 내려 주지 않는다.

교사가 학부모의 삶을 대신 살아 줄 수는 없으며 교실을 벗어나서 유아의 삶에 관여하는 것에는 한계가 있다. 따라서 궁극적으로 자녀에 대한 결정은 학부모의 몫임을 명심한다. 교사가 영유아를 아무리 사랑한다고 하여도 그 사랑은 영유아

가 기관에 다니는 동안에만 지속될 수밖에 없고, 오랜 세월 영유아를 곁에서 지켜보며 그들의 성장을 도와주며 책임을 지는 사람은 바로 부모이다. 교사의 역할은 학부모가 문제를 정확하게 이해하고 그것을 해결해 나갈 수 있도록 도와주고 용기를 주는 데 있다. 아무리 좋은 해결책도 그것을 사용할 사람에게 맞지 않으면 소용이 없다.

■ 상담을 자연스럽게 마무리한다.

부모와 영유아에 대해 여러 가지 이야기를 나누었지만 막상 상담을 끝내려고 하면 어떻게 마무리를 해야 할지 애매하게 느껴질 때가 있다. 상담이 끝났음을 섣불리 말하기가 어렵거나 조심스러울 때에는 "마지막으로 제가 도와드릴 것이 있다면 말씀해 주세요.", "제 도움이 필요하시면 언제든지 연락을 주세요.", "벌써 정해진 시간이 다 되었네요.", "다음 학부모님이 기다리고 계셔서 더 많은 이야기는 나중에 다시 시간 약속을 하고 계속하면 좋겠습니다." 등의 이야기를 하며 자연스럽게 마무리한다. 교사는 상담을 마치며 가정과 영유아교육기관에서 해야 할 역할을 부모에게 정리하여 들려 준다.

부모가 생각하는 가장 좋았던 상담

첫 번째, 학부모가 존중받는다는 느낌이 들게 하는 상담이다.

학부모의 이야기를 경청해 주고 밝은 표정으로 받아들여 주는 교사의 태도에 존중의 느낌과 큰 감동을 받는다.

두 번째, 사전에 충분한 준비가 되었다는 느낌을 주는 상담이다.

상담을 위해 준비한 자료들에서 교사가 자녀의 관찰에 노력을 기울였다는 생각이 들면서 교사에 대한 신뢰가 생긴다.

세 번째, 자녀에 대한 솔직한 이야기를 들려주는 상담이다.

자녀에 대한 냉혹한 평가가 아닌 교사의 따뜻한 시선이 담긴 조언과 제안으로 감동을 받는다.

네 번째, 교사가 상담을 '업무'처럼 하는 것이 아닌 인간 대 인간으로서 따뜻한 만남으로 보고 있다는 것을 느끼는 상담이다.

자녀를 따뜻하게 바라보고 문제가 생겼을 경우, 다양한 관점에서 긍정적인 시각으로 볼 수 있도록 학부모에게 안내해 줄 때 편안함을 느낀다.

출처: 김연민, 김태승(2019). 학생, 학부모, 교사가 함께 성장하는 초등학부모상담. 경기: 푸른칠판.

참고문헌

참고문헌

가족친화지원사업 사이트: www.ffsb.kr

강윤숙(1987). 아동이 지각한 어머니의 양육태도－두 자녀 가정을 중심으로. 이화여자대학교 교육대학원 석사학위논문.

경기도교육연구원(2020). 1980년대생 초등학교 학부모의 특성. 경기도: (재)경기도교육연수원.

곽용(1986). 어머니의 양육태도와 유아의 자아개념에 관한 연구. 중앙대학교대학원 석사학위논문.

교육과학기술부(2009). 유치원 지도서 1총론. 서울: 교육과학기술부.

교육부(2015) 2015 개정 교육과정. 세종: 교육부.

______(2021). 출발선 평등을 위한 2021 다문화 교육 지원계획. https://www.moe.go.kr/main.do.에서 2021. 9. 18. 인출.

______(2022). 2022년 교육기본통계 결과 발표. www. moe.go.kr에서 2022. 9. 20. 인출.

권미량, 하연희(2014). 유아교육기관의 부모와 교사의 관계성 탐색. 유아교육연구, 34(4), 281-302.

권양자(2000). 저소득 부자가정의 현황과 복지정책 방향 대구대학교 사회복지개발대학원 석사학위논문.

김연민, 김태승(2019). 학생, 학부모, 교사가 함께 성장하는 초등학부모상담. 경기: 푸른칠판.

권인수(2000). 손자를 돌보는 조부모의 부담감과 사회적 지지. 아동간호학회지, 6(2), 212-223.

김경란(2006). 다문화가정 자녀의 자아정체성에 영향을 주는 요인에 관한 연구. 이화여자대학교 대학원 석사학위논문.

김기정(2012). 맞벌이 부모의 양육일치도와 유아기 자녀의 자기 조절력 및 또래 유능성과의 관계. 경남대학교 교육대학원 석사학위논문.

김기화(2016). 부자가족의 적응과정에 관한 연구: 부자가족복지시설에서의 경험을 중심으로. 인하대학교 박사학위논문.

김노마(1986). 성인교육과정 개발에 관한 연구. 연세대학교 교육대학원 석사학위논문.

김도란, 김정원(2008). 유아의 행복감과 부모의 행복감 간의 관계 연구, 열린유아교육연구, 13(6), 311-333.

김명희(1996). 현대사회와 부모교육. 서울: 학문출판사.

김미옥(2014). 재혼가족의 생활 적응 향상을 위한 부모교육프로그램 개발 및 효과. 경성대학교 박사학위논문.

김민정(2012). 아버지 역할지능에 대한 양육신념 및 자녀 기대감의 영향. 한국가족복지학, 17(3), 149-166.

김민정, 김정원(2010). 어머니의 행복감과 유아의 애착안정성 및 또래유능성 간의 관계 연구. 유아교육 · 보육복지연구, 14(2), 5-28.

김번영(2011). 재혼코칭: 경험자가 들려주는 행복한 가정 꾸리기. 서울: 대한기독교서회.

김범수, 김현희, 정명희(2010). 알기 쉬운 다문화교육. 서울: 양서원.

김승권, 양옥경, 조애저, 김유경, 박세경, 김미희(2004). 다양한 가족의 출현과 사회적 지원체계 구축방안. 한국보건사회연구원.

김안나, 한정원, 김양미(2010). 한부모가족지원 사업에 대한 성인지적 분석. 한국여성정책연구원 연구보고서, 2-2.

김영애(2022). 취업모의 영유아기 자녀 양육 스트레스와 '자아실현'의 의미. 배재대학교 대학원 석사학위논문.

김예리(2009). 가족생태이론에 기초한 미혼남녀의 결혼관과 관련 변인 연구. 중앙대학교대학원 박사 학위 청구논문.

김유나(2010). 한국 재혼가족 자녀들이 겪고 있는 주요 문제에 대한 연구. 감리교신대학교 신학대학원 석사학위논문.

김유미, 김정원(2011). 어머니의 행복감과 영아의 긍정적 사회정서행동 및 외현적 내면적 문제행동 간의 관계. 어린이문학교육연구, 12(1), 285-302.

김유심, 곽지영(2010). 빈곤 여성 가장의 생활사건 스트레스, 사회적지지, 가족응집력이 우울에 미치는 영향, 서울도시연구, 11(1), 2010: 164.

김은설, 장혜진, 김문정(2011). 영유아기 자녀 부모 특성별 부모교육 강화 방안. 연구보고 2011-16. 육아 정책연구소.

김은지, 최인희, 송효진, 배호중, 최진희, 배주현, 성경(2019). 2018년 한부모가족 실태조사. 서울: 한국여성정책연구원, /여성가족부(2023). 한부모가족지원사업 안내.

김응자(2004). 부모역할지능이 유아의 자아개념 및 정서지능에 미치는 영향. 숙명여자대학교 대학원 석사학위논문.

김인자(1992). PET와 집단상담. 한양대학교 제5회 학술세미나.

김정신(1999). 아버지의 양육태도와 양육참여도에 따른 유아의 친사회적 행동. 이화여자대학교 대학원 석사학위논문.

김정원(1999). 부모교육 프로그램의 개발 및 실시에 관한 연구. 이화여자대학교대학원 박사학위논문.

______(2002). 영유아보육 현장의 조부모역할 교육 및 지원 프로그램의 개발과정에 관한 연구.

한국보육학회지, 2(1), 21-37.
김정원, 김정실(2014). 영유아기 자녀를 둔 아버지의 역할지능과 행복감 간의 관계. 육아지원연구, 9(1), 29-47.
김정원, 이경화, 이연규, 전선옥, 조순옥, 조화연, 최일선(2018). 보육학개론. 경기: 양서원.
김정원, 전선옥(2016). 영유아교육기관의 부모교육. 서울: 창지사.
김정원, 최소린(2023). 예비유아교사 대상 부모교육 교과목 내용에 대한 어린이집 원장과 교사의 요구. 인문사회21, 14(1). 1279-1294.
김지연(2023). 다문화 교육 정책학교(유치원)의 다문화가정 유아 대상 한국어 교육 개선방안에 관한 연구. 경기대학교 석사학위논문.
김진희(2007). 부모역할 지능이 유아의 정서조절 능력 및 자아개념에 미치는 영향. 한양 대학교 교육대학원 석사학위논문.
김채연, 이민경(2022). 조부모의 손자녀 양육 참여 인식 및 실태와 양육지원 요구 분석. 차세대융합기술학회논문지, 6(8), 1402-1411.
김형연(2015). 취업모 및 조부모 대리양육의 양육행동이 유아의 문제행동에 미치는 영향. 이화여자대학교 대학원 석사학위논문.
김효순(2010). 새부모의 양육태도유형과 재혼가족 청소년자녀의 심리사회적 적응에 관한 연구: 사회적 지지의 조절효과를 중심으로. 한국가족복지학, 30(단일호), 245-268.
김희선(2014). 생태학적 관점에서 학교폭력 유발요인이 학교폭력에 끼치는 영향. 이화여자대학교 교육대학원 석사학위 청구논문.
남동우(2021). 재혼부부의 결혼생활 적응과정 연구: 전혼 자녀가 있는 부부를 중심으로. 숭실대학교 박사학위논문.
대학내일20대연구소(2021). 밀레니얼–Z세대 트렌드 2022. 서울: ㈜위즈덤하우스.
도민재(2000). 한국의 전통 가정교육과 유교. 종교교육학연구, 10, 29-48.
두란노아버지학교(1995). 주님! 제가 아버지입니다. (사)두란노아버지학교운동본부.
류왕효(2008). 부모교육. 서울: 신정.
류지후(1996). 유아를 위한 적극적 부모역할 훈련 프로그램의 적용성 연구. 서울여자 대학교대학원 박사학위논문.
박경자(2019). 유아교사가 인식한 학부모에 대한 이미지 유형 연구 –Q방법론을 중심으로–. 경남대학교 대학원 석사학위논문.
박계란(2010). 다문화가정 아동의 학교생활적응에 영향을 미치는 요인 연구. 영남대학교 대학원 석사학위논문.
박근주, 서경희, 이영란, 손판순, 강원미, 김도희, 김민지, 오영심, 이주희, 장동희, 장선영, 정영선(2020). 영유아 부모상담 전 이렇게 했어요. 경기: 양서원.

박근주, 송원호, 김연진(2008). 선생님, 전 이렇게 상담했어요 –현장교사를 위한 상담사례의 실제–. 경기: 양서원.

박나래(2021). 변화하는 한국사회의 가족규범에 대한 기독교윤리적 고찰-기든스와 그렌츠를 중심으로-. 장로회신학대학교 석사학위논문.

박성연, 김상희, 김지신, 박응임, 전춘애, 임희수(2003). 자녀와의 진정한 만남을 위한 부모 교육. 서울: 교육과학사.

박성희(2004). 공감학. 서울: 학지사.

박영희(1998). 부모됨은 성인기 발달과정에 어떤 의미를 가지는가? -여성 성인기를 중심으로. 복음과 교회, 10, 216-236.

박용아(2014). 유아기 자녀를 둔 부모를 위한 기독교교육 프로그램: 효율적 부모역할 수행을 위한 체계적 훈련(STEP)을 중심으로. 장로회신학대학교 교육대학원 석사학위 청구논문.

박원순, 최윤경, 김희수(2020). 행복한 육아문화 정착을 위한 KICCE 육아정책 여론조사(V). 육아정책연구소.

박주현, 최덕경(2011). 다문화사회의 이해와 실천. 서울: 창지사.

박지영(2023). 양육미혼모의 출산과 양육관정에서의 몸의 경험. 연세대학교 신학과 박사학위논문.

박찬옥(1999) 어린이의 교육받을 권리와 386세대 부모의 사회 및 교육에 대한 인식. 유아교육학논집, 3(2), 71-93.

박평강(2023). 상담을 받은 재혼가족 자녀의 가족정체성에 관한 내러티브 탐구. 한국교원대학교 박사학위논문.

박하나(2022). 밀레니얼 세대의 실천공동체에서 나타나는 비형식학습 경험 탐색. 이화여자대학교 박사학위논문.

박현주(2013). 스마트폰 이용자의 인스턴트 메신저 앱 이용동기와 수용 -'카카오톡'과 '카카오스토리' 이용을 중심으로. 단국대학교 정보미디어 대학원 석사학위논문.

배은경(2016). 영유아 자녀를 둔 30~40대 부모들의 행동 특성과 요구. 한국유아교육협회.

백경숙, 윤지영(2004). 부모역할 만족도와 부모역할 지능에 관한 연구. 한국영유아보육학, 39, 2004, 12, 1-19.

서성만(2011). 조손가족 손자녀에 대한 사회적 지지와 조모의 양육 스트레스가 손자녀의 우울과 공격성에 미치는 영향. 가톨릭대학교 대학원 석사학위논문.

서수경(2002). 포스트모던 가족 담론과 한국 가족의 변화. 대한가정학회지, 40(5). 95-108.

송주란(1982). 유아교육을 위한 체계적 부모역할 훈련에 관한 연구. 이화여자대학교 대학원 석사학위논문.

숙명여자대학교 아동연구센터(1996). 현대사회와 부모. 숙명여자대학교 출판부.

신혜정(2007). 다문화가정 자녀의 자아 정체성에 영향을 주는 요인에 관한 연구. 이화여자 대학교대학원 석사학위논문.

아이돌봄 서비스 누리집: www.idolbom.go.kr.

양문현(1984). 도시주부의 결혼만족도에 따른 자녀양육태도에 관한 연구. 경희대학교 대학원 석사학위논문(미간행).

양영희(1987). 스텝(STEP) 부모교육 프로그램의 효과에 관한 연구. 이화여자대학교대학원 석사학위논문.

엄민정(2021). 영아기 자녀를 둔 맞벌이 부모의 양육경험에 대한 내러티브 탐구. 강원대학교 대학원 석사학위논문.

여성가족부(2011). 가족친화제도 확산을 위한 기업성과 연구.

________(2013). 한부모가족, 고립된 양육과 생계의 어려움으로 이중고. http://www.mogef.go.kr에서 검색. 2014년 2월 20일 검색.

________(2016). 가족사랑 이야기(http://blog.naver.com/mogefkorea).

________(2022). 2021 다문화가족 실태조사.

오성배(2006). 사회의 소수 민족, 코시안 아동의 사례를 통한 다문화 교육의 방향 탐색. 교육연구, 16(4), 137-157.

오연경(2008). 다문화가족 상담을 위한 초등학교 담임교사의 역할. 한양대학교 교육대학원 석사학위논문.

오영희, 엄정애(1999). 부모교육. 서울: 동현출판사.

운현선(1984). 모의 자아개념 및 양육태도와 학동기 자녀의 자아개념과의 관계연구. 경희대학교대학원 석사학위논문.

원미주(2017). 조부모 대리양육 유아의 사회정서능력에 관한 연구. 덕성여자대학교 교육대학원 석사학위논문.

유안진(1995). 아동양육. 서울: 문음사.

유안진, 김연진(1997). 부모교육. 서울: 동문사.

유효순(2004). 부모교육. 서울: 정민사.

유희정(1995). 부모자녀관계. 여성한국사회연구회 편, 가족과 한국사회, 경문사. pp. 215-255.

이경화, 성영혜, 윤석희, 이신동(1999). 부모교육. 서울: 학문사.

이기숙(1982). 유아교육과정. 서울: 교문사.

이기숙, 김정원, 이현숙, 전선옥(2021). 영유아교육과정(제5판). 경기: 양서원.

이대균, 김주영, 임자영, 박지선(2010). (유치원 교사를 위한) 교직실무. 경기: 양서원.

이명순(2012). 맞벌이 부모의 보육시설 이용 욕구에 대한 연구: 프로그램과 운영시간을 중심으로. 동국대학교 행정대학원 석사학위논문.

이미현(2008). 어머니의 부모역할지능, 양육태도 및 유아의 자기통제력이 유아의 친사회적 행동에 미치는 영향. 동국대학교 교육대학원 석사학위논문.

이선화(2007). 집단미술치료가 부자가정 아동의 자아존중감과 사회성에 미치는 영향. 한양대학교대학원 석사학위논문.

이성일(2017). 얘들아 하브루타로 수업하자. 서울: 도서출판 맘에드림.

이숙현(1988). 한국 근로자 계층 부부의 결혼 적응에 관한 연구. 한국사회학, 22(2). 161-181.

이순형, 민하영, 권혜진, 정윤주, 한유진, 최윤경, 권기남(2010). 부모교육. 서울: 학지사.

이원영(1983). 어머니의 자녀교육관 및 양육태도와 유아발달과의 관련성 연구, 이화여자대학교대학원, 박사학위논문.

이원영(1994). 부모교육론. 서울: 교문사.

이원영, 이태영, 강정원(2008). 영유아교사를 위한 부모교육. 서울: 북카페.

이윤미, 박선영(2010). 직장보육시설의 보육교사가 인식하고 있는 교사-부모 관계의 특질. 유아교육학논집, 14(1), 69-91.

이은수(1985). 어머니의 인성특성과 양육태도에 관한 연구. 중앙대학교대학원 석사학위논문.

이은화(1997). 부모교육의 목적. 한국부모교육학회편, 부모교육학. 서울: 교육과학사.

이은화, 김영옥(1999). 유아를 위한 부모교육. 서울: 동문사.

이재연, 김경희(1989). 부모교육. 서울: 양서원.

이정희, 조성연(2011). 보육교사의 소진에 대한 자아탄력성과 시설장, 동료교사와 가족의 사회적 지지. 아동학회지, 32(1), 157-172.

이현림 · 김지혜(2006). 성인학습 및 상담(개정2판). 서울: 학지사.

이혜지(2020). 맞벌이 부모의 직장-가정 갈등이 부모-자녀 관계에 미치는 영향에 관한 연구 – 일 · 가정 양립지원의 조절효과를 중심으로-. 연세대학교 사회복지대학원 석사학위논문.

인구복지협회(2021). 코로나19와 워킹맘의 양육실태. 제8차 저출산인식조사 발표 · 토론회. http://www.ppfk.or.kr/sub/data/report_material.asp?mode=view&bid=9&s_type=&s_keyword=&s_cate=&idx=44963&page=1

장은하(2021). 세대평등포럼(Generation Equality Forum)의 개최와 의의. 한국여성정책연구원 KWDI Brief, 68, 1-8.

장혜진, 이정림, 윤은주, 김해인(2014). 영유아 행복을 위한 부모역량 제고 방안 연구. 육아정책연구소 이슈페이퍼, 2014-15.
전남련, 김의석, 김혜금, 시옥진, 권경미(2008). 부모교육론. 서울: 양서원.
전선영(2015). 커뮤니케이션 앱을 활용한 교사-어머니 의사소통 경험. 한국교원대학교 교육대학원 석사학위논문.
전선옥(2020). 알아두면 쓸모 있는 영유아교육기관 학부모 상담. 경기: 공동체.
전정선(2013). 어린이집 홈페이지를 활용한 부모교육 활성화 방안에 관한 연구. 경남대학교 교육대학원 석사학위논문.
정소희(2006). 가족구조, 부모양육행동 및 청소년ㄴ비행: 모자가정과 부자가정의 비교를 중심으로. 사회복지연구, 30, 185-213.
정영주(1984). 성인교육 프로그램 구성 모델에 관한 연구. 이화여자대학교대학원 석사학위논문.
조선일보(1999. 9. 18.). 다음 세기에도 미국은 강대국.
조은경(2023). 양육비혼모의 삶의 협상 과정; 도덕적 억압을 넘어 자율적 삶을 수행하는 여성. 대구대학교 대학원. 박사학위논문.
조형(1985). 어머니는 왜 자신 없어 하는가?, 또 하나의 문화 제1호, 평민사, pp. 51-60. 한국여성개발원(1988).
조혜형(2019). 맞벌이 부모의 신앙 교육의 현황과 제언. 합동신학대학교 대학원 석사학위논문.
중앙다문화교육센터(2022) 다문화교육 정책학교(유치원) 운영 가이드라인.
중앙아동보호전문기관 홈페이지(2016). 아동학대의 원인(http://korea1391.org/new/page/cause.php).
지옥정, 권이정, 정재은, 최미순(2021). 지속가능한 사회를 위한 부모교육. 서울: 창지사.
차갑부(1993). 성인교육방법론. 서울: 양서원.
차재호(1978). 자녀가치, 한국사회: 인구와 발전 중에서(서울대 사회과학대학, 인구 및 발전문제 연구소), pp. 878-900.
최규련(2018). 가족관계론 2판. 경기: 공동체.
최예슬(2014). 유아교사의 대인관계 스트레스와 이직 결정 경험에 관한 연구. 어린이교육비평, 4(2), 33-60.
최운실(1993). 미래사회와 여성의 의식교육: 여성사회교육 프로그램 개발의 이론적 접근. 서울: 한국 여성사회교육회.
통계청(2012, 2022). 국가통계포털(http://kosis.kr/statisticsList).
______(2016, 2017, 2018, 2019, 2020, 2021). 하반기 맞벌이 가구 및 1인 가구 고용 현황.
한국건강가정진흥원(2016). 혼자서도 행복하게 자녀 키우기. 서울: 진한엠엔비.

한국교육개발원 교육통계서비스(2022). 다문화 학생 수. https://kess.kedi.re.kr에서 2022. 9. 20. 인출.

한국교육개발원(1984). 부모교육 프로그램 모형에 관한 연구. 연구보고 RR 84-20.

한국여성복지연구회(2005). 가족복지론. 서울: 청목출판사.

한국여성정책연구원(2019). 2018년도 한부모가족 실태조사.

한국유아교육학회 편(1996). 유아교육사전. 서울: 한국사전연구사.

한종혜(1980). 부모의 인성 및 양육태도와 학동기 자녀의 인성과의 관계연구. 서울대학교대학원 석사학위논문.

한진원(2011). 상호교류분석 이론에 기초한 유아교사의 자아존중감 증진 프로그램의 구성 및 적용 효과. 중앙대학교 유아교육과 석사학위논문.

허선자(1991). 아버지의 역할 지각 및 양육참여 행동에 영향을 주는 변인 분석. 이화여자대학교 대학원 박사학위논문.

현미숙(2004). 아동 부모교육 상담을 위한 부모역할 지능 척도의 개발과 타당화. 숙명여자대학교대학원 박사학위논문.

현온강(1994). 어머니의 부모역할 만족도와 양육태도. 동국대학교대학원 박사학위논문.

황상민, 양진영 (2002). 한국 사회의 세대 집단에 대한 심리학적 탐색: 전이적 공존관점을 통한 대학생 집단의 세대 이미지 분석. 한국심리학회지: 사회 및 성격, 16(3), 75-93.

황선명(1994). 아버지의 양육태도와 유아의 대인문제 해결사고에 관한 연구. 이화여자대학교 교육대학원 석사학위논문.

황옥자(1987). STEP 프로그램의 한국 적용가능성 탐색 연구. 중앙대학교대학원 박사학위논문.

황혜정, 김경회, 이혜경, 어주경, 나유미(2003). 아동과 환경. 서울: 학지사.

Alford, B.(1969). Classification of behavior problems of Children American. *Journal of Psychiatry*, p. 125

Allen, K. E., & Harris, F. R.(1966). Elimination of a child's excessive scratching by training the mother in reinforcement procedures. *Behavior Research and Therapy*, *4*, 79-84.

Alsop (2008). *The trophy kids grow up: How the millennial generation is shaking up the workplace*. NY: John Wiley & Sons.

Amato, P. R.(2000). Consequences of divorce for adults and children. *Journal of Marriage & Family*, *62*(4), 1269-1287.

Baumrind, D.(1971). Current patterns of parental authority. *Developmental Psychology*, *4*(1, Pt.2), 1–103. https://doi.org/10.1037/h0030372

Berk(1997). *Child Development*(4th Ed). Allyn and Bacon.

Boccella, B.(1988). Effects of the active parenting program on attitudinal change of parents, parent perceived behavioral change of children, and parent perceived in family environment. *Doctoral dissertation*. Temple University.

Boss, P.(1988). *Family stress management*. Newbury Park, CA: Sage.

Bronfenbrenner, U.(1979). Who need parent education? *Teachers College Record*, *4*, 767-787.

Burr, W. R.(1990). Beyond I statements in family communication. *Family Relations*, *39*(3), 266-273.

Cataldo, C. Z.(1987). *Parent education for early childhood*. Teachers College Press.

Cattell, R. B.(1987). *Intelligence: It's structure, growth, and action*. N.Y.: Elsevier Science Publishing Company.

Christensen, O. C., & Thomas, C. R.(1980). Dreikurs and the search for equality. In M. J. Fine(Ed.), *Handbook on parent education*(pp. 53-74). N.Y.: Academic Press.

Cochran, M.(1988). Parental empowerment in family matters: Lessons learned from a research program. In I. E. Sigel(Series Ed.) & D. F. Powell(Vol. Ed.), Advances in applied developmental psychology: Vol. 3. *Parent education as early childhood intervention*(pp. 1-22). Norwood. NJ: ABLEX.

__________(1991). Planning for parent participation in schools for young children. *ERIC Digest*. (EDO-PS-91-9).

Cordell, A. S.(1980). Father's view on Fatherhood with special reference to infancy. *Family Relations*, *29*(2). pp. 331-338.

Couchenour, D., & Chrisman, K.(2000). *Families, schools, and communities*. Delmar Thomson Learning.

Cowan, E. L., Geston, E. L., Orgel, A. R., Geston, & Wilson, A. B.(1979). The evolution of an intervention program for young school children with acting-out problems. *Journal of Abnormal genetic Psychology*, *7*, 381-396.

Desteno, N.(2000). Parent involvement in the classroom: The fine line. *Young Children*, *May*, 13-17.

Dinkmeyer, D.(1979). A comprehensive and systematic approach to parent education. *Journal of Family Therapy*, *7*(2), 46-50.

Dinkmeyer, D., & McKay, G.(1989). *The parents' handbook*.(A part of the complete STEP Program). Circle Pines. M.N.: American Guidance Service.

Dombro, A. L., & Lerner, C.(2007). Sharing the care of infants and toddlers. In Koralek, D.(ed.). *Young Children and families*(pp. 16-18). NAEYC.

Draper, T. W., Laserson, J. M., & Rowles, R.(1997). Developmentally appropriate parent training for families with young children. *Early Childhood Research Quarterly*, *15*, 458-472.

Elam, C., Stratton, T., & Gibson, D. D.(2007). Welcoming a new generation to college: The millennial students. *Journal of College Admission, 195*, 20-25.

Epstein, J.(1995). School/family/community partnerships: Caring for the children we share. *Phi Delta Kappan, 76*, 701-712.

Erel, O., Burman, B.(1995). Interrelatedness of marital relations and parent-child relations: A meta-analytic review. *Psychological Bulletin, 18*, 108-132.

Faber, A., & Mazlish, E.(1980). *How to talk so kids will listen & listen so kids will talk*. New York : Avon.

Frazier, R., & Matthes, W.(1975, October). Parent education: A comparison of Adlerian and behavioral approaches. *Elementary School Guidance and counseling*. 31-38.

Gabel, H. D.(1972). Effects of parent group education and group play psychotherapy on maternal children-rearing attitudes. *Unpublished doctoral dissertation*, University of Rochester.

Galinsky, E.(1987). *The six stages of parenthood*. N.Y.: Addison-Wesley Publishing Co., Inc.

Gamson, B., Hornstein, H., & Borden, B. L.(1989). Adler-Drikurs parent study group leadership training. In M. J. Fine(Ed.), *Handbook on parent education*(pp. 279-302). N.Y. : Academic Press.

Gennarelli, C.(2004). Communicating with families: Children lead the way. *Young Children, January*, pp. 98-99.

Ginott(1965). *Between parent and child*. N.Y. : Macmillan.

Goodnow, J. J. & Collins, W. A.(1990). *Development according to parents*. Lawrence Erlbaum Associates Ltd.

Gordon, T.(1975). *Parent effectiveness training*. N.Y.: New American Library.

_________(1980). Parent Effectiveness Training: A preventive program and its effects on families. In M. J. Fine(Eds.), *Handbook on parent education*(pp. 101-121). N.Y. : Academic Press.

Hamner, T. J., & Turner, P. H.(1985). *Parenting in contemporary society*. N.J.: Prentice-Hall, Inc.

__________________________(1996). *Parenting in contemporary society*(3rd Ed.). N.J.: Prentice-Hall, Inc.

Hetherington, E. M., Cox, M., & Cox, R.(1976). Divorced Fathers. *The Family Coordinator, 25*(4). pp.417-427.

Hinkle, D., Arnold, C., Croake, J., & Keller, J.(1980). Adlerian parent education: Changes in parents' attitudes and behaviors, and children's self-esteem. *American Journal of Family Therapy, 8*(1), 32-43.

Hoggard, L.(2006). 행복: 행복 전문가 6인이 밝히는 행복의 심리학(이경아 역). 서울: 예담.

Hurlock, E. B.(1978). *Child Development*.(6th ed). N.Y.: Mcgraw-Hill book co.

Jersild, A. T.(1964). *Child Psychology*. Englewood Cliffs, NJ: Prentice-Hall.

Kagan, S.(1993). The research-policy connection: Moving beyond incrementalism. In B. Spodek(Ed.), *Handbook of research on the education of young children*(pp. 506-518). Macmillan Publishing Company.

_______(1995). The changing face of parenting education. ERIC Digest(EDO-PS-95-7).

Kamerman, S. B.(1980). *Parenting in an Unresponsive Society*. N.Y.: A Division of Macmillan Publishing Co. Inc.

Keyser, J.(2006). *From Parent to partners*. Redleaf Press.

Kim, J. W., Kim, Y. J., Jung, A. W.(2011). The effects of contextual variables and parental cognition on maternal involvement in Korean children's early education, *Journal of Human Ecologies*, *12*(1), 1-44.

Kivnick, H. Q.(1982). *The meaning of grandparenthood*. Ann Arbor, MI : UMI Research Press.

Knox, A. B.(1980). *Developing, administering, and evaluation adult education*. San Fransisco : Jossey-Bass Publishing.

Kornhaber, A., & Woodward, K. L.(1981). *Grandparents/garandchildren: The vital connection*. Garden City, NY: Anchor Press.

Lamb, M. E.(1977). Father-Infant and Mother-Infant Interaction in First Year of Life. *Child Development*, *48*, 167-181.

_________(1987). *The Father's Role in cross-cultural Perspectives*. N.J.: Lawrence Erlbaum.

Lewis, J.(1979). *How's your family? A guide to identifying your family's strengths and weaknesses*. N.Y. : Brunner/Mazer.

Luster, T., & L. Okagaki, L.(1993). Multiple influences in parenting: Ecological and life-course perspectives. In T. Luster & L. Okagaki(Eds.). *Parenting: An ecological perspective*(pp. 227-250). Hillsdale, N.j.: Erlbaum.

Mckee, L. and M. O'brin(1982). *The Father Figure*. London and New York: Tavistock Publications.

McLoyd(1990). The impact of economic hardship on black families and children: Psychological distress, parenting, and socioemotional development. *Child Development*, *61*, 311-346.

Mindick, B.(1988). Lessons still to be learned in parent empowerment programs: A response to Cochran. In I. E. Sigel(Series Ed.) & D. F. Powell(Vol. Ed.), Advances in applied developmental psychology: Vol.3. *Parent education as early childhood intervention*(pp. 53-66). Norwood, N.J. : ABLEX.

Morrison(1976). *Early Childhood Education Today*. V. S. Bell & Howell Company. 121-148.

O'Dell, S.(1974). Training parents in behavior modification. *Psychological Bulletin*, *81*, 408-433.

Otto, H.(1962). What is a strong family? *Marriage and Family Living*, *10*, 481-485.

Parcel, T. L., & Menaghan, E. G.(1994). *Parents' jobs and children's lives*. N.Y.: Aldine De Gruyter.

Parke, R. D.(2004). Fathers, families, and the future: A plethora of plausible predictions. *Merrill-Palmer Quarterly*, *50*(4), 456-470.

Parsons, T. & Bales, R. F.(1955). *Family, Socialization and Interaction Process*. Glencoem: Free Press.

Pinsker, M., & Geoffray, K.(1981). A comparison of parent effectiveness training and behavior modification parent training. *Family Relations*, *30*, 61-68.

Popkin, M. H.(1983). *Active parenting*. Atlanta: Active Parenting.

___________(1989). Active parenting: A video-based program. In M. J. Fine(Ed.), *The second handbook on parent education*. New York:Academic Press. 홍경자(역). 현대의 적극적 부모역할 훈련(1995). 광주:한국심리교육센터 출판부.

Powell, D. R.(1986). Parent education and support programs. *Young Children*, *41*(3), 47–53.

Rabin, A.(1965). Motivation for Parenthood. *Journal of Projective Techniques*, *29*, 405-411.

Roberta M. Golinkoff, Kathy Hirsh-Pasek(2018). 최고의 교육. [*Becoming Brilliant*] (김선아 역). 서울: 예문아카이브.

Rosenthal, D. M., & Sawyers, J. Y.(1996). Building successful home/school partnerships: Strategies for parent support and involvement. *Childhood Education*, *72*(4), 194-200.

Rossi, A.(1986). Transition to Parenthood. *The Journal of Marriage and the Family*, *30*, 26-39.

Schaefer, E. S., Bell, R. Q., Nancy Bayley(1959). Development of a Maternal Behavior: Research Instrument, *The Journal of Genetic Psychology*, *95*. 84-104.

Skolnick, A. S.(1987). *The Intimate Environment*(4th ed) Harper Collins publisher.

Smith, R. M.(1982). *Learning how to learn: Applied theory for adults*. N.Y.: Cambridge, The Adult Education Company.

Stinett, N., & Defrain, J.(1989). The healthy family: Is it possible? In M. J. Fine(Ed.), *The second handbook on parent education*. N.Y.:Academic Press.

Stipek, D., Rosenblatt, L., & DiRocco, L.(1994). Making parents your allies. *Young Children*, *49*(3), 4-9.

Symonds, P. M.(1949). *The Dynamics of Parent-Child Relationships*. New York: Columbia U. Publication.

The Economist, 2015.2.26.

Thomas Gordon(2000). *Parent Effectiveness Training*. 이훈구 옮김(2002). 부모역할훈련. 서울: 양철북.

Vartuli, S., & Winter, M.(1989). Parents as first teachers. In M. J. Fine(Ed.), *The second handbook on parent education*. Academic Press, Inc.

Weissbourd, B.(1994). The evolution of family resource movement. In S. L. Kagan & B. Weissbourd(Eds.), *Putting families first: America's family support movement and the challenge of change*. San Francisco: Jossey-Bass.

White, B. L.(1980). Primary prevention: Beginning at the beginning. *Personal and Guidance Journal. 58*, 338-343.

Williams, C. D.(1959). The elimination of tantrum behavior by extinction procedures. *Journal of Abnormal and Social Psychology*, *59*.

Williams, R., Omizo, M., & Abrams, B.(1984). Effects of STEP on parental attitudes and locus of control of their learning disabled children. *School Counselor*, *32*, 126-133.

Wolf, M. M., Risley, T., & Meese, H.(1964). Application of operant conditioning procedures to the behavior problems of an autistic child. *Behavior Research and Therapy*, *1*, 305-312.

저 자 소 개

● 김정원

이화여자대학교 사범대학 유아교육과(문학사)
캘리포니아주립대학교대학원 유아교육과(M.S.)
이화여자대학교대학원 유아교육과(문학박사)
전) 이화여자대학교 사범대학부속 이화유치원 교사
　　한국성서대학교 어린이집 원장
현) 한국성서대학교 영유아보육학과 교수

● 전선옥

이화여자대학교 사범대학 유아교육과(문학사)
이화여자대학교대학원 유아교육과(문학석사)
이화여자대학교대학원 유아교육과(문학박사)
전) 홍신유치원 교사
　　한림성심대학교 부속 한림유치원 원장
현) 한림성심대학교 유아교육과 교수

현대사회의 영유아와 부모를 위한

부모교육 및 지원

초 판 1쇄 발행 2023년 8월 23일
초 판 2쇄 발행 2025년 8월 4일

지 은 이 | 김정원 · 전선옥
펴 낸 이 | 김기섭
편 집 인 | 이혜란
펴 낸 곳 | 창지사 www.changjisa.com
08589 서울시 금천구 가산디지털 1로 83 파트너스타워 1차 9층
전화 (02)719-2211~3
팩스 (02)701-9386
등 록 | 1977년 4월 28일 · 제1-421호

ISBN 978-89-426-1829-3 (93370)

값 22,000원